# 독학사

2단계

영어영문학과

## 영어음성학

시대에듀

# 머리말

학위를 얻는 데 시간과 장소는 더 이상 제약이 되지 않습니다. 대입 전형을 거치지 않아도 '학점은행제'를 통해 학사학위를 취득할 수 있기 때문입니다. 그중 독학학위제도는 고등학교 졸업자이거나 이와 동등 이상의 학력을 가지고 있는 사람들에게 효율적인 학점 인정 및 학사학위 취득의 기회를 줍니다.

학습을 통한 개인의 자아실현 도구이자 자신의 실력을 인정받을 수 있는 스펙인 독학사는 짧은 기간 안에 학사 학위를 취득할 수 있는 지름길로써 많은 수험생들의 선택을 받고 있습니다.

이 책은 독학사 시험을 준비하는 수험생들이 단기간에 효과적인 학습을 할 수 있도록 다음과 같이 구성하였습니다.

**01 단원 개요**
핵심이론을 학습하기에 앞서 각 단원에서 파악해야 할 중점과 학습목표를 정리하여 수록하였습니다.

**02 핵심이론**
시험에 출제될 수 있는 내용을 '핵심이론'으로 수록하였으며, 이론 안의 '더 알아두기' 등을 통해 내용 이해에 부족함이 없도록 하였습니다. (2025년 시험부터 적용되는 개정 평가영역 반영)

**03 실전예상문제**
해당 출제영역에 맞는 핵심포인트를 분석하여 구성한 '실전예상문제'를 수록하였습니다.

**04 최종모의고사**
최신 출제유형을 반영한 '최종모의고사(2회분)'를 통해 자신의 실력을 점검해 볼 수 있으며, 실제 시험에 임하듯이 시간을 재고 풀어 본다면 시험장에서의 실수를 줄일 수 있을 것입니다.

음성학은 언어학의 한 분야로서 인간의 말소리를 과학적으로 연구하는 학문입니다. 말소리가 조음기관에서 만들 어지는 과정과 원리, 만들어진 말소리가 공기 중에서 갖는 물리적 성질, 청각기관을 통해 두뇌로 전달되는 과정 에서 어떠한 현상이 벌어지는지 등을 밝혀내는 것을 목표로 합니다. 인간이 갖고 있는 고도의 의사소통 수단인 언어가 그 주된 표현 방식으로 이용하는 음성에 대하여 알게 되면 인간에 대한 이해도 보다 깊어질 수 있을 것입 니다.

편저자 드림

BDES

# 독학학위제 소개

## 독학학위제란?

「독학에 의한 학위취득에 관한 법률」에 의거하여 국가에서 시행하는 시험에 합격한 사람에게 학사학위를 수여하는 제도

- ⊘ 고등학교 졸업 이상의 학력을 가진 사람이면 누구나 응시 가능
- ⊘ 대학교를 다니지 않아도 스스로 공부해서 학위취득 가능
- ⊘ 일과 학습의 병행이 가능하여 시간과 비용 최소화
- ⊘ 언제, 어디서나 학습이 가능한 평생학습시대의 자아실현을 위한 제도
- ⊘ 학위취득시험은 4개의 과정(교양, 전공기초, 전공심화, 학위취득 종합시험)으로 이루어져 있으며, 각 과정별 시험을 모두 거쳐 학위취득 종합시험에 합격하면 학사학위 취득

## 독학학위제 전공 분야 (11개 전공)

국어 국문학 · 영어 영문학 · 심리학 · 경영학 · 컴퓨터 공학 · 간호학

법학 · 행정학 · 가정학 · 유아 교육학 · 정보 통신학

※ 유아교육학 및 정보통신학 전공 : 3, 4과정만 개설
 (정보통신학의 경우 3과정은 2025년까지, 4과정은 2026년까지만 응시 가능하며, 이후 폐지)
※ 간호학 전공 : 4과정만 개설
※ 중어중문학, 수학, 농학 전공 : 폐지 전공으로 기존에 해당 전공 학적 보유자에 한하여 2025년까지 응시 가능

※ 시대에듀는 현재 4개 학과(심리학과, 경영학과, 컴퓨터공학과, 간호학과) 개설 완료
※ 2개 학과(국어국문학과, 영어영문학과) 개설 진행 중

# 독학학위제 시험안내

## 과정별 응시자격

| 단계 | 과정 | 응시자격 | 과정(과목) 시험 면제 요건 |
|---|---|---|---|
| 1 | 교양 | 고등학교 졸업 이상 학력 소지자 | • 대학(교)에서 각 학년 수료 및 일정 학점 취득<br>• 학점은행제 일정 학점 인정<br>• 국가기술자격법에 따른 자격 취득<br>• 교육부령에 따른 각종 시험 합격<br>• 면제지정기관 이수 등 |
| 2 | 전공기초 | | |
| 3 | 전공심화 | | |
| 4 | 학위취득 | • 1~3과정 합격 및 면제<br>• 대학에서 동일 전공으로 3년 이상 수료 (3년제의 경우 졸업) 또는 105학점 이상 취득<br>• 학점은행제 동일 전공 105학점 이상 인정 (전공 28학점 포함) ➜ 22.1.1. 시행<br>• 외국에서 15년 이상의 학교교육과정 수료 | 없음(반드시 응시) |

## 응시방법 및 응시료

• 접수방법 : 온라인으로만 가능
• 제출서류 : 응시자격 증빙서류 등 자세한 내용은 홈페이지 참조
• 응시료 : 20,700원

## 독학학위제 시험 범위

• 시험 과목별 평가영역 범위에서 대학 전공자에게 요구되는 수준으로 출제
• 시험 범위 및 예시문항은 독학학위제 홈페이지(bdes.nile.or.kr) ➜ 학습정보 ➜ 과목별 평가영역에서 확인

## 문항 수 및 배점

| 과정 | 일반 과목 | | | 예외 과목 | | |
|---|---|---|---|---|---|---|
| | 객관식 | 주관식 | 합계 | 객관식 | 주관식 | 합계 |
| 교양, 전공기초<br>(1~2과정) | 40문항×2.5점<br>=100점 | — | 40문항<br>100점 | 25문항×4점<br>=100점 | — | 25문항<br>100점 |
| 전공심화, 학위취득<br>(3~4과정) | 24문항×2.5점<br>=60점 | 4문항×10점<br>=40점 | 28문항<br>100점 | 15문항×4점<br>=60점 | 5문항×8점<br>=40점 | 20문항<br>100점 |

※ 2017년도부터 교양과정 인정시험 및 전공기초과정 인정시험은 객관식 문항으로만 출제

## 합격 기준

■ 1~3과정(교양, 전공기초, 전공심화) 시험

| 단계 | 과정 | 합격 기준 | 유의 사항 |
|---|---|---|---|
| 1 | 교양 | 매 과목 60점 이상 득점을 합격으로 하고, 과목 합격 인정(합격 여부만 결정) | 5과목 합격 |
| 2 | 전공기초 | | 6과목 이상 합격 |
| 3 | 전공심화 | | |

■ 4과정(학위취득) 시험 : 총점 합격제 또는 과목별 합격제 선택

| 구분 | 합격 기준 | 유의 사항 |
|---|---|---|
| 총점 합격제 | • 총점(600점)의 60% 이상 득점(360점)<br>• 과목 낙제 없음 | • 6과목 모두 신규 응시<br>• 기존 합격 과목 불인정 |
| 과목별 합격제 | • 매 과목 100점 만점으로 하여 전 과목(교양 2, 전공 4) 60점 이상 득점 | • 기존 합격 과목 재응시 불가<br>• 1과목이라도 60점 미만 득점하면 불합격 |

## 시험 일정

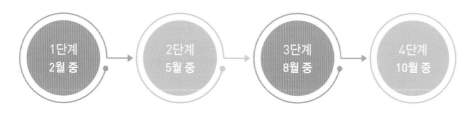

1단계 2월 중 → 2단계 5월 중 → 3단계 8월 중 → 4단계 10월 중

■ 영어영문학과 2단계 시험 과목 및 시간표

| 구분(교시별) | 시간 | 시험 과목명 |
|---|---|---|
| 1교시 | 09:00~10:40(100분) | 영어학개론, 영국문학개관 |
| 2교시 | 11:10~12:50(100분) | 중급영어, 19세기 영미소설 |
| 중식 12:50~13:40(50분) | | |
| 3교시 | 14:00~15:40(100분) | 영미희곡 I, 영어음성학 |
| 4교시 | 16:10~17:50(100분) | 영문법, 19세기 영미시 |

※ 시험 일정 및 세부사항은 반드시 독학학위제 홈페이지(bdes.nile.or.kr)를 통해 확인하시기 바랍니다.
※ 시대에듀에서 개설되었거나 개설 예정인 과목은 빨간색으로 표시하였습니다.

www.sdedu.co.kr

# 독학학위제 단계별 학습법

## 1 단계 평가영역에 기반을 둔 이론 공부!

독학학위제에서 발표한 평가영역에 기반을 두어 효율적으로 이론을 공부해야 합니다. 각 장별로 정리된 '핵심이론'을 통해 핵심적인 개념을 파악합니다. 모든 내용을 다 암기하는 것이 아니라, 포괄적으로 이해한 후 핵심내용을 파악하여 이 부분을 확실히 알고 넘어가야 합니다.

## 2 단계 시험 경향 및 문제 유형 파악!

독학사 시험 문제는 지금까지 출제된 유형에서 크게 벗어나지 않는 범위에서 비슷한 유형으로 줄곧 출제되고 있습니다. 본서에 수록된 이론을 충실히 학습한 후 '실전예상문제'를 풀어 보면서 문제의 유형과 출제의도를 파악하는 데 집중하도록 합니다. 교재에 수록된 문제는 시험 유형의 가장 핵심적인 부분이 반영된 문항들이므로 실제 시험에서 어떠한 유형이 출제되는지에 대한 감을 잡을 수 있을 것입니다.

## 3 단계 '실전예상문제'를 통한 효과적인 대비!

독학사 시험 문제는 비슷한 유형들이 반복되어 출제되므로, 다양한 문제를 풀어 보는 것이 필수적입니다. 각 단원의 끝에 수록된 '실전예상문제'를 통해 단원별 내용을 제대로 학습하였는지 꼼꼼하게 확인하고, 실력을 점검합니다. 이때 부족한 부분은 따로 체크해 두고, 복습할 때 중점적으로 공부하는 것도 좋은 학습 전략입니다.

## 4 단계 복습을 통한 학습 마무리!

이론 공부를 하면서, 혹은 문제를 풀어 보면서 헷갈리고 이해하기 어려운 부분은 따로 체크해 두는 것이 좋습니다. 중요 개념은 반복학습을 통해 놓치지 않고 확실하게 익히고 넘어가야 합니다. 마무리 단계에서는 '최종모의고사'를 통해 실전연습을 할 수 있도록 합니다.

COMMENT

# 합격수기

저는 학사편입 제도를 이용하기 위해 2~4단계를 순차로 응시했고 한 번에 합격했습니다.
아슬아슬한 점수라서 부끄럽지만 독학사는 자료가 부족해서 부족하나마 후기를 쓰는 것이 도움이 될까 하여
제 합격전략을 정리하여 알려드립니다.

## #1. 교재와 전공서적을 가까이에!

학사학위 취득은 본래 4년을 기본으로 합니다. 독학사는 이를 1년으로 단축하는 것을 목표로 하는 시험이라
실제 시험도 변별력을 높이는 몇 문제를 제외한다면 기본이 되는 중요한 이론 위주로 출제됩니다. 시대에듀
의 독학사 시리즈 역시 이에 맞추어 중요한 내용이 일목요연하게 압축 · 정리되어 있습니다. 빠르게 훑어
보기 좋지만 내가 목표로 한 전공에 대해 자세히 알고 싶다면 전공서적과 함께 공부하는 것이 좋습니다.
교재와 전공서적을 함께 보면서 교재에 전공서적 내용을 정리하여 단권화하면 시험이 임박했을 때 교재
한 권으로도 자신 있게 시험을 치를 수 있습니다.

## #2. 시간확인은 필수!

쉬운 문제는 금방 넘어가지만 지문이 길거나 어렵고 헷갈리는 문제도 있고, OMR 카드에 마킹까지 해야
하니 실제로 주어진 시간은 더 짧습니다. 1번에 어려운 문제가 있다고 해서 시간을 많이 허비하면 쉽게 풀 수
있는 마지막 문제들을 놓칠 수 있습니다. 문제 푸는 속도도 느려지니 집중력도 떨어집니다. 그래서 어차피
배점은 같으니 아는 문제를 최대한 많이 맞히는 것을 목표로 했습니다.
① 어려운 문제는 빠르게 넘기면서 문제를 끝까지 다 풀고 ② 확실한 답부터 우선 마킹한 후 ③ 다시 시험
지로 돌아가 건너뛴 문제들을 다시 풀었습니다. 확실히 시간을 재고 문제를 많이 풀어 봐야 실전에 도움이
되는 것 같습니다.

## #3. 문제풀이의 반복!

여느 시험과 마찬가지로 문제는 많이 풀어 볼수록 좋습니다. 이론을 공부한 후 실전예상문제를 풀다 보니
부족한 부분이 어딘지 확인할 수 있었고, 공부한 이론이 시험에 어떤 식으로 출제될지 예상할 수 있었습니다.
그렇게 부족한 부분을 보충해가며 문제 유형을 파악하면 이론을 복습할 때도 어떤 부분을 중점적으로
암기해야 할지 알 수 있습니다. 이론 공부가 어느 정도 마무리되었을 때 시계를 준비하고 최종모의고사를
풀었습니다. 실제 시험시간을 생각하면서 예행연습을 하니 시험 당일에는 덜 긴장할 수 있었습니다.

학위취득을 위해 오늘도 열심히 학습하시는 동지 여러분에게도 합격의 영광이 있으시길 기원하면서 이만 줄입니다.

# 이 책의 구성과 특징

| 단원 개요 |

언어와 음성학의 여러 세부 분야에 대한 개념을 배우게 된다.
로, 큰 그림을 파악한다는 생각으로 이해하도록 한다. 언어학
큰 편이므로 개념 파악에 힘쓰도록 하자.

| 출제 경향 및 수험 대책 |

말소리를 분절음과 초분절음으로 구분하는 방법을 이해해야
성학을 구분하는 방법을 잘 파악해야 한다. 대부분의 문제가 7

## 01 단원 개요

핵심이론을 학습하기에 앞서 각 단원에
서 파악해야 할 중점과 학습목표를 확인
해 보세요.

---

### 제 1 장   말소리(Speech Sounds)

언어(language)란 인간의 의사소통 시스템으로, 1차적으로는 음성을 기반으로 하여 몸짓·수화 등을 통해 표현
되며, 조직적이고 기호적이며 음성적이고 관습적인 수단일 뿐 아니라 인간의 마음과 두뇌작용을 알게 해 주는
도구이다. 언어학(linguistics)이란 규칙의 지배를 받는 체계인 언어를 과학적으로 연구하는 학문으로서, 언어의
모든 측면을 분석하고 연구 방법과 이론적 모델을 확립하는 것을 포함하며, 궁극적으로는 언어의 구조와 기능을
이해하고, 인간의 사고과정 및 인지과정을 이해하는 것이다.

사람의 조음기관(articulatory organs)이 공기를 매개체로 하여 지속적인 음파(sound wave)를 만들어 내어 상대
방에게 자신의 생각을 전달하게 되면 이를 말소리라고 한다. 말소리는 작은 소리 조각들로 나누어져 인지할 수
있는 분절음(segments)과 둘 이상의 소리 조각들이 있어야 의미 있는 인지가 가능한 초분절음(suprasegments)
으로 나눈다.

#### 제1절   분절음(segments)

분절음은 이름 그대로 나누어질 수 있는 소리 조각이라는 뜻이며, 자음(consonants)과 모음(vowels)이 여기에
속한다. 끊임없이 들리는 말소리를 더욱더 쉽게 쪼개다 보면 소리를 내거나 들을 수 있는 가장 작은 단위에 이
르게 되는데, 이것이 바로 자음이나 모음과 같은 분절음인 것이다.

#### 제2절   초분절음(suprasegments)

초분절음은 분절음에 덧입혀지는 말소리를 뜻하는데, 이름에서 암시하듯이 분절음을 초월하거나 넘어서는, 다
시 말해서 여러 분절음들에 걸쳐서 나타나는 말소리 성질을 의미한다. 여기에는 억양이나 성조, 강세, 리듬, 길이

## 02 핵심이론

평가영역을 바탕으로 꼼꼼하게 정리된
'핵심이론'을 통해 꼭 알아야 하는 내용을
명확히 파악해 보세요.

## 03 실전예상문제

'핵심이론'에서 공부한 내용을 바탕으로 '실전예상문제'를 풀어 보면서 문제를 해결하는 능력을 길러 보세요.

---

**제1편 | 실전예상문제**

### 제1장 말소리(Speech Sounds)

**01** 사람의 언어에서 의사소통의 주된 수단으로 사용되는 말소리 자체를 주로 연구하는 학문을 무엇이라고 부르는가?
① 음운론
② 음성학
③ 통사론
④ 의미론

**01** 음성학과 음운론이 말소리를 연구하는 학문이지만, 음성학은 말소리 자체를 연구하고 음운론은 말소리의 상호작용에 더 초점을 맞추고 있다.

**02** 모국어 화자들이 언어를 외부로 표현하는 1차적인 수단은 무엇인가?
① 입모양
② 몸짓
③ 말소리
④ 표정

**02** 언어가 실현되는 가장 직접적이고 1차적인 표현 수단은 음성언어인 말소리이다.

**03** 사람은 상대방에게 자신의 생각을 전달하기 위하여 조음기관에서 공기를 이용하여 지속적인 음파를 만들어 내는데, 이것을 무엇이라고 하는가?

**03** 주파수는 음파의 성질 중 하나이고, 낮음은 호흡을 위해 내쉬는 공기이며, 매질은 공기를 지칭하기 때문에, (이하 생략)

---

## 04 최종모의고사

'최종모의고사'를 실제 시험처럼 시간을 정해 놓고 풀어 보면서 최종점검을 해 보세요.

---

**제1회 | 최종모의고사 | 영어음성학**

제한시간 : 50분 | 시작 ___시 ___분 ~ 종료 ___시 ___분

☞ 정답 및 해설 260p

**01** 음성을 주된 기반으로 하는 의사소통 시스템으로, 조직적이고 기호적이며 관습적인 수단이고, 인간의 마음과 두뇌작용을 알게 해 주는 도구는 무엇인가?
① 수화
② 언어
③ 논리
④ 화용

**02** 규칙의 지배를 받는 체계인 언어를 과학적으로 연구하는 학문은 무엇인가?
① phonetics
② phonology
③ prosody
④ linguistics

CONTENTS

# 목차

## 최종모의고사

이성으로 비관해도 의지로써 낙관하라!

-안토니오 그람시-

# 제 1 편

# 언어와 음성학
## (Speech-Language & Phonetics)

| 단원 개요 |

언어와 음성학의 여러 세부 분야에 대한 개념을 배우게 된다. 이 책 전체에서 배우게 될 내용에 대한 소개 성격의 편이므로, 큰 그림을 파악한다는 생각으로 이해하도록 한다. 언어학의 여러 분야 중에서 음성학이 차지하는 비중은 상대적으로 큰 편이므로 개념 파악에 힘쓰도록 하자.

| 출제 경향 및 수험 대책 |

말소리를 분절음과 초분절음으로 구분하는 방법을 이해해야 하며, 음성학의 세부 분야인 조음음성학, 음향음성학, 청취음성학을 구분하는 방법을 잘 파악해야 한다. 대부분의 문제가 개념 이해에 집중되어 있다.

# 제 1 장 | 말소리(Speech Sounds)

언어(language)란 인간의 의사소통 시스템으로, 1차적으로는 음성을 기반으로 하여 몸짓 · 수화 등을 통해 표현되며, 조직적이고 기호적이며 음성적이고 관습적인 수단일 뿐 아니라 인간의 마음과 두뇌작용을 알게 해 주는 도구이다. 언어학(linguistics)이란 규칙의 지배를 받는 체계인 언어를 과학적으로 연구하는 학문으로서, 언어의 모든 측면을 분석하고 연구 방법과 이론적 모델을 확립하는 것을 포함하며, 궁극적으로는 언어의 구조와 기능을 이해하고, 인간의 사고과정 및 인지과정을 이해하는 것이다.

사람의 조음기관(articulatory organs)이 공기를 매개체로 하여 지속적인 음파(sound wave)를 만들어 내어 상대방에게 자신의 생각을 전달하게 되면 이를 말소리라고 한다. 말소리는 작은 소리 조각들로 나누어져 인지할 수 있는 분절음(segments)과 둘 이상의 소리 조각들이 있어야 의미 있는 인지가 가능한 초분절음(suprasegments)으로 나눈다.

## 제1절 분절음(segments)

분절음은 이름 그대로 나누어질 수 있는 소리 조각이라는 뜻이며, 자음(consonants)과 모음(vowels)이 여기에 속한다. 끊임없이 들리는 말소리를 더욱더 잘게 쪼개다 보면 소리를 내거나 들을 수 있는 가장 작은 단위에 이르게 되는데, 이것이 바로 자음이나 모음과 같은 분절음인 것이다.

## 제2절 초분절음(suprasegments)

초분절음은 분절음에 덧입혀지는 말소리를 뜻하는데, 이름에서 암시하듯이 분절음을 초월하거나 넘어서는, 다시 말해서 여러 분절음에 걸쳐서 나타나는 말소리 성질을 의미한다. 여기에는 억양이나 성조, 강세, 리듬, 길이 등이 있다. 각각 문장 혹은 단어 안에서의 음높이(피치)의 변화를 가리키는 억양과 성조는 여러 분절음의 상대적인 음높낮이가 함께 존재해야만 의미가 있다. 마찬가지로 강세도 다음절어에서 상대적으로 소리가 크고 길이가 긴 강세 받은 음절과 그렇지 못한 음절이 있어야만 강세를 인지할 수 있으며, 리듬과 길이도 여러 분절음이 함께 존재해야만 생각할 수 있는 말소리의 성질인 것이다. 초분절음은 음률자질(prosodic features) 혹은 운율(prosody)이라고도 불린다.

# 제 2 장 | 음성학(Phonetics)

언어학의 한 분야인 음성학은 인간의 말소리(speech sounds)를 과학적으로 연구하여, 말소리가 조음기관에서 만들어지는 과정과 원리, 만들어진 말소리가 공기 중에서 갖는 물리적 성질, 청각기관을 통해 두뇌로 전달되는 과정에서 어떠한 현상이 벌어지는지 등을 밝혀내는 것을 목표로 한다. 음성학은 연구하는 분야에 따라 세부적으로 조음음성학, 음향음성학, 청각음성학, 인지음성학 등으로 나뉜다.

## 제1절　조음음성학(articulatory phonetics)

사람은 말소리를 만들어 내는 발성기관 혹은 조음기관을 갖고 있는데, 여기에서 어떻게 말소리가 만들어지는지를 연구하는 분야를 조음음성학이라고 부른다. 말소리가 만들어지는 조음(articulation) 과정이 어떻게 이루어지는지 그 원리를 연구한다. 조음음성학에서는 말하는 사람, 즉 화자(speaker)에게 연구의 초점이 맞추어져 있고, 조음기관을 이루는 입술, 치아, 혀, 입천장 등이 어떻게 상호작용을 하여 말소리를 만들어 내는가에 관심을 갖고 있다. 조음기관의 관찰을 기본 바탕으로 한 조음음성학은 역사가 가장 오래된 분야이다.

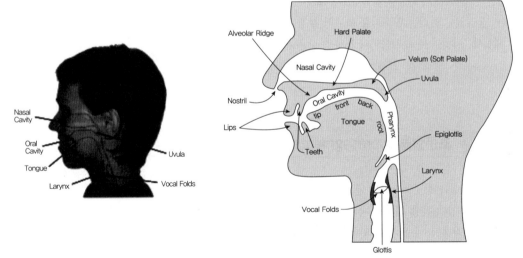

출처 : Language Files 12, The Ohio State University Press, 2017

## 제2절 | 음향음성학(acoustic phonetics)

말소리가 공기 중에서 어떠한 음향적 혹은 물리적 성질을 갖고 있는지를 연구하는 분야를 음향음성학이라고 부른다. 말소리는 공기라는 매질 입자가 **음원**(sound source)을 중심으로 진동하면서 사방으로 퍼져 나가는데, 퍼져 나가는 모양이 물결의 파동과 유사하다고 하여 음파(sound wave)라고 부른다. 음파의 **파형**(waveform)에 대한 주파수 분석을 통해 **스펙트럼**(spectrum)과 **스펙트로그램**(spectrogram)이 만들어지며, 이를 통해 말소리의 물리적 성질 등을 연구한다. 물리학의 한 분야인 음향학의 도움을 받으며 성장한 음향음성학은 물리학 및 전자공학, 컴퓨터와 함께 발전하고 있다.

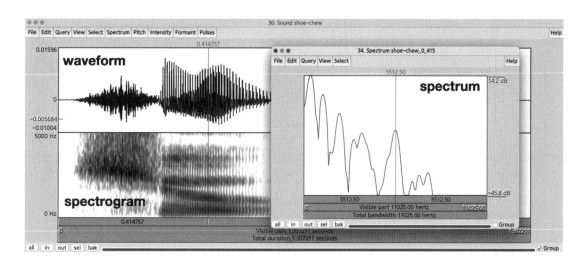

**더 알아두기**

**파형, 스펙트럼, 스펙트로그램의 관계**

말소리를 시각적으로 나타내는 세 가지 대표적인 방법이 파형, 스펙트럼, 스펙트로그램이다. 시간(x-축)에 따라 음파의 압력인 진폭(y-축)이 변화하는 것을 나타낸 것이 파형이다. 파형의 매 순간마다 주파수 분석(푸리에 정리 이용)을 수행하여 주파수 분포를 x-축에, 진폭을 y-축에 나타낸 것이 그 순간의 스펙트럼이다. 음파를 구성하는 모든 순간의 스펙트럼을 모아 시간축(x-축)으로 나열하되, 주파수 축이 y-축이 되도록 회전시켜 모아 놓은 다음, 진폭을 흑백의 진하기(z-축)로 표시한 것이 스펙트로그램이다. 즉, 2차원으로 표현된 3차원 그래프인 것이다.

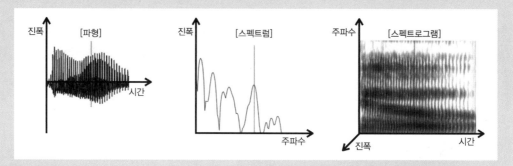

파형이나 스펙트럼보다 스펙트로그램이 가장 많은 정보(시간, 진폭, 주파수)를 보여주기 때문에 말소리의 분석에 즐겨 이용된다. 스펙트럼은 시간 정보가 없기 때문에 파형의 특정 시간에 대하여 그 순간의 주파수 정보에 대한 스냅 사진을 찍은 것에 비유할 수 있고, 스펙트로그램은 이러한 사진들을 시간 순서대로 나열한 것이므로 움직이는 동영상에 비유할 수 있다. 파형을 보면 그 소리가 자음이냐 모음이냐 정도를 구분할 수 있지만, 스펙트로그램은 구체적으로 어느 자음인지 어느 모음인지를 구분할 수 있게 해 주기 때문에 말소리 분석에 필수적인 분석 방법이다. 진폭은 소리의 크기나 강도를 반영하는데 파형에서 구체적인 수치로 측정될 수 있지만, 스펙트로그램에서는 검은색 명암 차이(어두울수록 큰 소리)로 상대적으로 나타낸다.

**더 알아두기**

**와이드밴드 스펙트로그램 vs. 내로우밴드 스펙트로그램**

음파의 파형에서 특정 순간에 대한 스펙트럼을 만들려면 순간이 아닌 아주 짧은 구간(그림 속 별표 점선 네모)에 해당하는 음파 조각이 필요하다. 음파 시간축의 모든 구간에 대하여 스펙트럼을 만들 때, 이 구간의 길이가 상대적으로 짧으냐(short) 기냐(long)에 따라 만들어지는 스펙트로그램의 특성이 달라지는데, 이를 각각 와이드밴드(wide-band) 스펙트로그램, 내로우밴드(narrow-band) 스펙트로그램이라 부른다.

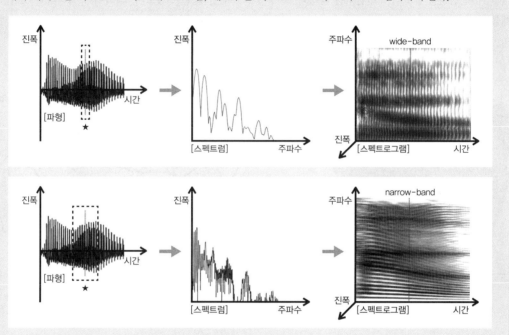

두 스펙트로그램 모두 수평으로 뻗은 굵은 검은 띠가 서너 줄 정도 보이는데, 이들의 상대적인 위치는 모음마다 다르기 때문에 해당 모음의 특성을 나타내는 **포먼트**(형성음, formant)라고 부른다. 주로 첫 번째와 두 번째 포먼트의 상대적 주파수에 의해 모음을 구분한다.

와이드밴드 스펙트로그램에서는 수평으로 뻗은 포먼트들이 좀 더 굵고 진하여 상대적으로 잘 보이며, 수직으로 뻗은 자잘한 세로줄이 꽉 차 있는데, 이 자잘한 세로줄은 모음을 말할 당시에 실제 시간의 흐름에 따라 성대가 열리고(검은 부분) 닫히는(흰 부분) 것을 나타내므로 시간 정보를 정확하게 보여준다. 모음의 포먼트 주파수나 말소리의 지속 시간 등의 정보는 주로 와이드밴드 스펙트로그램에서 측정한다. 어떤 모음을 말할 때 성대가 빠른 속도로 열리고 닫히는 것은 시간축에, 그 모음의 입모양에 따른 울림 특성은 주파수축에 포먼트의 형태로 나타나는 것이다.

이에 반해 내로우밴드 스펙트로그램에서는 좌우 수평으로 뻗은 자잘한 가로줄이 꽉 차 있는데, 이들은 성대에서 발생하는 음성을 구성하는 배음(하모닉스, harmonics)들을 나타내며, 해당 모음의 입모양에 따른 울림 특성이 몇몇 배음들의 진폭을 증폭시키게 되어 이들이 진한 모음 포먼트로 보이게 된다. 맨 아래에 있는 배음을 **기본 주파수**(fundamental frequency)라고 부르며, 목소리 음의 높낮이(피치, pitch)를 결정하게 된다. 이처럼 내로우밴드 스펙트로그램은 시간축 정보보다는 목소리의 배음 주파수들을 비롯하여 기본 주파수인 피치를 측정하는 등 주파수 축 정보를 분석하는 데 주로 쓰인다.

| 제3절 | 청각음성학(auditory phonetics) |

말소리가 청취기관을 통해 두뇌로 전달되어 인지되는 과정을 연구하는 분야를 청각음성학 혹은 청취음성학이라고 부른다. 공기 중으로 전파된 음파는 청자의 귀에서 고막을 통해 달팽이관에서 주파수가 감지되고, 뇌신경 중하나인 청신경을 거쳐서 두뇌의 언어 처리 부위에 도달하여 비로소 인지된다. 물리적 말소리가 청취기관과 두뇌를 거치며 심리적 말소리로 변환되는 과정과 그 성질에 초점을 맞추고 있으며, 의학이나 심리학과도 밀접한 관계를 맺고 있다. 청각음성학에서는 듣는 사람, 즉 청자(listener)에게 연구의 초점이 맞추어져 있고, 실험과 연구의 난도가 높아 이 분야의 학술적 진척도는 상대적으로 낮은 편이다.

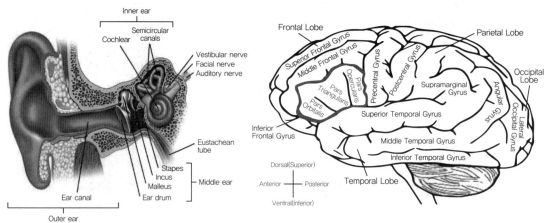

출처 : virtualmedicalcentre.com
Pixabay

| 제4절 | 인지음성학(cognitive phonetics) |

인지음성학은 비교적 최근에 대두된 음성학의 한 분야로서, 사람의 생각이 음파로 전환되는 마지막 단계에서 두뇌의 신경생물학적(neurobiological) 인코딩과 디코딩의 과정과 절차를 연구한다. 개별적인 말소리들이 합쳐져서 연속적이고 물리적인 음파로 전환될 때에 필요한 조음기관 신경근육계의 코디네이션과 과정에 그 연구의 초점이 맞추어져 있다.

# 제 **3** 장 | 일반음성학과 개별언어음성학

## 제1절  일반음성학

일반음성학(general phonetics)은 사람의 모든 언어들에서 사용되는 말소리를 연구하는 분야를 가리키며, 어느 한 언어에 한정되지 않고 언어 일반에 관한 보편적인 음성학적 규칙을 연구하는 것을 말한다. 즉, 모든 말소리들에 대하여 조음음성학·음향음성학·청각음성학적인 관점에서 통찰·관찰·실험을 통한 가설의 검증 및 분석 등을 통하여, 인간 언어의 말소리를 기술하고 이들의 사용 빈도 및 언어별 분포를 알아내며 그 저변에 깔린 원리나 원인을 밝혀내고자 하는 것이다.

일반음성학의 학술적인 성과에 의하면, 인간의 언어에서 사용되는 말소리들 대부분은 폐에서 입 밖으로 나가는 공기인 날숨으로 만들어진다. 또한 모든 언어의 말소리에는 자음과 모음으로 구분되는 분절음이 존재하며, 거의 모든 경우에 모음이 있어야만 하나의 음절이 형성될 수 있다. 이처럼 말소리들의 존재와 분포에는 공통되는 패턴이 존재하는데 이들을 살펴보자.

### 1 자음과 모음

모든 언어의 말소리 중에서 분절음은 자음과 모음으로 구분되며, 모음이 있어야 음절이 만들어질 수 있다. 만일 모음이 없다면 공명도(sonority)가 높은 비음이나 유음과 같은 **성절자음**(음절자음, syllabic consonants)이 있어야 음절이 형성된다. 대부분의 언어에서는 폐에서 내쉬는 날숨으로 말소리를 만들지만, 드물게는 내파음이나 설타음처럼 공기를 흡입하는 들숨으로 말소리를 만들기도 한다.

### 2 자음

모든 언어의 자음에는 파열음, 마찰음, 파찰음, 비음, 유음이 존재한다. 이들 중에서 비음과 유음은 본질적으로 유성음이므로, 자음을 유무성음으로 구분할 경우 그 구분은 파열음, 마찰음, 파찰음에서만 가능하다. 또한 인간의 말소리들은 내재적으로 발음과 청취에 있어 상대적 난이도가 존재하는데, 만일 어떤 언어에서 어려운 말소리가 발견된다면 이보다 쉬운 말소리는 당연히 존재할 것이라는 추론을 할 수 있다.

예를 들어, 파열음 /p, t, k/에서 연구개 파열음 /k/는 조음위치가 깊어 난도가 높은 소리이므로, 어떤 언어에 /k/ 파열음이 존재한다면 양순 파열음 /p/나 치경 파열음 /t/도 반드시 존재한다고 볼 수 있다. 비음 /m, n, ŋ/에서는 연구개 비음 /ŋ/이 어려운 말소리이므로, /ŋ/ 음이 존재한다면 양순 비음 /m/과 치경 비음 /n/도 반드시 존재한다. 마찬가지로 /r/이 존재하면 /l/도 반드시 존재하고, 경구개치경 마찰음인 /ʃ/ 또는 /ʒ/가 있으면 반드시 치경 마찰음 /s/나 /z/가 존재한다. 또한 모든 언어에는 경구개치경 파찰음인 /ʧ/나 /ʤ/가 있다.

## 3 모음

모든 인간의 말소리에는 단순모음(simple vowels)과 반모음(활음, glides /w, j/), 단순모음과 이중모음(복합모음, complex vowels /aɪ, ɔɪ, oʊ/)이 존재한다. 조음기관 내에서의 혀의 상대적 위치에 따라 모음을 고/중/저모음(high/mid/low vowels)과 전설/중설/후설모음(front/central/back vowels)으로 구분할 때, 모든 언어에 있어서 고모음만 있고 저모음이 없거나, 저모음만 있고 고모음이 없는 경우는 없으며, 전설모음만 있고 후설모음이 없거나, 후설모음만 있고 전설모음이 없는 경우도 없다. 입술의 둥글기에 따라 모음을 원순/평순모음(round/unround vowels)으로 구분할 때에도 원순모음만 있고 평순모음이 없거나, 평순모음만 있고 원순모음이 없는 경우는 없다.

---

**더 알아두기**

**자음과 모음의 종류별 이름**

- 내파음(implosives) : 성대와 조음기관 사이에 공기를 가두어 폐쇄시킨 다음, 후두 전체를 아래쪽으로 움직이면서 낮아진 기압에 의해 폐쇄가 개방되면서 기압이 낮은 구강 쪽으로 공기가 잠시 들어온다. 이러한 공기 흐름을 이용한 소리가 내파음이다. 양순 내파음 /ɓ/에서처럼 음성기호의 상부를 오른쪽으로 살짝 휘게 표시한다.
- 설타음(clicks) : 흡착음이라고도 하며, 폐에서 나온 공기를 쓰지 않고 연구개와 혀 후방에서 폐쇄를 만든 다음 혀를 아래로 움직여 기압을 낮추면 외부 공기가 급격하게 침범하면서 소리가 나게 된다. 우리말에서 '쯧쯧' 소리는 치경 흡착음으로 볼 수 있다.

---

## 제2절 개별언어음성학

개별언어음성학(phonetics of a particular language)은 모든 언어들 중에서 특정한 어느 한 개별언어의 음성학을 연구하는 것을 가리킨다. 일반음성학에서와 마찬가지로 하나의 언어에서 사용되는 말소리들에 대하여 조음음성학·음향음성학·청각음성학적 관점에서 학술적인 연구를 수행한다.

## 1 한국어의 특성

표준어 규정에 의하면 한국어는 자음 14개(ㄱ, ㄴ, ㄷ, ㄹ, ㅁ, ㅂ, ㅅ, ㅇ, ㅈ, ㅊ, ㅋ, ㅌ, ㅍ, ㅎ)와 쌍자음 5개(ㄲ, ㄸ, ㅃ, ㅆ, ㅉ)를 합해 총 19개의 자음이 있으며, 단모음 10개(ㅏ, ㅐ, ㅓ, ㅔ, ㅗ, ㅚ, ㅜ, ㅟ, ㅡ, ㅣ)와 이중모음 11개(ㅑ, ㅒ, ㅕ, ㅖ, ㅘ, ㅙ, ㅛ, ㅝ, ㅞ, ㅠ, ㅢ)를 합해 총 21개의 모음이 있어서, 자음과 모음 수의 총합계는 40개이다.

한국어에서 이들 자음(C)과 모음(V)이 이룰 수 있는 음절의 구조는 CVC이다. 음절을 이루려면 모음은 반드시 있어야 하므로 가능한 음절 구조는 V, CV, VC, CVC의 네 가지이다. 예를 들면 V(아, 애), CV(다, 나), VC(악, 일), CVC(막, 강)이며, 초성에서는 유일하게 /ŋ/이 쓰일 수 없다('앙'에서 초성의 'ㅇ'은 음가가 없다). 한글 표기상으로는 CVCC(값, 젊, 끓)도 가능하지만, 실제 발음을 할 때에는 '값이, 젊지만, 끓고'의 발음에서처럼 종성의 자음 중 하나가 탈락하거나 다음 음절의 초성으로 옮겨가게 되어 실제 음절 구조는 CVC가 된다. 이에 반해 영어의 음절 구조는 CCCVCCCC로 20가지나 되어 매우 복잡하다.

이처럼 한국어에서는 CVCC(젊, 밟)처럼 음절 종성에 철자상 두 개의 자음이 가능한데, 실제 발음을 할 때에는 마지막 자음이 다음 음절의 초성으로 가게 되어 CVC$CV(젊어 → 절머, 밟아 → 발바)처럼 음절 구조가 변경된다. 여기서 $는 음절 경계를 표시하는 기호로 쓰였다. 이러한 음절 구조의 변화를 **재음절화**(resyllabification)라고 부른다.

한국어에서 구개음화 현상은 치경음 /ㄷ, ㅌ/이 모음 /i/나 활음 /j/(이중모음의 시작음) 앞에서 조음위치가 구개음인 [ㅈ, ㅊ]로 바뀌는 현상을 말한다. 이외에도 /ㄴ, ㄹ, ㄸ, ㅅ, ㅆ, ㅎ/도 조음위치의 변화가 생기는 구개음화가 일어나지만 인지 가능한 다른 말소리로 바뀌지 않기 때문에 구개음화 발생을 알아차리지 못한다.

한국어 /ㅅ/과 /ㄹ/도 주변 말소리와의 상호작용에 의하여 그 소리가 변화한다. /ㅅ/의 경우 바로 뒤에 /i/ 모음이 오느냐('시') 아니냐('새')에 따라 음성기호로 [ɕ, s]로 표기되는 소리로 변하며, /ㄹ/의 경우 모음 사이에 오느냐('가라') 아니냐('라면')에 따라 [ɾ, l]로 변한다. 하지만 변화한 소리들이 한국인의 머릿속에서 **심리적 실체**가 없기 때문에 서로 구분되지 못하여 다른 소리라는 사실을 인지하지 못한다. 한글 기호 창제 시에도 이러한 심리적 실체에 대한 사실을 알았기 때문에 /ㅅ/과 /ㄹ/을 각각 하나의 기호로 만들었던 것이다.

한 언어에서 다소 다른 소리들이지만 이들을 서로 다르다고 구분할 수 있는 심리적 실체가 없어서 동일한 소리로 느껴지는 소리들의 집단 혹은 집합을 '음소'라고 부르며, 하나의 음소가 몇 가지 구분되지 못하는 소리들로 실현될 때에 이들을 그 음소의 '(변)이음'들이라고 부른다. 서로 다른 음소들은 서로 다른 심리적 실체성을 지니고 있어서 뜻의 차이를 일으키는 소리의 변화를 인지할 수 있다. 예를 들어, '달'과 '딸'의 경우 /ㄷ, ㄸ/은 서로 다른 음소이므로 두 단어는 뜻의 차이를 유발하게 되어 서로 다른 단어로 인지하게 해 준다.

## 2  영어의 특성

영어는 먼저 자음의 경우 미국 영어와 영국 영어가 모두 24개(/p, b, t, d, k, g, f, v, θ, ð, s, z, ʃ, ʒ, h, ʧ, ʤ, m, n, l, ŋ, r, j, w/)로 되어 있다. 모음은 미국 영어의 경우 단모음 11개(/i, ɪ, ɛ, æ, ɑ, ɔ, u, ʊ, ʌ, ɚ, ə/)와 이중모음 5개(/aɪ, eɪ, ɔɪ, aʊ, oʊ/)를 합해 총 16개가 있다. 한편, 영국 영어의 모음의 경우 단모음에서 /ɒ/ 한 개가 추가되고 미국 영어의 /ɛ, ɚ/가 각각 /e, ɜ/로 발음되어 단모음은 12개(/i, ɪ, e, æ, ɑ, ɔ, u, ʊ, ʌ, ɜ, ə, ɒ/)이고, 이중모음은 3개(/ɪə, eə, ʊə/)가 추가되어 8개로, 이를 합하면 총 20개가 된다.

영어의 음절 구조는 CCCVCCCC로 가짓수를 따져 보면 20여 개의 음절 유형이 존재한다. 초성에서는 한국어와 마찬가지로 /ŋ/이 쓰일 수 없으며, 또한 /ʒ/도 쓰일 수 없다. 초성 자음군에 파열음, 마찰음, 파찰음이 연속될 때에는 유성음과 무성음이 혼용될 수 없다는 특징을 지니고 있다. 따라서 pb, bp는 영어의 자음군으로 쓰일 수 없다. 초성 자음군에 '마찰음 + 파열음'의 연속은 가능하지만[speed(O)], '파열음 + 마찰음'의 연속은 불가능하다[pseed(X)].

영어의 음절이나 어두의 초성으로 자음이 최대 세 개까지 올 수 있는데, 이 경우 엄격한 규칙을 따른다. 즉, 셋 중에 첫소리는 /s/이고, 두 번째 소리는 /p, t, k/ 중 하나이며, 마지막 소리는 활음(/j, w/)이나 유음(/r, l/) 중 하나이다. 하지만 가능한 모든 조합의 자음군이 항상 가능한 것은 아니어서, /str-/로 시작하는 단어는 있지만 /stl-/로 시작하는 영어 단어는 없다.

## 제1장 | 말소리(Speech Sounds)

**01** 사람의 언어에서 의사소통의 주된 수단으로 사용되는 말소리 자체를 주로 연구하는 학문을 무엇이라고 부르는가?

① 음운론
② 음성학
③ 통사론
④ 의미론

**01** 음성학과 음운론이 말소리를 연구하는 학문이지만, 음성학은 말소리 자체를 연구하고 음운론은 말소리의 상호작용에 더 초점을 맞추고 있다.

**02** 모국어 화자들이 언어를 외부로 표현하는 1차적인 수단은 무엇인가?

① 입모양
② 몸짓
③ 말소리
④ 표정

**02** 언어가 실현되는 가장 직접적이고 1차적인 표현 수단은 음성언어인 말소리이다.

**03** 사람은 상대방에게 자신의 생각을 전달하기 위하여 조음기관에서 공기를 이용하여 지속적인 음파를 만들어 내는데, 이것을 무엇이라고 하는가?

① 주파수
② 말소리
③ 날숨
④ 매질

**03** 주파수는 음파의 성질 중 하나이고, 날숨은 호흡을 위해 내쉬는 공기이며, 매질은 공기를 지칭하기 때문에, 이 세 가지는 자신의 생각을 전달하는 것과는 무관하다.

정답 ( 01 ② 02 ③ 03 ② )

04 자음과 모음이 분절음에 속하며, 강세 · 성조 · 억양은 모두 초분절음에 속한다.

04 다음 중 분절음에 속하는 것은?

① 강세
② 성조
③ 자음
④ 억양

05 개별적으로 나누어질 수 있는 말소리는 분절음이다. 초분절음은 여러 분절음에 걸쳐 덧입혀지는 말소리로서, 운율 또는 음률자질이라고도 불린다.

05 초분절음에 대한 설명으로 가장 적절하지 않은 것은?

① 분절음에 덧입혀지는 말소리이다.
② 여러 분절음에 걸쳐서 나타나는 말소리이다.
③ 운율 혹은 음률자질이라고도 불린다.
④ 개별적으로 나누어질 수 있는 말소리를 가리킨다.

정답 04 ③  05 ④

## 제2장 음성학(Phonetics)

**01** 음성학을 세부적으로 분류할 때 속하는 분야가 <u>아닌</u> 것은?

① 조음음성학
② 음향음성학
③ 청각음성학
④ 음운음성학

**02** 화자의 발성기관에서 말소리가 어떻게 만들어지는가에 초점을 둔 음성학의 한 분야는?

① 조음음성학
② 음향음성학
③ 청취음성학
④ 인지음성학

**03** 사람의 음성이 공기 중에서 어떤 음향적·물리적 성질을 갖고 있는지를 주로 연구하는 분야는?

① 조음음성학
② 음향음성학
③ 청각음성학
④ 인지음성학

04 음파 에너지가 공기 분자의 국소적 진동을 통해 마치 도미노가 퍼지듯이 전달되는 것이지, 실제로 공기 분자가 직접 이동하는 것은 아니다.

**04 음파(sound wave)에 대한 설명으로 가장 적절하지 <u>않은</u> 것은?**

① 매질인 공기가 사방으로 진동하는 형태이다.

② 공기 분자가 음원을 중심으로 진동하면서 에너지가 퍼져 나간다.

③ 퍼져 나가는 모양이 물결의 파동과 유사하여 붙여진 이름이다.

④ 음파를 구성하는 공기 분자는 청자의 귀까지 직접 이동한다.

05 푸리에 정리는 파형을 스펙트럼으로 변환시켜 주는 수학적 원리이다.

**05 음성학에서 말소리를 시각적으로 나타내는 방법이 <u>아닌</u> 것은?**

① 파형

② 스펙트럼

③ 푸리에 정리

④ 스펙트로그램

06 파형의 매 순간마다 푸리에 정리를 이용하여 주파수 분석을 수행하면 스펙트럼이 연속적으로 생성된다.

**06 파형과 스펙트럼에 대한 설명으로 가장 적절하지 <u>않은</u> 것은?**

① 파형의 x-축은 시간 정보를, y-축은 진폭 정보를 나타낸다.

② 스펙트럼의 x-축은 주파수 정보를, y-축은 진폭 정보를 나타낸다.

③ 파형에서 진폭을 제거한 것을 스펙트럼이라고 부른다.

④ 개별 스펙트럼은 축에 시간 정보를 나타내지 않는다.

정답 ( 04 ④  05 ③  06 ③ )

**07** 다음 중 가장 적절하지 <u>않은</u> 설명은?

① 와이드밴드 스펙트로그램은 말소리 지속 시간이 잘 나타난다.

② 내로우밴드 스펙트로그램은 모음 포먼트 분석에 주로 사용된다.

③ 스펙트럼을 시간에 따라 차곡차곡 배열하면 스펙트로그램이 된다.

④ 모음의 가장 큰 특성은 스펙트로그램에서 포먼트로 나타난다.

**08** 스펙트로그램에 대한 설명으로 가장 적절하지 <u>않은</u> 것은?

① 진폭을 나타내는 검은색의 명암은 dB 단위로 표현된다.

② 자잘한 세로줄은 성대가 열리고 닫히는 것을 나타낸다.

③ 세로축은 주파수 축으로, 스펙트럼의 가로축과 같다.

④ 수평의 두꺼운 검은 띠는 모음의 특성인 포먼트를 나타낸다.

---

**07** 내로우밴드 스펙트로그램에서는 음성을 구성하는 기본 주파수를 비롯한 배음(하모닉스)이 잘 보이며, 와이드밴드 스펙트로그램에서는 모음 포먼트가 가장 잘 보인다.

**08** 화소의 검은색 명암은 진폭(소리의 세기 및 크기)을 나타내는데, 구체적인 dB 수치가 아니라 상대적인 명암으로 나타난다.

**정답** ( 07 ② 08 ① )

## 제3장 일반음성학과 개별언어음성학

01 사람의 말소리는 폐에서 입 밖으로 나가는 공기인 날숨으로 만들어진다.

**01 인간의 언어에 대한 설명으로 가장 적절하지 <u>않은</u> 것은?**

① 사람의 말소리에는 자음과 모음이라는 분절음이 존재한다.
② 사람의 말소리는 거의 대부분 들숨으로 만들어진다.
③ 대부분 모음이 있어야 하나의 음절이 형성될 수 있다.
④ 영어의 경우 성절자음이 음절을 만들기도 한다.

02 모든 언어에는 파열음이 존재한다.

**02 일반음성학에 대한 설명으로 가장 적절하지 <u>않은</u> 것은?**

① 어떤 언어에 /ŋ/이 있으면 /m, n/도 당연히 존재한다.
② 어떤 언어에 /k/가 있으면 /p, t/도 당연히 존재한다.
③ 어떤 언어에는 파열음이 없고 마찰음, 파찰음, 비음, 유음만 있다.
④ 모든 언어에는 고모음과 저모음이 존재한다.

03 한국어에는 철자상으로 '삶' 같은 CVCC 음절이 존재하지만, 발음할 때는 마지막 자음이 탈락하거나 다음 음절의 초성으로 옮겨가서, 발음상 음절 구조는 CVC가 된다.

**03 다음 중 한국어에 대한 설명으로 가장 적절하지 <u>않은</u> 것은?**

① 한국어는 발음할 때 음절 구조가 CVCC이다.
② 한국인은 /ㄹ/이 상황에 따라 [r, l]의 두 소리로 발음되어도 같은 소리로 듣는다.
③ 한국인은 /ㅅ/이 상황에 따라 [ɕ, s]의 두 소리로 발음된다는 사실을 모른다.
④ 한국어의 치경음 /ㄷ, ㅌ/은 모음 /i/ 앞에서 구개음 [ㅈ, ㅊ]로 바뀐다.

정답 ( 01 ② 02 ③ 03 ① )

**04** 한국어와 영어를 비교한 설명으로 가장 적절하지 <u>않은</u> 것은?

① 한국어는 발음상 초성과 종성에 자음이 하나씩만 올 수 있다.

② 영어의 초성에는 자음군이 최대 세 개까지 올 수 있다.

③ 한국어의 철자상 음절 구조 CVCC는 발음상 음절 구조인 CVC로 재음절화된다.

④ 영어의 초성에는 모든 자음이 올 수 있다.

**04** 영어에서 초성에 올 수 없는 자음은 /ŋ, ʒ/의 두 개가 있다.

정답 **04** ④

훌륭한 가정만한 학교가 없고, 덕이 있는 부모만한 스승은 없다.

– 마하트마 간디 –

# 제 2 편

# 음소론
## (Phonemics)

## | 단원 개요 |

들리는 말소리가 전부는 아니다. 원어민 화자의 머릿속에 들어 있는 추상적 말소리와 조음기관을 통해 발음되는 물리적 말소리가 똑같지 않고 다르다는 사실은 매우 신기하면서도 흥미로운 주제이다. 음소와 이음 개념의 이해가 매우 중요하다.

## | 출제 경향 및 수험 대책 |

음소와 이음 개념의 이해는 기본이고, 영어 단어를 통해서 그 개념을 설명할 수 있느냐가 매우 중요하다. 또한, 음소와 이음이 어떠한 분포를 이루는지 대조 분포와 상보 분포를 통해 파악할 수 있어야 하며, 영어 말소리에 대한 IPA 기호를 알아야 한다.

# 제 1 장 | 음소와 이음

사람이 말소리를 사용하는 이유는 서로 다른 말소리를 조합하여 자신의 생각을 담을 수 있는 여러 단어를 만들기 위해서이다. 그런데 문제는 말소리가 서로 '다르다'라는 개념은 개별언어마다 모두 똑같지 않다. 예를 들어, [k, g] 두 말소리는 영어에서도 한국어에서도 서로 다른 말소리로 들린다. 그러나 키캄바 언어를 쓰는 케냐 사람들은 이 두 소리를 아무리 들어도 다르지 않고 같다고 생각한다. 또 [s, ʃ] 두 말소리를 예로 들면, 영어 원어민들은 두 말소리가 다르다고 생각하지만 한국어 원어민들은 각각 '사람', '시집'의 첫소리인 [s, ʃ]를 다르다고 듣지 않는다. 같은 'ㅅ' 기호를 써서 표기하는 것을 보면 같은 소리라고 느끼는 것을 알 수 있다. 마지막으로 [p, pʰ] 두 말소리를 보면 한국어 원어민들은 두 소리를 'ㅃ, ㅍ'에 가깝게 듣기 때문에 다른 소리라고 느끼지만, 영어 원어민들은 이 두 소리가 같다고 느낀다.

이처럼 물리적으로 다른 소리도 어느 언어를 쓰는 원어민이냐에 따라 '같다'고 느끼기도 하고 '다르다'고 느끼기도 한다. '다른' 말소리라는 것이 언어에 따라 다르기 때문에 어떤 소리들이 자신의 귀에 다르게 들린다고 해서 섣불리 다르다고 판단할 수 없다는 것이다. 그래서 학자들은 언어마다 그 원어민들이 느끼는 '같은' 소리와 '다른' 소리를 알아내는 방법을 고안했는데, 그것이 바로 음소와 (변)이음이다.

## 제1절 　음소와 이음의 개념 〔중요〕

음소(phonemes)란 서로 다른 말소리를 나타내는 가장 작은 소리단위인데, 이때 '서로 다름'이란 물리적인 다름이 아니라 해당 원어민이 귀로 듣고 느끼기에 서로 다른 말소리를 말한다. 그렇기 때문에 음소란 공기 중에 물리적으로 존재하는 것이 아닌, 해당 언어의 원어민들의 머릿속에 존재하는 추상적이고 심리적인 실체를 갖는 말소리를 말한다. 따라서 음소는 우리가 직접 들을 수는 없다. 예를 들어, 영어 단어 pin과 bin에서 두 단어의 의미를 구별시켜 주는 것은 두 단어의 첫소리인 /p/와 /b/이다(이때 말소리 기호를 / / 안에 적는다). 이들은 영어 원어민들의 귀에 서로 다르게 들리며, 이로 인해 두 단어는 다른 뜻을 갖는 서로 다른 단어가 된다. 따라서 이들 /p, b/는 영어에서 서로 다른 두 음소가 된다. 마찬가지로 영어에서 pen, pet은 서로 뜻이 다른데, 두 단어를 구성하는 말소리의 개수나 위치도 모두 같으나 마지막 위치의 /n/과 /t/만 다르다. 이 두 소리로 인해 의미의 차이가 생기므로 이 두 소리 /n, t/도 영어에서 음소라는 것을 알 수 있다. 원어민 머릿속에 있는 추상적인 소리라서 직접 들을 수는 없는 음소가 공기 중에서 음파로 실현되면 우리가 비로소 들을 수 있게 되는데, 이를 이음이라고 한다.

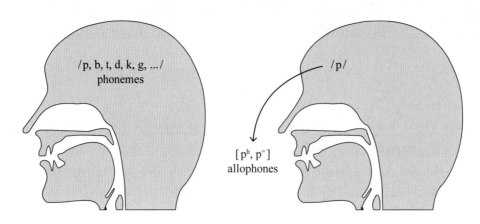

그러면 이음(allophones)이란 무엇인가? **변이음**이라고도 불리며, 말 그대로 다소 다른 소리들이란 뜻이다. 해당 언어의 원어민이 듣기에는 하나의 같은 음소로 생각하고 있지만, 실제 발음에 있어서 자신도 모르게 다소 다른 소리들로 규칙적으로 발음하는 소리들이다. 이 모임을 해당 음소의 이음(들)이라고 부른다. 예를 들어, 영어 원어민들은 머릿속의 음소 /p/를 조음기관을 통해 말할 때 p<u>a</u>ste에서처럼 우리말 'ㅍ'과 비슷한 [pʰ]로 발음하기도 하고, s<u>p</u>eed에서처럼 우리말 'ㅃ'과 비슷한 [p⁼]로 발음하기도 한다(이때 말소리 기호를 [ ] 안에 적는다).

그러나 이러한 발음은 무작위로 발생하는 것이 아니라 일정한 규칙처럼 특정 위치 혹은 환경에서 자동적으로 발생하기 때문에 각 말소리에 이름도 부여되어 있다. [pʰ]는 강한 공기가 터져 나오듯 발음되기 때문에 **기식음** 혹은 **대기음**(aspirated sound)이라고 하며, 이와 반대로 공기가 매우 절제되어 나오는 [p⁼]는 **비대기음**(unaspirated sound)이라고 한다. 또한 기식음은 항상 강세 있는 음절의 초성에서 만들어지고, 비대기음은 /s/ 소리 바로 뒤에서만 만들어진다. 영어 원어민들은 물리적으로는 매우 다른(한국어 원어민들은 이 둘을 각각 /ㅍ/와 /ㅃ/의 다른 음소로 듣는다) 이 두 말소리 [pʰ, p⁼]가 다르다는 사실을 전혀 모르며, 머릿속으로는 여전히 하나의 음소 /p/를 발음했다고 생각한다. 이처럼 하나의 음소가 물리적으로 아주 조금은 다른, 달리 말하면 음성적 유사성을 띠는 둘 이상의 말소리로 발음될 때, 이 말소리들을 해당 음소의 이음들이라고 한다. 눈치챘겠지만, 이음들은 대괄호 [ ] 안에 그 기호를 쓰고, 음소들은 빗금 / / 안에 그 기호를 쓴다.

## 제2절    음소와 이음의 관계

원어민의 머릿속에 존재하는 서로 다른 추상적인(아직은 음파로 실현되지 않은) 말소리가 음소라면, 이음은 그 음소가 조음기관을 통해 공기 중에 물리적인 음파로 실현된 말소리를 가리킨다. 음소들은 각자 하나의 이음으로 실현되기도 하지만, 앞서 배웠듯이 어떤 음소들은 둘 이상의 이음들로 실현되기도 한다.

대표적인 경우가 바로 무성 파열음인 /p, t, k/ 음소들인데, 이들은 각각 대기음과 비대기음 등 두 가지 이상의 이음들로 발음된다. 따라서 음소 /p/는 [pʰ, p⁼]의 두 개의 이음들로, 음소 /t/는 [tʰ, t⁼]의 두 개의 이음들로, 음소 /k/는 [kʰ, k⁼]의 두 개의 이음들로 발음되는 것이다.

이처럼 음소와 이음은 서로 존재하는 장소가 다르다고 볼 수 있는데, 원어민의 머릿속에 존재하는 음소들을 기저형(underlying representation)이라고 하며, 조음기관을 떠나 공기 중으로 실현된 이음들을 표면형(surface representation)이라고 한다. 이들 음소와 이음이 자신의 고유한 영역에서 또는 서로의 영역을 오가며 갖는 관계를 집합과 집합을 구성하는 원소들에 비유하여 표현할 수 있는데, 다음의 세 가지 분포로 구분할 수 있다.

### 1 대조 분포(contrastive distribution) 종요

기저형에서 음소들이 존재하는 분포 방식은, 한 음소가 바뀜으로 인해서 단어의 뜻이 다르게(대조적으로, contrastively) 바뀔 수 있다 하여 대조 분포 혹은 대조적 분포라고 부른다. 한 언어를 구성하는 음소들은 원어민의 머릿속에 집합을 이루고 있으며, 이들 원소들인 음소들은 단어 내에서 한 음소가 다른 음소로 바뀌면 단어의 뜻이 바뀌게 하여 새로운 단어를 만드는 능력을 갖고 있다. 예를 들어, 단어 pale에서 음소 /p/가 음소 /t/로 바뀌면 tale이 되어 새로운 단어가 된다. 음소는 실제로 들을 수 없는 머릿속의 추상적인 말소리이기 때문에 우리가 실제로 조음기관을 통해서 듣는 소리는 이음인 [p]와 [t]이다. 이음을 통해 음소 여부를 판단하게 되며, 이 경우 [p]와 [t]는 각자 서로 다른 음소 /p/와 /t/의 이음인 것이다.

### 2 상보 분포(complementary distribution) 종요

기저형에 존재하는 한 음소는 표면형으로 발음되면서 때때로 둘 이상의 이음으로 실현되는데, 그 음소는 둘 이상의 이음들을 원소로 갖고 있는 하나의 집합으로 볼 수 있다. 예를 들어, 기저형 음소 /p/는 표면형 이음들 [pʰ, p⁼]를 원소로 갖는 하나의 집합인 것이다. 이때 원소인 이음들은 실제 말소리로 실현될 때 나타나는 단어들에서의 위치가 각자 규칙처럼 정해져 있어서 절대 동일한 위치에 나타나는 경우가 없다. 그래서 이들 이음들의 분포를 상보 분포 혹은 상보적 분포라고 부른다. 영어로는 complementary 혹은 exclusive(배타적)라고 표현한다. 예를 들어, [pʰ]는 positive, impossible, unimportant처럼 강세 있는 음절의 초성으로 항상 쓰이고, [p⁼]는

spill, sport, span처럼 항상 /s/ 음소 뒤에만 쓰인다. [pʰ] 이음은 절대로 /s/ 음소 뒤에 쓰이지 않는다. 서로 자신들만의 배타적이고 고유한 위치를 갖고 있어서 서로 보완한다는 의미에서 상보적(complementary), 배타적(exclusive) 분포라고 표현하는 것이다.

## 3 자유 변이(free variation) 〔중요〕

어떤 언어에서 말소리가 대조 분포를 이루지도 않고, 상보 분포를 이루지도 않을 때 이들을 자유 변이라고 부른다. 예를 들어, tomato를 발음할 때 둘째 음절 모음으로 [ɑ]나 [eɪ]를 모두 쓸 수 있는데, 이때 발음이 두 가지로 발음될 수 있다고 해서 이들을 최소쌍으로 볼 수 없다. 뜻의 차이를 가져오지 않기 때문이다. 따라서 이 두 모음은 이 단어에서 서로 다른 음소로 볼 수 없다. 그렇다면 두 모음이 각각 발생하는 자신만의 고유한 환경이 법칙처럼 있어서 이들을 한 음소의 이음들이라고 볼 수 있는가? 없다. 어느 모음으로 발음될 것인가는 전적으로 말하는 사람인 화자의 마음에 달려 있는 것이지, 말소리의 위치 등 단어 내에서의 객관적인 조건과는 전혀 무관한 것이다. 따라서 이들을 한 음소의 이음들로 볼 수도 없다. 이렇게 음소의 지위를 갖지도 못하고, 이음의 지위도 갖지 못하는 말소리를 해당 단어에 한하여 자유 변이를 이루고 있다고 말한다. 물론 이 두 모음은 다른 단어들에서 최소쌍으로 나타날 수 있고, 그 경우에는 서로 다른 음소로 볼 수 있다.

# 제 2 장 | 음소분석의 절차

**최소 대립어** <sub>중요</sub>

대조 분포를 이루고 있는 서로 다른 음소들을 발견하는 가장 쉬운 방법은 해당 언어에서 뜻이 다른 두 단어를 찾아내는 것이다. 단, 두 단어를 이루고 있는 철자의 개수가 아니라 음성기호로 표시한 말소리의 개수가 똑같아야 하고, 서로 다르다고 가정하는 두 음소의 위치도 똑같아야 한다. 예를 들어, make, made는 철자는 4개지만 음성기호를 세어 보면 말소리의 개수는 모두 3개이다. 첫소리가 [m], 둘째 소리가 [eɪ], 마지막 소리가 하나는 [k], 다른 하나는 [d]이다. 이 경우 마지막 말소리 [k]와 [d]가 이 두 단어의 뜻이 달라지게 하는 결정적인 소리인 것이다. 따라서 이 두 개의 이음들로 판단하건대 이 두 말소리는 원어민 머릿속에서 서로 다른 음소인 /k/와 /d/로 존재하는 것을 알 수 있다. 즉, 단어를 구성하는 이음들을 통해 음소 여부를 판단할 수 있는 것이다. 이때 이 두 단어를 **최소쌍**(minimal pairs) 혹은 **최소 대립어**라고 부른다. 최소쌍인 단어를 많이 확보할수록 해당 언어의 음소들을 최대한 발견할 수 있다. 따라서 이음 [k]와 [d]는 각자 서로 다른 음소인 /k/와 /d/의 이음인 것을 알 수 있다.

한국어에서도 최소 대립어들을 발견해 보면, '달, 딸, 탈' 혹은 '불, 뿔, 풀' 등이 있다. 각 단어를 구성하고 있는 말소리의 개수가 3개씩으로 같고, 서로 다른 뜻을 지니고 있으며, 서로 다른 음소라고 여겨지는 말소리의 위치가 음절의 초성으로 똑같다. 따라서 /ㄷ, ㄸ, ㅌ/과 /ㅂ, ㅃ, ㅍ/은 서로 다른 음소라고 판단할 수 있다. 한국어 음소 /ㅂ, ㅃ, ㅍ/은 음성기호로 적으면 그림과 같이 /p, pˀ, pʰ/인데, 영어에서는 이 세 개의 말소리가 하나의 음소 /p/의 이음들인 [p, pˀ, pʰ]이다. 따라서 절대적인 음향적 관점에서 보면, 서로 다른 이 세 개의 말소리들이 한국어 원어민들의 머릿속에서는 서로 다른 세 개의 음소들로 존재하지만, 영어 원어민들의 머릿속에서는 단 하나의 음소로 존재한다. 그러나 조음기관을 통해 공기 중으로 음파의 형태로 실현되면 한국어와 영어 원어민들 모두 세 개의 이음들을 소리 낼 수 있다.

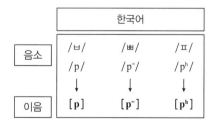
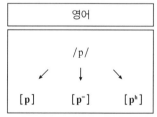

따라서 어느 언어에서 음향적으로 귀에 들리는 말소리가 세 개일지라도, 이들이 해당 원어민의 머릿속에서 세 개의 서로 다른 음소로 존재할지, 아니면 단 하나의 음소로 존재할지는 최소 대립어 방법 등을 통해 조사해 보아야 하는 것이다. 음소와 이음들 간의 관계를 정확히 파악하면 영어 원어민들이 우리말 '불, 뿔, 풀'의 초성 소리를 같은 소리로 듣기 때문에 구분하기 힘들 것이라는 것을 알 수 있다.

## 제2절   상보적 분포

이음들은 하나의 음소 집합에 속하는 원소들이기 때문에 원어민은 이들 이음들을 자신의 머릿속에서 같은 소리라고 알고 있다. 음소 /p/는 실현되는 환경에 따라 여러 이음들 [pʰ, p⁼, p˥]로 발음되지만 영어 원어민에게는 같은 소리이다. 그래서 단어의 뜻 차이를 가져오는 말소리들은 아니다. 같은 음소에 속하면서 단어 속에서의 정해진 위치, 즉 환경에 따라 다소 다른 소리들로 자동적으로 실현되는 것이다. 원어민들이 한 음소를 정해진 환경에서 특정 이음으로 발음하는 일은 무의식적이고 저절로 일어나는 현상이며, 그들은 이음들이 물리적으로는 다른 소리라는 사실조차 인식하지 못한다.

이음들은 최소쌍이나 최소 대립어들로는 절대 찾을 수 없다. 왜냐하면 원어민들은 한 음소에 속한 이음들이 물리적으로 다른 소리라고 전혀 생각하지 못하기 때문이다. 만약 단어 pin에서 첫소리인 음소 /p/에 속하는 이음들 [pʰ, p⁼]를 차례로 바꿔 보아도 단어의 뜻이 바뀌지 않기 때문이다. 단, 원어민들은 절대 이런 실수를 범하지는 않는다. 왜냐하면 pin에서 음소 /p/는 강세 있는 음절의 초성 자리이기 때문에 반드시 이음 [pʰ]가 차지하기 때문이다. 설사 외국인이 발음이 안 좋아서 [p⁼] 이음으로 발음한다 해도, 원어민들은 발음한 사람이 외국인이라서 해당 단어의 발음이 어눌하다고 생각하지, 새로운 단어가 탄생했다고 보지는 않는다. 뜻이 바뀌지 않기 때문이다. 이처럼 한 음소에 속하는 이음들은 설사 실수로 서로 뒤바뀌어도 단어의 뜻이 달라져서 새로운 단어를 만들게 되는 일은 생기지 않는다. 어떤 말소리들이 최소 대립어를 통해 음소로서 찾는 것이 거의 불가능하다면 이들이 한 음소의 이음들이 아닌지 의심해 봐야 하는 것이다.

영어에서 뜻이 다른 두 단어 pin과 spin에서 앞 단어의 [p]와 뒷 단어의 [s]가 서로 다른 음소라고 판단할 수 없는 이유는, 두 단어를 구성하는 말소리의 개수가 각각 3개, 4개로 달라서 이들을 최소쌍이라고 볼 수 없기 때문이다. 오히려 이들은 음소 /p/의 두 이음들인 [pʰ]와 [p⁼]가 각각 강세 있는 음절의 초성 위치와 음소 /s/ 뒤라는 자신들이 담당하고 있는 고유한 환경에서 실현되는 상보 분포의 사례라고 볼 수 있다.

한국어에서 음소 /ㄹ/과 /ㅅ/은 각각 이음들을 두 개씩 지니고 있다. 음소 /ㅅ/은 앞서 보았듯이 '시, 시집, 가시, 증시, 음식' 등에서처럼 모음 /이/ 앞에서 [ʃ] 이음으로 발음되며, 그 외의 모든 경우에는 '산, 샛별, 송편, 수도, 숟가락' 등에서처럼 [s]로 발음된다. /ㅅ/ 음소가 [ʃ, s] 두 개의 이음으로 실현된다는 것은 한국어 원어민은 의식적으로 알지 못한다. 왜냐하면 물리적으로 분명히 다른 두 말소리가 한국어 원어민 머릿속에는 같은 하나의 음소로 존재하기 때문이다. 이에 반해, 영어에서는 이 두 소리가 seat, sheet의 최소쌍에서처럼 머릿속에서 서로 다른 음소로 존재하여 뜻의 차이를 가져온다. 참고로 이 두 단어는 철자의 개수는 다르지만, 음성기호로 표시하면 말소리의 개수가 세 개로 같고, 첫소리만 다르기 때문에 최소쌍이라고 할 수 있다.

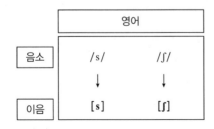
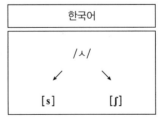

한국어 음소 /ㄹ/도 두 개의 이음들 [l, ɾ]로 구성되어 있다. 특히 이음 [ɾ]는 설탄음 혹은 탄설음으로 알려져 있는데, 미국 영어의 water, butter에서 /t/ 음소의 이음 [ɾ]로도 알려져 있다. 우리말에서 음소 /ㄹ/은 '나라, 보라, 바람, 바로, 유류' 등의 모음과 모음 사이에서는 [ɾ] 이음으로 발음되고, 그 외의 모든 경우 '라면, 라식, 라이트, 라임' 등에서는 [l] 이음으로 발음된다. 결국 우리말에도 영어 water에서의 /t/ 음소의 [ɾ] 이음이 존재하는 것이다. 하지만 뜻의 차이를 가져오는 음소로서가 아니라 /ㄹ/ 음소에 속하는 이음들 중의 하나로 존재한다. '나라'의 발음에서 [ɾ] 대신에 [l]로 발음한다고 해서 단어의 뜻이 바뀌는 것은 아닌 것이다. 물론 한국어 원어민은 절대 그런 실수를 하지 않는다.

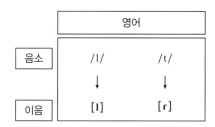
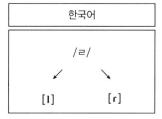

따라서 한국어 원어민이 두 말소리 [l, ɾ]를 잘 구분하지 못하는 것은 이들이 한국어에서 한 음소의 이음들이라서 같은 소리로 인식하기 때문이다.

## 제3절  자유 변이

앞서 음소들의 대조 분포는 두 소리가 최소 대립어와 같은 위치에 존재하면서 뜻이 다른 단어를 만들어 낸다고 하였고, 한 음소에 대한 이음들의 상보 분포는 둘 이상의 소리들이 단어 내에서 절대로 같은 위치에 존재하지 않고 이들이 어떤 위치에 나타날 것인지를 규칙처럼 예측할 수 있다고 배웠다.

그러면 leap, soap와 같은 단어에서 마지막 말소리 /p/의 경우를 생각해 보자. 음소 /p/는 입술을 터뜨리면서 발음하는 **개방음**인 [pʰ]와, 우리말의 종성 받침처럼 입술을 떼지 않고 발음하는 **비개방음**인 [p˺]의 두 말소리로 발음될 수 있다. 이 경우 leap라는 단어는 여전히 그대로이고 뜻도 바뀌지 않는다. 문제는 둘 중에 어느 말소리로 발음될지가 단어만 봐서는 절대 예측할 수 없다는 것이다. 한마디로 말하는 순간의 말하는 사람 마음인 것이다. 앞서 이음의 개념에서 보았듯이 대기음 [pʰ]는 강세 있는 음절의 초성에서, 비대기음 [p˭]는 음소 /s/ 뒤에서 규칙처럼 실현된다고 배웠다. 그런데 이 경우는, 두 말소리가 최소 대립어인 것처럼 위치하고 있으면서 단어의 뜻이 전혀 바뀌지 않는다. 따라서 [pʰ, p˺] 두 말소리는 서로 다른 음소가 아님을 알 수 있다. 또 같은 음소의 이음들처럼 나타나는 위치를 규칙처럼 예측할 수도 없다. 이들은 한 음소의 이음들도 아닌 것이다. 이렇게 음소도 이음도 아닌 제3의 말소리 유형을 자유 변이라고 하며, 이들 말소리를 해당 단어에서 자유 변이 관계에 있다고 부른다. 추가적인 예를 들어 보면, deep, heat, make를 발음할 때 각 단어의 마지막 끝소리를 우리말 받침처럼 비개방음으로 발음하면 각각 [p˺, t˺, k˺]로 표기할 수 있고, 이들은 해당 단어들에서 개방음인 [pʰ, tʰ, kʰ]와 각각 자유 변이 관계에 있다.

원어민의 머릿속에 존재하는 음소와 이들이 조음기관을 통해 이음으로 발음될 때 이들 말소리들의 여러 성질을 다음 표에 요약해 놓았다. 어떤 언어에 존재하는 음소를 찾는 작업인 **음소분석**을 할 때에는 최소 대립어를 찾는 것이 가장 쉬운 방법이고, 둘 이상의 말소리들이 상보 분포를 보인다면 이들은 하나의 같은 음소의 이음들일 가능성이 크며, 음소들처럼 같은 위치에 나타나지만 뜻이 달라지지 않으면 자유 변이를 이루는 이음들일 경우가 대부분이다.

| 말소리 종류 | 음소 | (변)이음 | |
|---|---|---|---|
| 기호 표시 | / / | [ ] | |
| 분포 종류 | 대조 분포 | 상보 분포 | 자유 변이 |
| 찾는 방법 | 최소 대립어 | 단어 내 고유한 위치 | |
| 단어 내 위치 | 같음 | 다름 | 같음 |
| 단어 뜻 | 변함 | 변하지 않음 | |
| 존재 위치 | 머릿속(기저형) | 공기 중(표면형) | |
| 음소/이음 관계 | 서로 다른 음소의 이음들 | 같은 음소의 이음들 | |

**더 알아두기**

최소 대립어들을 무더기로 발견할 수 있다면 해당 언어에서 음소를 찾는 일이 매우 쉬워진다. 한국어에서 '불, 뿔, 풀' 이외에도 '굴, 물, 술, 줄'을 추가하면 /ㄱ, ㅁ, ㅅ, ㅈ/ 음소를 금방 찾게 된다. 영어에서도 단어 pin과 같은 유형의 최소 대립어를 생각해 보면, bin, din, fin, gin, hin, chin, kin, sin, tin 등에서 /b, d, f, dʒ, h, tʃ, k, s, t/ 음소들을 무더기로 쉽게 찾을 수 있다. 특히 영어에서 음소 /ŋ, ʒ/는 초성에서 찾을 수 없는데, dim, din, ding 최소 대립어를 통해 /m, n, ŋ/ 음소들을 찾을 수 있고, rude, rouge 최소쌍을 통해 음소 /d, ʒ/를 찾을 수 있다.

# 제 **3** 장 | 음소의 분열

음소의 분열(phonemic split)은 말 그대로 하나의 음소가 두 개의 음소들로 나누어지는 것을 말하며, 한 언어가 역사적으로 시간이 많이 흐르면서 생길 수 있는 현상이다. 보통은 한 음소의 이음들이었던 두 말소리들이 이음들을 구분해 주던 주변 말소리들의 규칙이 변해서 더 이상 이음들이 아니라 별도의 음소들로 지위가 바뀌는 것을 가리킨다.

영어를 예로 들면, 다음 그림처럼 고대 영어(Old English) 시대에는 아랫입술과 윗니 사이에서 발음되는 마찰음이 /f/ 하나밖에 없었다. 음소 /f/는 대부분의 경우에는 fisc[f...](fish), wulf[...f](wolf)처럼 무성음 이음 [f]로 발음되었지만, 모음을 포함한 유성음 사이에서는 wulfas[...v...](wolves)처럼 표기는 f로 했지만 말소리는 유성음 이음인 [v]로 발음되었다. 당시 고대 영어 원어민들은 두 이음들이 하나의 음소로 머릿속에 있었으므로 다르다는 사실을 당연히 몰랐고 철자도 f로 같이 표시했었다. 하지만 중세 영어(Middle English) 시대에 프랑스어가 대량으로 차용되면서(프랑스어에서 /f, v/는 서로 다른 음소임), 두 이음들을 구분해 주던 '유성음들 사이'라는 조건이 사라지게 되었고, 그 후 두 이음들은 fine[f...], vine[v...], proof[...f], prove[...v]처럼 같은 위치에 존재하면서 뜻의 변화를 일으키는 서로 다른 두 음소 /f/와 /v/로 그 지위가 바뀌게 되었다. 이처럼 하나의 음소 /f/가 두 개의 음소 /f, v/로 나누어졌으므로 이를 **음소 분열**이라고 부르는 것이다. 영어의 변화 역사에서 음소 분열 현상은 모음에서도 많이 발생했다.

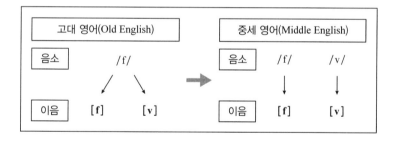

> **더 알아두기**
>
> **음소 합병**
> 하나의 음소가 둘 이상의 음소로 나누어지는 음소 분열의 정반대 현상으로 음소의 합병(phonemic merger)이 있는데, 이는 둘 이상의 음소가 어떤 역사적 변화에 의해 하나의 음소로 합쳐지는 것을 나타낸다. 예를 들어, 영어 모음의 경우 중세 영어에서 meet/...e.../, meat/...ɛ.../의 모음은 서로 다른 음소였으나, 현대 영어에서는 두 음소가 /i/ 음소 하나로 합병되어 발음이 같게 되었다.

# 제 **4** 장 | 음소의 표기

음소를 표기하기 위한 음성기호(phonetic symbols)는 국제음성학협회(International Phonetic Association, IPA)에서 제안한 국제음성기호(International Phonetic Alphabet)를 사용한다. 이 음성기호를 IPA 기호라고도 부른다. 이 기호는 여러 번 개정을 거쳤는데, 현재 최신판은 2015년 수정판이다. 인간이 언어에서 사용하는 거의 모든 말소리가 IPA 기호를 통해 표현될 수 있다.

말소리를 분절음(자음과 모음)과 초분절음(억양, 강세, 성조, 길이 등)으로 나눌 때, IPA 기호 중에서는 자음을 표시하기 위한 기호가 제일 많아 거의 반 이상의 분량을 차지한다. 폐에서 내쉬는 공기를 이용한 자음들(pulmonic consonants)의 기호를 행(조음방법)과 열(조음위치)로 분류한 표는 다음과 같다. 영어에서 이용하는 자음들 이외에도 많은 자음들이 존재한다.

CONSONANTS (PULMONIC)                                                            © 2015 IPA

| | Bilabial | Labiodental | Dental | Alveolar | Postalveolar | Retroflex | Palatal | Velar | Uvular | Pharyngeal | Glottal |
|---|---|---|---|---|---|---|---|---|---|---|---|
| Plosive | p b | | | t d | | ʈ ɖ | c ɟ | k g | q ɢ | | ʔ |
| Nasal | m | ɱ | | n | | ɳ | ɲ | ŋ | ɴ | | |
| Trill | ʙ | | | r | | | | | ʀ | | |
| Tap or Flap | | ⱱ | | ɾ | | ɽ | | | | | |
| Fricative | ɸ β | f v | θ ð | s z | ʃ ʒ | ʂ ʐ | ç ʝ | x ɣ | χ ʁ | ħ ʕ | h ɦ |
| Lateral fricative | | | | ɬ ɮ | | | | | | | |
| Approximant | | ʋ | | ɹ | | ɻ | j | ɰ | | | |
| Lateral approximant | | | | l | | ɭ | ʎ | ʟ | | | |

Symbols to the right in a cell are voiced, to the left are voiceless. Shaded areas denote articulations judged impossible.

폐에서 나오는 공기와 직접적으로는 무관하게 만들어 낼 수 있는 자음들(non-pulmonic consonants)의 기호는 다음 그림과 같다. 예를 들어, 흡착음(clicks) 중 하나는 윗니 바로 뒤에서 만들어지는 소리가 '쯧쯧' 할 때 나는 소리인데, 이 소리는 숨을 들이쉬거나 내쉬는 동작을 계속하는 도중에도 만들어 낼 수 있다. 즉, 조음에 있어 폐에서 내쉬는 공기와 직접적인 관련은 없는 것이다.

CONSONANTS (NON-PULMONIC)

| Clicks | Voiced implosives | Ejectives | |
|---|---|---|---|
| ʘ Bilabial | ɓ Bilabial | ʼ | Examples: |
| ǀ Dental | ɗ Dental/alveolar | pʼ | Bilabial |
| ǃ (Post)alveolar | ʄ Palatal | tʼ | Dental/alveolar |
| ǂ Palatoalveolar | ɠ Velar | kʼ | Velar |
| ǁ Alveolar lateral | ʛ Uvular | sʼ | Alveolar fricative |

그 외에도 두 기호를 한데 묶어 파찰음(affricates)으로 표기하는 방법 등 추가적으로 자음을 표기할 수 있는 기호들이 있다.

**OTHER SYMBOLS**

Ɱ Voiceless labial-velar fricative

W Voiced labial-velar approximant

ɥ Voiced labial-palatal approximant

ʜ Voiceless epiglottal fricative

ʢ Voiced epiglottal fricative

ʡ Epiglottal plosive

ɕ ʑ Alveolo-palatal fricatives

ɺ Voiced alveolar lateral flap

ɧ Simultaneous ʃ and x

Affricates and double articulations can be represented by two symbols joined by a tie bar if necessary.

t͡s  k͡p

또한 음성기호의 위나 아래에 추가적인 부호(diacritics)를 써서 원래의 발음이 이음에서 미세하게 변화하는 것을 표기할 수도 있다.

**DIACRITICS** Some diacritics may be placed above a symbol with a descender, e.g. ŋ̊

| | | | | | | | |
|---|---|---|---|---|---|---|---|
| ̥ Voiceless | n̥ d̥ | ̤ Breathy voiced | b̤ a̤ | ̪ Dental | t̪ d̪ | | |
| ̬ Voiced | s̬ t̬ | ̰ Creaky voiced | b̰ a̰ | ̺ Apical | t̺ d̺ | | |
| ʰ Aspirated | tʰ dʰ | ̼ Linguolabial | t̼ d̼ | ̻ Laminal | t̻ d̻ | | |
| ̹ More rounded | ɔ̹ | ʷ Labialized | tʷ dʷ | ̃ Nasalized | ẽ | | |
| ̜ Less rounded | ɔ̜ | ʲ Palatalized | tʲ dʲ | ⁿ Nasal release | dⁿ | | |
| ̟ Advanced | u̟ | ˠ Velarized | tˠ dˠ | ˡ Lateral release | dˡ | | |
| ̠ Retracted | e̠ | ˤ Pharyngealized | tˤ dˤ | ̚ No audible release | d̚ | | |
| ̈ Centralized | ë | ̴ Velarized or pharyngealized | ɫ | | | | |
| ̽ Mid-centralized | e̽ | ̝ Raised | e̝ ( ɹ̝ = voiced alveolar fricative) | | | | |
| ̩ Syllabic | n̩ | ̞ Lowered | e̞ ( β̞ = voiced bilabial approximant) | | | | |
| ̯ Non-syllabic | e̯ | ̘ Advanced Tongue Root | e̘ | | | | |
| ˞ Rhoticity | ɚ a˞ | ̙ Retracted Tongue Root | e̙ | | | | |

모음 기호들은 아래턱에 위치한 혀의 상대적인 높낮이(close - open)나 전후 위치(front - back), 그리고 입술의 둥글기 여부로 분류하여 다음 그림으로 나타낸다.

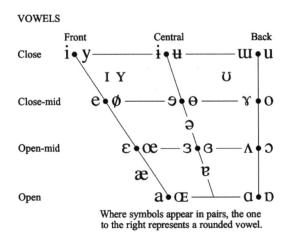

초분절음인 강세, 길이, 성조 등도 완벽하지는 않으나 다음과 같은 많은 기호들을 이용하여 표시할 수 있다.

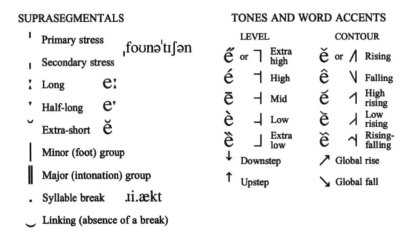

IPA 기호 배포판(2015년)은 위에서 소개한 분절음과 초분절음에 내한 모든 기호를 한 페이시에 보아 놓았는데 다음과 같다.

# THE INTERNATIONAL PHONETIC ALPHABET (revised to 2015)

## CONSONANTS (PULMONIC)

© 2015 IPA

| | Bilabial | Labiodental | Dental | Alveolar | Postalveolar | Retroflex | Palatal | Velar | Uvular | Pharyngeal | Glottal |
|---|---|---|---|---|---|---|---|---|---|---|---|
| Plosive | p b | | | t d | | ʈ ɖ | c ɟ | k g | q ɢ | | ʔ |
| Nasal | m | ɱ | | n | | ɳ | ɲ | ŋ | N | | |
| Trill | ʙ | | | r | | | | | R | | |
| Tap or Flap | | ?  | | ɾ | | ɽ | | | | | |
| Fricative | ɸ β | f v | θ ð | s z | ʃ ʒ | ʂ ʐ | ç ʝ | x ɣ | χ ʁ | ħ ʕ | h ɦ |
| Lateral fricative | | | | ɬ ɮ | | | | | | | |
| Approximant | | ʋ | | ɹ | | ɻ | j | ɰ | | | |
| Lateral approximant | | | | l | | ɭ | ʎ | ʟ | | | |

Symbols to the right in a cell are voiced, to the left are voiceless. Shaded areas denote articulations judged impossible.

## CONSONANTS (NON-PULMONIC)

| Clicks | Voiced implosives | Ejectives |
|---|---|---|
| ʘ Bilabial | ɓ Bilabial | ' Examples: |
| ǀ Dental | ɗ Dental/alveolar | p' Bilabial |
| ǃ (Post)alveolar | ʄ Palatal | t' Dental/alveolar |
| ǂ Palatoalveolar | ɠ Velar | k' Velar |
| ǁ Alveolar lateral | ʛ Uvular | s' Alveolar fricative |

## OTHER SYMBOLS

ʍ Voiceless labial-velar fricative

w Voiced labial-velar approximant

ɥ Voiced labial-palatal approximant

ʜ Voiceless epiglottal fricative

ʢ Voiced epiglottal fricative

ʡ Epiglottal plosive

ɕ ʑ Alveolo-palatal fricatives

ɺ Voiced alveolar lateral flap

ɧ Simultaneous ʃ and x

Affricates and double articulations can be represented by two symbols joined by a tie bar if necessary.

t͡s k͡p

## VOWELS

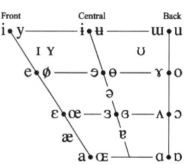

Where symbols appear in pairs, the one to the right represents a rounded vowel.

## SUPRASEGMENTALS

| ˈ | Primary stress | ˌfoʊnəˈtɪʃən |
| ˌ | Secondary stress | |
| ː | Long | eː |
| ˑ | Half-long | eˑ |
| ˘ | Extra-short | ĕ |
| ǀ | Minor (foot) group | |
| ǁ | Major (intonation) group | |
| . | Syllable break | ɹi.ækt |
| ‿ | Linking (absence of a break) | |

### TONES AND WORD ACCENTS

| | LEVEL | | | CONTOUR | |
|---|---|---|---|---|---|
| e̋ or ꜒ | Extra high | | ě or ꜄ | Rising | |
| é ꜓ | High | | ê ꜖ | Falling | |
| ē ꜔ | Mid | | e᷄ ꜕ | High rising | |
| è ꜕ | Low | | e᷅ ꜗ | Low rising | |
| ȅ ꜖ | Extra low | | e᷈ ꜘ | Rising-falling | |
| ꜜ | Downstep | | ↗ | Global rise | |
| ꜛ | Upstep | | ↘ | Global fall | |

## DIACRITICS
Some diacritics may be placed above a symbol with a descender, e.g. ŋ̊

| | | | | | | | | |
|---|---|---|---|---|---|---|---|---|
| ̥ | Voiceless | n̥ d̥ | ̤ | Breathy voiced | b̤ a̤ | ̪ | Dental | t̪ d̪ |
| ̬ | Voiced | s̬ t̬ | ̰ | Creaky voiced | b̰ a̰ | ̺ | Apical | t̺ d̺ |
| ʰ | Aspirated | tʰ dʰ | ̼ | Linguolabial | t̼ d̼ | ̻ | Laminal | t̻ d̻ |
| ̹ | More rounded | ɔ̹ | ʷ | Labialized | tʷ dʷ | ̃ | Nasalized | ẽ |
| ̜ | Less rounded | ɔ̜ | ʲ | Palatalized | tʲ dʲ | ⁿ | Nasal release | dⁿ |
| ̟ | Advanced | u̟ | ˠ | Velarized | tˠ dˠ | ˡ | Lateral release | dˡ |
| ̠ | Retracted | e̠ | ˤ | Pharyngealized | tˤ dˤ | ̚ | No audible release | d̚ |
| ̈ | Centralized | ë | ̴ | Velarized or pharyngealized | ɫ | | | |
| ̽ | Mid-centralized | e̽ | ̝ | Raised | e̝ ( ɹ̝ = voiced alveolar fricative) | | | |
| ̩ | Syllabic | n̩ | ̞ | Lowered | e̞ ( β̞ = voiced bilabial approximant) | | | |
| ̯ | Non-syllabic | e̯ | ̘ | Advanced Tongue Root | e̘ | | | |
| ˞ | Rhoticity | ɚ a˞ | ̙ | Retracted Tongue Root | e̙ | | | |

# 제 **2** 편 | 실전예상문제

---

## 제1장 | 음소와 이음

01 어떤 언어에서 서로 다른 소리를 나타내는 추상적인 단위가 음소이며, 음소가 조음기관을 통해 발음된 것이 이음이다.

**01** 원어민의 머릿속에 존재하는 추상적인 말소리로 단어 뜻의 차이를 가져오는 가장 작은 단위는 무엇인가?

① 이음
② 음절
③ 음소
④ 두음

02 음소와 이음의 개념에서 제일 중요한 것은, 서로 다르게 발음된 물리적 소리들이 머릿속에서는 같을 수도 혹은 다를 수도 있다는 점이다.

**02** 음소와 이음에 대한 설명으로 가장 적절하지 <u>않은</u> 것은?

① 한국어 음소 /ㅅ/은 발음될 때 두 개의 이음들 [s, ʃ]로 실현된다.
② 발음된 소리들이 서로 다르면 원어민의 머릿속에서도 서로 다르다.
③ 영어 말소리 [p, pʰ]는 영어 원어민들이 하나의 음소 /p/로 듣는다.
④ 음소는 추상적인 말소리이고, 이음은 물리적인 말소리이다.

03 ① · ② 음소와 변이음은 각각 대조 분포와 상보 분포를 이룬다.
③ 음소가 추상적인 말소리이며, 변이음은 물리적인 말소리이다.

**03** 음소와 변이음에 대한 설명으로 가장 적절한 것은?

① 음소들은 자유 변이를 이룬다.
② 변이음들은 대조 분포를 이룬다.
③ 변이음은 추상적인 소리이다.
④ 음소는 단어 뜻의 차이를 가져온다.

정답 ( 01 ③ 02 ② 03 ④ )

04 (변)이음에 대한 설명으로 가장 적절하지 <u>않은</u> 것은?

① 대조 분포를 이룬다.
② 상보 분포를 보인다.
③ 음성적으로 유사한 소리들이다.
④ 단어 뜻의 차이를 일으키지 않는다.

04 대조 분포를 이루는 것은 음소들이다. 나머지는 이음에 대한 적절한 설명이다.

05 단어 **peace, speed, cup**의 밑줄 친 부분의 이음들을 순서대로 표기한 것으로 옳은 것은?

① [p⁼, pʰ, p⁼]
② [pʰ, p⁼, p⁼]
③ [pʰ, p⁼, p⁼]
④ [p⁼, p⁼, pʰ]

05 강세 음절의 두음은 강한 대기음을 지닌 [pʰ], 음소 /s/ 뒤에서는 비대기음 [p⁼], 어말에서는 비개방음 [p⁼]가 가능하다.

06 이음들인 [pʰ, p⁼, p⁼]를 대표하는 것으로 볼 수 있으며, 단어의 뜻의 차이를 가져오는 최소단위인 /p/는 무엇인가?

① 대기음
② 비대기음
③ 비개방음
④ 음소

06 이음들의 대표 소리로, 뜻의 차이를 가져오는 소리는 음소의 또 다른 정의로 볼 수 있다.

**정답** 04 ① 05 ③ 06 ④

07 음소 /s/ 바로 다음의 무성 파열음 /p, t, k/는 비대기음 이음들로 발음된다.

**07 다음 중 음소 /t/의 말소리가 비대기음 [t⁼]로 발음되는 경우는?**

① steak
② tool
③ seat
④ attain

08 단어 끝소리에 위치하면 약한 대기음 이음이나 비개방음(불파음) 이음으로 발음될 수 있다. 두 단어 모두 끝소리인 경우를 찾으면 된다.

**08 음소 /p/가 비개방음 [p˺]로 발음될 수 있는 경우들로만 이루어진 것은?**

① pit, speed
② keep, ship
③ spill, peel
④ tip, repeat

09 순서대로 '강세 음절의 두음 – 음소 /s/ 다음 – 어말'에서 발음될 수 있는 이음들이다.

**09 음소 /t/의 변이음들인 [tʰ, t⁼, t˺]가 나타나는 단어들을 순서대로 나열한 것은?**

① must – restroom – test
② steer – batman – tame
③ team – steam – seat
④ bit – street – better

정답 ( 07 ① 08 ② 09 ③ )

## 제2장　음소분석의 절차

**01** 둘 이상의 단어에서 말소리 개수와 구성이 똑같을 때, 하나의 말소리로 인해 단어들 간의 뜻의 차이가 생긴다면 이 단어들을 무엇이라고 부르는가?

① 동의어
② 최소 대립어
③ 동음이의어
④ 의성어

**01** 최소 대립어는 한 언어에서 음소를 찾는 가장 손쉽고 유용한 방법이다.

**02** 다음 중 최소 대립어가 <u>아닌</u> 것은?

① tin
② kin
③ sin
④ skin

**02** 나머지 단어들은 말소리가 3개로 구성되어 있고 뜻이 다르지만, skin 은 말소리 구성이 4개이므로 최소 대립어가 될 수 없다.

**03** 다음 중 최소 대립어인 것은?

① head － heat
② pace － space
③ boat － bowl
④ airport － airboard

**03** 철자가 아니라 음성기호로 표현된 말소리를 기준으로 최소 대립어를 결정해야 한다. 두 단어의 음소 개수가 똑같아야 하고, 하나의 음소만 달라야 하며, 위치도 똑같아야 한다.
③ [boʊt] － [boʊl] → 최소 대립어이다.
① [hɛd] － [hit] → 두 소리가 다르므로 아니다.
② [peɪs] － [speɪs] → 말소리 개수가 다르므로 아니다.
④ [ɜrpɔrt] － [ɜrbɔrd] → 두 소리가 다르므로 아니다.

**정답** ( 01 ② 02 ④ 03 ③ )

04 단어 뜻의 차이를 유발하지 않으며, 규칙적이고 고유한 위치를 차지하지 않는 무작위적인 이음들의 분포를 자유 변이라고 부른다.

**04** 단어 lip은 [lɪp']와 [lɪp˺]로 발음될 수 있는데, 이때 이음 [p']와 [p˺]의 분포를 무엇이라고 부르는가?

① 자유 변이
② 대조 분포
③ 상보 분포
④ 배타적 분포

05 음소 /s/ 다음에 나오는 무성 파열음은 비대기음 이음인 [p˭]로 발음된다.

**05** 다음 중 spill의 'p' 소리를 갖고 있는 단어를 고르면?

① repeat
② respect
③ capsule
④ rope

06 성절자음은 음절구조분석에서 모음처럼 음절의 핵음에 위치할 수 있는 자음인 비음과 유음을 가리킨다.

**06** 다음 중 음소분석과 거리가 가장 먼 것은?

① 최소 대립어(minimal pairs)
② 상보 분포(complementary distribution)
③ 자유 변이(free variation)
④ 성절자음(syllabic consonants)

정답 ( 04 ① 05 ② 06 ④ )

## 제3장  음소의 분열

**01** 원래 하나였던 음소가 역사적으로 많은 시간이 흐르면서 두 개의 음소로 나누어지는 것을 무엇이라고 부르는가?

① 합병(merger)
② 분석(analysis)
③ 분열(split)
④ 변이(variation)

**01** 한 음소의 두 이음이 오랜 시간이 흐르면서 두 개의 음소로 나눠지는 현상은 음소 분열(phonemic split)이다.

**02** 음소 분열의 반대 경우로, 두 개의 서로 다른 음소가 언어 역사적인 사건으로 인해 하나의 음소로 합쳐지는 것을 무엇이라고 부르는가?

① 상보
② 변이
③ 두음
④ 합병

**02** 음소 합병(phonemic merger)은 음소 분열의 반대 경우이다.

**정답** ( 01 ③  02 ④ )

## 제4장　음소의 표기

01　자음들의 대부분은 폐에서 날숨으로 내쉬는 공기를 이용한 경우이다.

**01　국제음성기호(IPA symbols)에 대한 설명으로 가장 적절하지 않은 것은?**

① 국제음성학협회(IPA)에서 제안한 음성기호들이다.

② 폐 이외의 기관에서 나온(non-pulmonic) 공기를 이용한 자음들이 대부분이다.

③ 흡착음(clicks)은 폐에서 나오는 공기와는 무관한 자음이다.

④ 음소가 여러 이음들로 발음되는 것을 표시하는 부호(diacritics)가 존재한다.

02　한 칸에 두 개의 기호가 있으면 좌측이 무성음, 우측이 유성음이다.

**02　IPA 자음 기호 중에서 폐에서 나오는 공기를 이용한 자음표에 대한 설명으로 틀린 것은?**

① 표의 각 행(가로줄)은 조음방법을 나눈 것이다.

② 표의 각 열(세로줄)은 조음위치를 나눈 것이다.

③ 조음방법 중에서 마찰음의 개수가 제일 많다.

④ 한 칸에 두 개의 기호가 있으면 조음점이 다른 것이다.

**정답**　01 ② 02 ④

# 제 3 편

# 영어의 자음
## (Consonants)

| 단원 개요 |

영어의 자음에 대하여 다양한 관점에서 분류하는 방법과 자음 개별 소리들에 대하여 자세하게 배운다. 주로 사용하는 분류 기준은 성대 진동 여부, 조음위치, 조음방법인데, 이러한 기준이 어떤 근거로 사용되는지 소개한다. 또한, 개별 자음들이 실제 말소리에서 어떤 변화를 겪는지 자세하게 배운다.

| 출제 경향 및 수험 대책 |

자음 분류와 소리 변화의 많은 기준과 구체적인 사례들이 소개되므로, 정확한 개념 파악 없이 단순 암기만으로는 한계에 부딪히게 된다. 조음 관점과 음향적 관점에서 개별 자음들이 어떤 특성을 갖고 있는지 잘 이해한 후에 개별 사례들을 잘 이해해야 한다.

말소리 중에서 분절음은 소리를 만드는 공기의 흐름이 방해를 받는지 아니면 별 저항 없이 원활하게 흐르는지를 기준으로 크게 자음과 모음으로 나뉜다. 조음을 하기 위해 공기가 폐에서 발성기관 혹은 조음기관(articulatory organs)을 통해 입 밖으로 나오는 과정을 다음 그림을 통해 살펴보자.

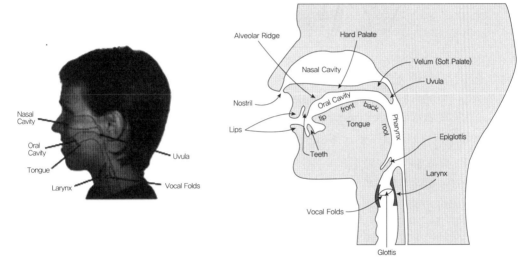

출처 : Language Files 12, The Ohio State University Press, 2017

폐에서 내쉬는 공기가 기관(trachea)을 통해 **성문**(glottis)을 지나가는데, 성문은 한 쌍의 **성대**(vocal folds) 사이에서 만들어지는 빈 공간의 이름이다. 위 그림에서는 타원으로 표시되어 있으나, 실제로는 삼각형에 가까운 모양의 빈 공간이다. **후두**(larynx) 속에서 문의 역할을 하는 성문을 통과한 공기는 입술까지 이어진 긴 파이프 같은 관을 통과하게 되는데, 인두(pharynx)를 지나면 파이프가 두 갈래로 갈라져 아래는 **구강**(oral cavity), 위는 **비강**(nasal cavity)으로 통하게 된다. 인두의 앞쪽은 혀의 뿌리(tongue root)가 벽처럼 놓여 있다. 구강에는 바닥에 큼지막한 혀가 놓여 있고, 위에는 입천장(구개, palate)이 지붕을 이루고 있는데, 구개는 앞쪽이 뼈가 들어 있는 **경구개**(hard palate)이고, 뒤쪽은 뼈가 없어 부드럽게 위아래로 움직일 수 있는 **연구개**(soft palate, velum)이다. 구강의 맨 앞쪽에는 위아래 치아(teeth)가 있고, 그 바깥쪽에는 위아래 입술(lips)이 있다. 비강에는 별도의 조음기관이 존재하지 않고, 빈 공간으로 되어 있으며, 입구에는 콧구멍(nostrils)이 있다. 인두에서 관이 비강과 구강으로 갈라질 때 비강 통로를 열고 닫는 조음기관이 바로 **연구개**(velum)이다. 다음 왼쪽 그림처럼 연구개가 위로 달라붙으면 비강 통로는 막히게 되어 공기가 구강으로만 나갈 수 있게 되고 /p, b/와 같은 구강음(oral sounds)이 만들어지며, 다음 오른쪽 그림처럼 연구개가 아래로 늘어지면 공기가 비강으로 이동할 수 있다. 공기가 비강으로 이동할 때에 구강은 대체로 입술이나 혀가 통로를 막게 되어 오직 비강으로만 공기가 나갈 수 있게 되며, 이때 /m/과 같은 비강음 혹은 비음(nasal sounds)이 만들어진다. 대체로 성문에서 인두를 거쳐 구강이나 비강으로 가는 길을 소리가 다니는 길에 비유해서 **성도**(vocal tract)라고 부른다.

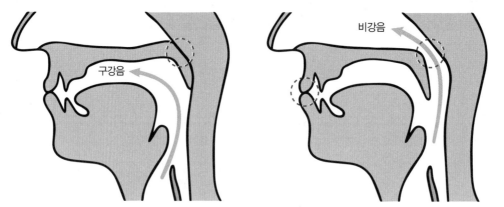

출처 : Essentials of Linguistics, 2nd Ed. eCampusOntario, Hamilton, Ontario

사람의 조음기관은 이처럼 관악기를 닮았는데, 성대를 통과한 공기가 성도를 통과하면서 여러 조음기관에 의해서 공기의 흐름이 막히거나 좁은 틈(협착, constriction)으로 난류를 형성하면서 나오는 등 **방해**를 받아서 말소리가 만들어지게 되면 이들을 우리는 집합적으로 자음이라고 부른다. 공기의 원활한 흐름을 방해하는 역할은 입술, 치아, 혀, 입천장이 하게 되는데, 주로 아래턱에 붙어 있는 조음기관인 아랫입술과 혀가 윗입술이나 입천장 쪽으로 움직여 방해하게 된다. 아랫입술은 윗입술 및 위 치아와 폐쇄되거나 좁은 혹은 다소 넓은 틈을 만들어 방해하며, 혀는 혀끝이나 혀의 앞뒤 몸체가 위로 움직여서 위 치아나 입천장의 맨 앞부터 뒷부분까지 폐쇄되거나 좁은 틈을 만들어 방해한다.

후두 속에서 성대의 빠른 개폐운동(일 초에 수백 번)을 유도하면서 공기가 통과하는 경우 소위 성대 진동(vocal folds vibration)이 일어나게 되고, 이 공기가 자음의 경우에서와는 달리 성도에서 비교적 별다른 방해를 받지 않고 자유롭게 구강을 통과하면서 분절음이 만들어지는 경우 이를 집합적으로 모음이라고 부른다. 아래턱의 위치가 변화하면서 아래턱 내부에 존재한 혀의 위치가 상대적으로 다양하게 변하기도 하고, 입술의 모양이 때때로 둥글게 모아지기도 하지만, 공기 통로가 자음에 비해 상대적으로 매우 넓어 폐쇄나 좁은 틈이 없어 거의 방해를 받지 않고 자유롭게 빠져나간다는 점이 자음과는 매우 다르다.

# 제 2 장 | 성대 진동 여부에 따른 자음 분류

자음은 기준에 따라 여러 가지로 분류할 수 있다. ⅰ) 자음이 조음될 때 성대가 진동하느냐의 여부에 따라 유성음과 무성음으로 나눌 수 있다. ⅱ) 조음위치, ⅲ) 조음방법에 따라서도 여러 가지로 분류할 수 있다. 우선 성대 진동 여부에 따른 자음 분류를 배우기 위해 **성대 진동**이 무엇인지에 대하여 알아보자.

## 제1절  유성음/무성음

유성음과 무성음을 구분하는 기준은 성대의 진동(vibration) 유무이다. 말을 하지 않고 일상적으로 호흡을 할 때 성대는 그림 (a)처럼 활짝 열려 있는 상태이다. 그러나 모음과 같은 유성음을 발음하려고 할 때 그림 (b)처럼 성대는 맞닿아서 성문이 닫혀 있게 되고, 이때부터 성대 진동이 시작된다. 진동이라고 표현했지만, 사실은 횡격막과 흉곽 근육들의 작용으로 폐에서 숨을 내쉴 때, 막혀 있는 성문 아래에 존재하는 많은 양의 공기가 탄력성이 있는 성대 사이를 강제적으로 뚫고 빠른 속도로 통과하면서, 일 초에 수백 번씩 성대가 열렸다 닫혔다 하는 **개폐운동**(opening & closing movements)을 반복하는 것을 진동이란 용어로 표현한 것이다.

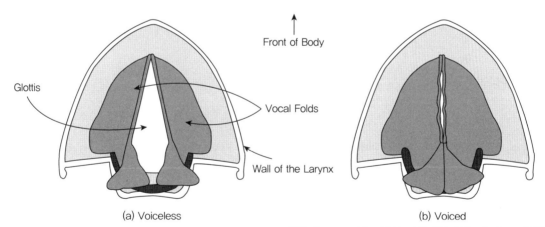

(a) Voiceless

(b) Voiced

출처 : Language Files 12, The Ohio State University Press, 2017

반복된 개폐운동이 가능한 이유는 성대가 탄력성 있는 근육으로 되어 있기 때문인데, 압력이 높은 공기가 통과하면서 성대를 열어젖힌 직후 성대는 탄력성 때문에 원래 상태인 닫힌 상태로 복귀하게 되고, 그 후 다시 성대가 열리게 되는 것이 반복되기 때문이다. 또한 베르누이 효과(Bernoulli effect)에 의하면 공기가 빠른 속도로 열린 성대 틈 사이를 통과할 때 압력이 낮아져서 양쪽 성대를 서로 끌어당겨 닫히게 하는 작용에 도움을 준다. 닫힌 성문 밑의 높아진 공기 압력, 성대 근육의 탄성 및 베르누이 효과로 인해 성대는 일 초에 수백 번씩 **개폐운동**을 하게 되는데, 이를 **진동**이라는 비유로 표현한다.

이러한 생물학적 · 공기역학적 내용을 언급하지 않고 일반적으로 얘기할 때에 유성음은 이름 그대로 성대를 진동(빠른 개폐운동)시키는 말소리이고, 무성음은 성대를 진동시키지 않는 소리라고 할 수 있다. 정상적인 경우 대부분의 모음은 성대 진동을 수반하는 유성음으로 볼 수 있다. 하지만 자음의 경우는 명백하게 유성음과 무성음으로 나뉜다. 그러나 조그맣게 말을 속삭이는 경우, 성대는 전혀 진동을 하지 않고 모든 말소리는 무성음으로 들리게 되는데, 이러한 경우는 논외로 하고 우리는 속삭임을 제외한 일상적인 경우의 유무성음에 대해 공부한다.

## 1 유성음

유성음은 공기가 성문을 통과할 때 성문을 이루는 한 쌍의 성대가 빠른 속도로 개폐운동(즉, 진동)을 하며 만들어지는 말소리이다.

## 2 무성음

무성음은 성문이 열린 상태에서 공기가 저항 없이 통과하면서 성대의 진동 없이 만들어지는 말소리이다.

영어의 모든 모음은 성대 진동을 수반하므로 유성음이다. 그러나 자음은 소리 종류에 따라 유무성음의 구분이 가능하다.

> • 모음 : 모두 유성음
> • 무성자음 : /p, t, k, f, θ, s, ʃ, h, ʧ/
> • 유성자음 : /b, d, g, v, ð, z, ʒ, ʤ, l, ɹ, w, j, m, n, ŋ/

> **더 알아두기**
>
> **IPA 기호와 영어 음성 기호**
>
> 영어 말소리를 표기할 때 정식 IPA 기호를 쓸 때도 있지만 편의상 유사한 기호를 쓸 때도 있다. 영어의 r-소리는 정식 IPA 기호는 /ɹ/이지만 때때로 편리하게 /r/을 쓰기도 하며, 단어 you의 첫소리인 활음 /j/도 때때로 /y/ 기호를 쓰기도 한다.

> **더 알아두기**
>
> **스펙트로그램에서 성대 진동 찾아보기**
>
> 앞서 광대역(wide-band) 스펙트로그램에서 말소리 음파의 시간, 주파수, 진폭 등의 유용한 정보를 확인할 수 있음을 배웠다. 그럼 스펙트로그램에서 성대 진동을 눈으로 볼 수 있을까? 다음 그림은 영어 단어 tie를 말한 후, 이를 파형과 스펙트로그램으로 분석한 것이다. 윗부분의 파형과 아랫부분의 스펙트로그램에서 공통적으로 눈에 띄는 것은 바로 자잘하게 세로로 뻗은 많은 줄(vertical striations)인데, 이것이 바로 성대가 열렸을 때(검은 줄)와 닫혔을 때(흰 줄)를 반영하는 것이다.
>
> 스펙트로그램의 수평축은 시간, 수직축은 주파수, 제3의 축이 바로 점들의 명암인데 점이 검을수록 진폭이 큰, 즉 소리 볼륨이 큰 음파를 의미하며, 점이 흰 색일수록 진폭이 작은 혹은 소리 볼륨이 작은 음파를 의미한다. 점 하나하나는 소리를 구성하는 단순파를 나타낸다. 성대가 열리면 공기가 나와 음이 형성되어 진폭이 큰 소리가 만들어지고, 성대가 닫히면 아무 소리도 만들어지지 않아 흰 부분이 된다. 이러한 성대 개폐 운동, 즉 진동이 일 초에 수백 번씩 발생하기 때문에 자잘한 세로줄이 많이 형성되는 것이다. 모음은 조음 내내 성대 진동을 수반하기 때문에 그림에서 보듯 [aɪ] 모음에는 세로줄이 촘촘히 모여 있다.
>
>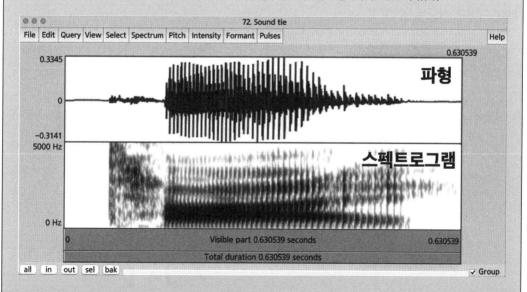
>
> 촘촘한 세로줄을 가로지르는 굵고 진한 검은 띠는 바로 모음의 전형적 특성인 포먼트(formants) 주파수이다. 모음들을 발음할 때의 각기 다른 성도의 모양이 공기의 공명패턴에 반영되어 검은 띠가 y-축(주파수 축)의 아래에서부터 서너 개씩 서로 다른 주파수 위치에 나타나게 된다. 그중 제일 아래에서부터 두 개, 즉 제1포먼트와 제2포먼트의 주파수만 재어도 서로 다른 모음을 구분할 수 있다.

# 제 3 장 | 조음위치에 따른 자음 분류

자음을 구분하는 두 번째 기준인 **조음위치**(places of articulation)에 대하여 살펴보자. 조음위치의 개념을 이해하기 위해서는 우리가 말소리를 만드는 성도 내의 공기 분자가 되어볼 필요가 있다. 앞서 자음은 폐에서 나온 공기가 성도를 통과하면서 조음기관 내에서 폐쇄나 협착 등 방해를 받아 만들어지는 말소리라고 배웠다. 조음기관 내의 방해 지점을 바로 그 자음의 조음위치라고 정의한다. 예를 들어, 두 입술이 폐쇄되었다가 파열되어 발음되는 /p, b/ 소리는 입술 지점이 공기 흐름이 최대 방해를 받는 지점이기 때문에 이 두 소리의 조음위치는 입술이 되며, 양순음(bilabial sounds)이라고 부른다. 성인의 경우 보통 13~20센티미터 정도의 성도 길이를 갖고 있는데, 원칙적으로 어디에서든 조음위치가 형성될 수 있으나, 영어에서 이용하는 조음위치는 (1) 두 입술, (2) 아랫입술과 윗니, (3) 혀끝과 윗니, (4) 혀끝과 치경, (5) 혓날과 치경/경구개 경계 부분, (6) 혀 앞과 경구개, (7) 혀 뒤와 연구개, (8) 성문의 여덟 개이다.

## 제1절 | 양순음/순치음/치(간)음/치경음/경구개치경음/경구개음/연구개음/성문음 ⓒ

자음은 조음위치에 따라 양순음, 순치음, 치(간)음, 치경음, 경구개치경음, 경구개음, 연구개음, 성문음의 여덟 가지로 나뉜다. 하나씩 자세히 알아보자.

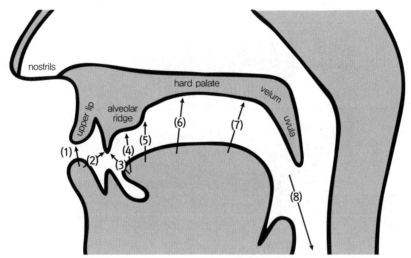

출처 : Essentials of Linguistics, 2nd Ed. eCampusOntario, Hamilton, Ontario

위 그림에서 화살표는 조음위치를 번호로 나타내고 있는데, 보통 아래쪽에 위치한 조음기관인 아랫입술, 혀가 위쪽에 위치한 조음기관인 윗입술, 윗니, 치경돌기, 경구개, 연구개 방향으로 이동하면서 공기 흐름이 방해받거나 협착이 생기기 때문에 화살표는 아래에서 위로 향하게 표시하였다. 화살표의 시작과 끝을 주의해서 보면 조음기관의 움직임과 위치를 파악할 수 있을 것이다. 지금부터 조음기관 모양 그림을 참고하면서 조음위치를 하나씩 살펴보자.

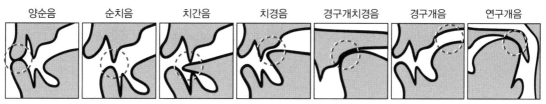

| 양순음 | 순치음 | 치간음 | 치경음 | 경구개치경음 | 경구개음 | 연구개음 |

출처 : Essentials of Linguistics, 2nd Ed. eCampusOntario, Hamilton, Ontario

## 1 양순음(bilabials)

아랫입술(lower lip)이 윗입술(upper lip)로 움직여 만들어지는 소리로, /p, b, m, w/가 있다. 두 입술이 구강을 완전히 폐쇄시켰다가 급격하게 터뜨리거나(/p, b/), 구강은 막힌 상태에서 비강으로 공기가 나오거나(/m/), 입술을 둥글게 하여(/w/) 소리를 낸다. 특히 /w/는 동시에 혀의 후방 부위가 연구개 근처로 솟아오르기도 하여 순연구개음(labio-velar)으로 불리기도 한다. 양순음은 무성음인 /p/를 제외하고 모두 유성음이다.

## 2 순치음(labiodentals)

아랫입술의 안쪽 부분이 위 앞니(upper front teeth)와 좁은 틈을 만든 상태에서 나는 소리로, /f, v/가 있다. 순치음 중 /f/는 무성음이고, /v/는 유성음이다.

## 3 치음, 치간음(dentals, interdentals)

혀끝(tongue tip or apex)이 위 앞니와 좁은 틈을 만든 상태에서 나는 소리로, /θ, ð/가 있다. 발음 모양에 있어서 혀끝이 윗니와 아랫니 사이에 살짝 나온다고 하여 치간음이라 하지만, 실제로는 혀끝과 윗니 사이의 틈에서 만들어지는 소리이므로 설치음(linguo-dentals)이라 부르기도 한다. 치음부터 연구개음까지는 모두 혀가 관여하는 소리이므로, 굳이 설(linguo-)이란 용어를 쓰지 않고 그냥 치음(dentals)이라 부르기도 한다. 치음 중에서 /θ/는 무성음이고, /ð/는 유성음이다.

### 4 치경음(alveolars) 종요

혀끝을 입천장의 윗니 바로 뒤 치경돌기(alveolar ridge)에 대거나 접근시켜 만들어지는 소리로, /t, d, n, s, z, l, ɹ/이 있다(/ɹ/은 편의상 /r/로 쓰기도 함). 영어에서 이 조음위치에서는 조음방법에 따라 가장 많은 자음들이 발음되기 때문에 중요하다. 공기 통로가 구강의 치경돌기 부분에서 완전히 폐쇄되었다 터지는 경우 /t, d/, 이 부위에서 구강이 막히고 비강으로만 공기가 나오는 경우 /n/, 좁은 틈이 만들어지는 경우 /s, z/, 혀끝이 치경돌기와 닿지만 혀의 측면으로 공기가 나오는 경우 /l/, 혀끝이 치경돌기와 닿지 않고 위로 말려 올라가 근접하는 경우 /ɹ/ 등이 만들어진다. 치경음 중에서 /t, s/는 무성음이고, 나머지 /d, n, z, l, r/은 모두 유성음이다.

### 5 경구개치경음(palato-alveolars)

치경경구개음(alveo-palatals)으로 불리기도 하는데, 혀끝보다 살짝 뒷부분인 혓날(설단, tongue blade)을 치경돌기와 경구개(hard palate) 사이 부분에 대거나 접근시켜 만들어지는 소리로, /ʃ, ʒ, ʧ, ʤ/가 있다. 폐쇄 후 좁은 틈으로 터뜨리듯 발음하면 /ʧ, ʤ/, 좁은 틈으로 소음을 만들어 내면 /ʃ, ʒ/가 된다. 경구개치경음 중 /ʃ, ʧ/는 무성음이고, /ʒ, ʤ/는 유성음이다.

### 6 경구개음(palatals)

혀 앞(혀의 전방 혹은 전설, tongue front)이 경구개로 접근한 상태에서 만들어지는 소리로, /j/(혹은 /y/)가 있다. 경구개음은 유성음이다.

### 7 연구개음(velars)

혀 뒤(혀의 후방 혹은 후설, tongue back)가 연구개를 막아서 나는 소리로, /k, g, ŋ, (w)/이 있다. 구강 내 이 위치에서 폐쇄 후 터뜨리면 /k, g/, 구강은 막히고 비강에서 공기가 나오면 /ŋ/이 만들어진다. 때로는 양순음인 /w/도 후설이 연구개에 근접하기 때문에 연구개음으로 분류하기도 한다. 특히, 독일어의 경우는 이 부위에서 좁은 틈이 만들어져 무성음이면서 마찰음인 /x/가 만들어진다. 음악가 바하의 'ㅎ'(우리말 성문 마찰음)은 사실 연구개 마찰음이다. 연구개음 중에서 /k/는 무성음이고, /g, ŋ, (w)/는 유성음이다.

## 8 성문음(glottal)

성대를 구성하는 한 쌍의 조직이 열린 상태에서 그 사이 공간인 성문을 통해 공기가 **빠르게 빠져나가면서** 만들어지는 소리로, /h/가 있다. 이 말소리가 발음될 때 성도에서 가장 좁은 곳은 바로 성문인 것이다. 성문음은 무성음이다.

---

**더 알아두기**

**아래쪽 조음기관에 따른 분류**

입술과 혀는 조음위치를 결정하는 매우 중요한 조음기관이다. 그래서 때때로 아래쪽 조음기관을 중심으로 자음을 분류하기도 하는데, 크게 순음, 설정음, 권설음, 설배음으로 나뉜다.

**(1) 순음(labials)**

입술이 하나라도 관여한 소리는 순음으로 분류될 수 있다. 양순음과 순치음이 해당된다.

**(2) 설정음(coronals)**

혀끝이나 혓날이 관여하여 나는 소리를 설정음으로 분류한다. 설정음들은 혓날이 구강 내의 중립위치에서 위로 살짝 들리면서 만들어지는 소리를 말한다. 치간음, 치경음, 경구개치경음, 경구개음이 여기에 속한다.

**(3) 권설음(retroflex)**

조음 시에 혀끝이 치경 뒤쪽으로 살짝 말리는데, 뒤로 굽는다 하여 후굴음이라고도 불린다. 영어에서는 /ɹ/이 유일한 권설음이다.

**(4) 설배음(dorsals)**

혀의 후방인 후설이 관여하여 나는 소리를 설배음이라고 한다. 연구개음이 여기에 속한다.

| 조음위치 | 양순음 | 순치음 | 치간음 | 치경음 | 경구개치경음 | 경구개음 | 연구개음 | 성문음 |
|---|---|---|---|---|---|---|---|---|
| 말소리 | p, b, m, (w) | f, v | θ, ð | t, d, n, s, z, l, ɹ | ʃ, ʒ, ʧ, ʤ | j | k, g, ŋ, (w) | h |
| 아래 조음기관 | 순음 | | 설정음(ɹ은 권설음) | | | | 설배음 | |

자음을 구분하는 세 번째 기준인 **조음방법**(조음방식, manners of articulation)은 해당 조음위치에서 아래 조음기관이 위 조음기관에 얼마나 근접하여 공기 흐름을 방해하느냐에 따라 구분한다.

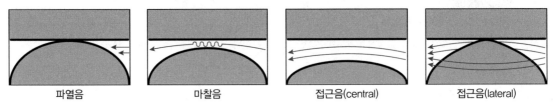

|파열음|마찰음|접근음(central)|접근음(lateral)|

출처 : Essentials of Linguistics, 2nd Ed. eCampusOntario, Hamilton, Ontario

그림 아래의 둥근 부분은 아랫입술이나 혀와 같은 아래쪽 조음기관을 나타내고, 위의 평평한 부분은 윗입술, 윗니, 구개(입천장)를 나타낸다. 그림에서 보듯 아래 조음기관이 위 조음기관에 접촉하여 폐쇄하거나 폐쇄를 갑자기 넓게 개방시키면 높아졌던 공기 압력이 터질 듯이 낮아지면서 구강에서 말소리가 발생하는데, 이런 방법으로 말소리를 내는 경우를 폐쇄음 혹은 파열음(/p, b, t, d, k, g/)이라고 한다. 위아래 조음기관이 거의 닿을 듯이 좁은 틈을 만들어서 이 사이를 공기가 난류를 일으키며 통과하면서 말소리를 내는 경우를 마찰음(/f, v, θ, ð, s, z, ʃ, ʒ, h/)이라고 한다. 특히, 파열음의 경우 구강이 막힌 상태에서 비강으로 공기 흐름이 나오면 비강 파열음 혹은 비음(/m, n, ŋ/)이 발음된다.

그리고 조음기관을 서로 폐쇄시켰다가 개방시킬 때 개방될 위아래 조음기관의 틈을 파열음에서처럼 넓지 않고 매우 좁게 유지시키면 마찰음이 형성되는데, 이때 파열음과 마찰음이 순차적으로 발생하는 것이 아니라 서로 융합되어 파열음과 마찰음의 성질을 모두 지닌 단 하나의 말소리가 발생하게 된다. 이러한 방식의 조음방법을 '파'열음과 '마찰'음에서 각각 한 글자씩 따와 파찰음(/ʧ, ʤ/)이라고 부른다. 영어에서 (구강) 파열음, 마찰음, 파찰음을 진자음('진짜' 자음)이라고도 부르는데, 그 이유 중 하나는 이 세 종류의 자음에서만 유성음, 무성음의 대립이 생기기 때문이다. 나머지 유음, 활음, 비음(비강 파열음)은 모두 유성음이다.

또한 위아래 조음기관의 간격을 마찰음에서보다 좀 더 넓게 유지하거나(/ɹ/) 혹은 살짝 빠르게 변화시키면서 (/w, j/) 공기의 흐름을 내보내면, 공기의 난류로 인한 소리는 나지 않지만 동시에 성대 진동이 추가되면, 조음기관의 모양에 따른 공명 특성을 띤 유성음 말소리가 나게 된다. 이런 방식으로 만드는 말소리를 접근음이라고 부른다. 특히, /l/의 조음에서처럼 구강 중앙부는 막혀 있지만 혀의 양쪽으로 공기의 흐름이 나오는 설측음(lateral approximant)도 접근음의 한 종류이다.

## 제1절   폐쇄음/마찰음/파찰음/접근음(유음/활음) 종요

### 1 폐쇄음 혹은 파열음(stops or plosives)

구강 내 특정 지점을 완전히 막아 폐쇄시켰다가 갑자기 개방시킴으로써 얻는 소리를 가리키며, 그 폐쇄 지점이 입술이면 /p, b/, 치경이면 /t, d/, 연구개이면 /k, g/가 만들어진다. 유무성의 관점에서 보면 무성 파열음은 /p, t, k/가 있고, 유성 파열음은 /b, d, g/가 있다. 공기가 구강에서 나오므로 구강 파열음(oral plosives)이라고도 한다. 특히 /t/는 batman, fitness, football 등의 단어에서 밑줄 친 부분의 소리가 때때로 성문을 아주 짧은 순간 완전히 막아버리는 성문 폐쇄음(glottal stop, [ʔ])으로 발음되기도 한다. 성문이 아예 닫혀 작용을 하지 않으므로 성문 폐쇄음에 대해서는 유성음/무성음 여부를 따지지 않는다. 성도의 특정 부분이 막혀 있는 것을 강조하여 폐쇄음이라 불리며, 막힌 부분의 공기 압력이 높아져 터질 듯이 개방되는 것을 강조하여 파열음이라고도 불린다.

#### (1) 구강 파열음(oral plosives)

연구개가 위로 들어 올려져 비강으로 가는 통로가 완전히 막힌 상태에서 구강에서 만들어지는 파열음을 가리킨다. 구강의 특정 조음위치에서 일시적으로 폐쇄되었다가 개방시켜 만들어지는데 폐쇄 지점이 입술이면 양순 파열음(/p, b/), 치경이면 치경 파열음(/t, d/), 연구개이면 연구개 파열음(/k, g/)이 만들어진다.

#### (2) 비강 파열음(비음, nasal plosives)

연구개가 아래로 내려와 비강 통로가 열린 상태에서 구강의 특정 부분이 막히게 되면 공기가 비강으로 나오게 되는데, 이때 만들어지는 말소리를 비강 파열음이라 부른다. 구강에서 폐쇄되는 지점이 입술이면 양순 비음(/m/), 치경이면 치경 비음(/n/), 연구개이면 연구개 비음(/ŋ/)이 만들어진다. 비음은 모두 유성음이라는 특징을 갖고 있다.

**더 알아두기**

**스펙트로그램으로 본 파열음**

무성음인 구강 파열음 /p, t, k/를 조음하여 파형과 스펙트로그램으로 보면 다음 그림과 같은데, 공통 이중모음 /aɪ/ 바로 앞에 아주 짧은 구간이 자음 부분이다. 세 단어 모두 강세 있는 음절의 첫소리가 무성 구강파열음이므로 실제 발음된 이음은 대기음(기식음, aspiration)을 지닌 [pʰ, tʰ, kʰ]로 볼 수 있다. 화살표로 가리키는 점선 네모 부분이 대기음 부분이며, 그림에서 두드러지지는 않지만 조음위치가 입술, 치경, 연구개로 이동함에 따라 대기음의 길이가 대체로 점차 길어진다. 특히 tie의 경우 대기음의 시작 부분에 아주 진하고 얇은 세로줄이 보이는데, 이는 개방 파열(release burst) 소음으로, 치경에서 폐쇄된 두 조음부위가 갑자기 터질 듯 개방될 때 발생한다.

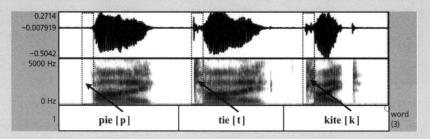

이번에는 유성 구강 파열음인 /b, d, g/를 조음하여 파형과 스펙트로그램으로 보자. 무성음일 경우와 비교해 보면, 강세 있는 음절의 첫소리로 위치는 같지만, 유성음인 경우 대기음이 매우 짧아서 거의 없는 것처럼 보이는 특성을 지니고 있다. 이처럼 구강 파열음의 무성음과 유성음 구분은 조음음성학에서는 성대의 떨림 여부로 결정되지만, 음향음성학에서는 스펙트로그램상의 대기음 길이 차이로 결정된다.

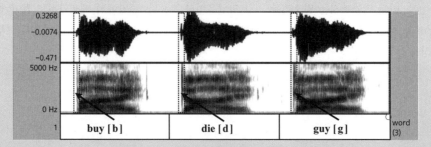

다음 그림에서와 같이 폐쇄 구간이 개방된 직후, 개방 파열에서부터 성대 진동이 시작(모음의 시작 혹은 유성자음의 성대 진동 시작)하기까지 걸린 시간을 특히 **성대진동개시시간(Voice Onset Time, VOT)**이라고 부른다. 측정단위로는 1/1000초 단위인 밀리세컨드(msec, ms)이고, 언어별 유무성음 범위 파악 등 파열음 특성 연구에 요긴하게 이용된다.

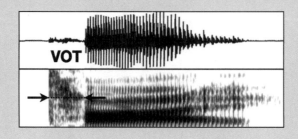

## 2 마찰음(fricatives)

구강 내에서 좁은 틈을 만들고 여기에 공기를 빠른 속도로 통과시켜 얻는 시끄러운 소음 소리로, /f, v, θ, ð, s, z, ʃ, ʒ, h/가 있다. 좁은 틈의 위치가 아랫입술과 윗니 사이면 /f, v/, 혀끝과 윗니 사이면 /θ, ð/, 혀끝과 치경 사이면 /s, z/, 설단과 치경-경구개 사이면 /ʃ, ʒ/, 성문이면 /h/가 만들어진다. 이들 중 무성 마찰음은 /f, θ, s, ʃ, h/이고, 유성 마찰음은 /v, ð, z, ʒ/이다.

---

**더 알아두기**

**스펙트로그램으로 본 마찰음**

무성 마찰음 /f, θ, s, ʃ/가 첫소리인 fie, thigh, sigh, shy를 녹음하여 파형과 스펙트로그램으로 살펴보면 다음 그림과 같다. 이중모음 [aɪ] 앞에 있는 각 마찰음의 y-축 주파수 분포를 살펴보면 대체로 주파수 전체 영역에 걸쳐 소음 소리가 분포하고 있으며, 특히 [s]는 고주파 쪽에 검은 부분(소리 볼륨, 혹은 에너지가 높은 부분)이 분포하고 있으나, [ʃ]는 그보다는 조금 저주파 쪽에 검은 부분이 내려와 있는 것을 볼 수 있다.

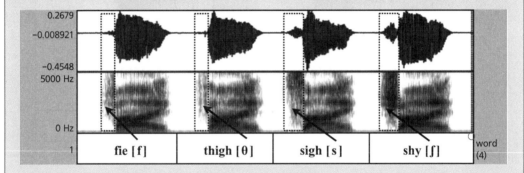

유성 마찰음 /z, ʒ/가 들어 있는 단어 Zion, vision을 녹음하여 파형과 스펙트로그램으로 살펴보면 다음 그림과 같다. 무성 마찰음과 유성 마찰음의 차이는 성대 진동 유무인데, 그림에서 보면 점선으로 된 네모 부분의 마찰음 내부에 아주 자잘한 세로줄(성대 진동 반영)이 존재하는 것을 볼 수 있어 유성음인 것을 알 수 있다.

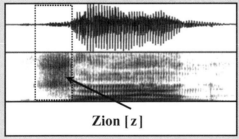
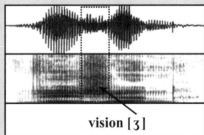

### 3 파찰음(affricates)

파열음과 마찰음에서 한 글자씩 따온 파찰음이란 이름에서 보듯 파열음과 마찰음의 성질을 동시에 갖고 있는 소리로, /ʧ, ʤ/가 있다. 시작은 파열음으로 하고 마무리는 마찰음으로 하지만, 두 성질이 융합된 것이지, 파열음과 마찰음이 차례로 발음되는 것이 아님에 주의해야 한다. 무성 파찰음은 /ʧ/이고, 유성 파찰음은 /ʤ/이다.

---

**더 알아두기**

**스펙트로그램으로 본 파찰음**

무성 및 유성 파찰음 /ʧ, ʤ/를 각각 담고 있는 chime, jive 단어를 녹음하여 파형 및 스펙트로그램으로 살펴보면 다음 그림과 같다. 점선으로 된 네모 부분의 파찰음에서 볼 수 있듯이, 시작 부분에서는 파열음의 특성인 아주 얇고 진한 개방 파열이 보이고, 그 직후에는 마찰 소음이 보인다.

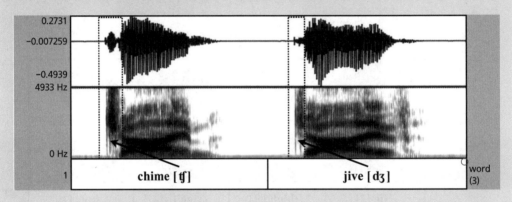

---

**더 알아두기**

**이음으로서의 파찰음 [ts, dz]**

영어에서 음소로서의 파찰음은 /ʧ, ʤ/ 두 개인데, 최소 대립어인 choke[ʧoʊk], joke[ʤoʊk]를 보면 알 수 있다. 그런데 음소로서의 지위는 아니지만, 발음상 이음으로서 치경 파찰음 [ts, dz]가 나타나기도 한다. 명사 cat, pad의 복수형 cats[kæts], pads[pædz]를 보면 알 수 있다.

## 4 접근음(approximants)

유음과 활음을 합쳐 접근음이라고도 부르는데, 소리를 만들어 내는 조음기관들이 위와 아래에서 서로 가까이 접근한 상태에서 발음되기 때문이다. 접근한 상태에서 정지되어 발음되는 것이 **유음**이고, 미끄러지며 **빠르게 활강**하듯 발음하면 **활음**이 만들어진다. 접근음은 모두 유성음이다.

### (1) 유음(liquids)

유음은 공기가 큰 저항을 받지 않고 물이 흐르듯이 빠져나가듯 발음된다고 하여 붙여진 이름으로, /l, r/이 있다. 특히 /l/은 혀끝은 치경에 밀착하지만, 혀의 양쪽 측면(lateral)으로 공기가 나온다고 하여 **설측음**(lateral)이라고 따로 분류하여 부르기도 한다. 영어의 /r/은 입천장에 접촉이 없이 혀끝이 후방으로 살짝 휜다고 하여 **권설음** 혹은 **후굴음**(retroflex)으로 불리기도 하는 반면, 스페인어의 /r/은 혀끝을 경구개에 대고 진동시켜 여러 번 때리듯이 발음되는데, 이를 연탄음(trill)이라고 부른다. 설측음의 경우 혀의 측방과 구강 내 볼(cheeks) 부위가 서로 접근한 것으로 볼 수 있다.

### (2) 활음 혹은 전이음(glides)

조음위치가 한 곳에 정지되어 있지 않고, 한 자리에서 시작하여 뒤따라오는 모음의 위치로 미끄러지듯 빠르게 활강한다고 하여 붙여진 이름으로, /y, w/가 있다. 혀의 전방 부위가 경구개와 가까워진 상태에서 조음이 시작되면 /y/, 양 입술이 둥글어지고 혀의 후방 부위가 연구개와 가까워진 상태에서 조음이 시작되면 /w/가 발음된다.

---

## 제2절    설측음(lateral)

영어에서 /l/은 유음 중 유일한 설측음인데, 조음할 때 혀끝이 치경에 밀착하여 중앙은 막히지만 혀의 양쪽 측면에서는 공기가 자유롭게 이동할 수 있기 때문에 **설측 유음**(lateral liquid)이라고 불린다.

## 제3절　구강음/비(강)음

성도가 구강과 비강으로 나뉘기 때문에 조음 시에 공기 흐름이 구강으로 나오느냐 비강으로 나오느냐에 따라 **구강음과 비강음(비음)**으로 나뉜다. 영어에서 비음은 /m, n, ŋ/의 세 가지밖에 없고, 나머지 자음은 모두 구강음이다. 자음을 구강음과 비강음으로 나누는 조음기관은 연구개이며, 이것이 후상방으로 이동하면 비강 통로를 폐쇄하게 되어 구강음이 만들어지고, 전하방으로 이동하면 비강 통로가 열리게 되며 동시에 구강의 세 지점(양순, 치경, 연구개)에서 폐쇄가 이루어지면 비음이 만들어진다. 비음은 모두 유성음인 반면, 구강음은 유성음과 무성음으로 구분할 수 있다.

> **더 알아두기**
>
> **미국 영어와 영국 영어 차이**
>
> 미국 영어(American English)는 단어에 r-발음이 있는 경우 이를 발음해 주는 rhotic 어투의 영어인 데 반해, 영국 영어(British English)는 r-발음을 하지 않는 non-rhotic 어투의 영어이다. 하지만 영국 영어도 수도 런던이 있는 영국 남부 표준 언어는 non-rhotic인데, 북쪽의 스코틀랜드와 아일랜드는 rhotic 어투이다. 영국 표준 언어인 non-rhotic 어투는 호주, 뉴질랜드, 남아프리카 영어에 영향을 주어서 이들 나라의 영어도 non-rhotic 어투이다.

## 제4절　그 외 분류법

### 1 공명음 vs. 저해음 [중요]

자음을 공명음(sonorants)과 저해음(저지음, obstruents)으로 나누는 기준은 소리의 울림(공명)이 낭랑하게 느껴지느냐 아니면 귀에 거슬리는 소음처럼 느껴지느냐이다. 조음방법에 따라 나눈 말소리 집단들의 명칭을 이용하면, 접근음인 유음(/l, r/)과 활음(/w, j/), 비음(/m, n, ŋ/)은 그렇지 않은 소리들에 비해 공명성이 비교적 많아 공명음으로 분류된다. 공명음은 모두 유성음인 것을 알 수 있다. 하지만 반대로 모든 유성음이 공명음인 것은 아니다. 비강 파열음은 구강 안에서 공기가 완전히 차단되지만 비강을 통해 공기가 자유롭게 진동하여 낭랑한 소리를 내므로 공명음에 속한다는 사실을 주의해야 한다.

저해음은 공명음이 아닌 나머지를 말하는데, 이름에서 알 수 있듯이 무언가의 방해를 받아 만들어진 짧고 긴 소음의 특성을 지닌 말소리를 말한다. 파열음(/p, b, t, d, k, g/), 마찰음(/f, v, θ, ð, s, z, ʃ, ʒ, h/), 파찰음(/ʧ, ʤ/)이 이러한 특성을 지닌 저해음인데, 단 파열음에서 비강 파열음인 비음은 공명음이므로 이들은 제외한다.

## 2 지속음 vs. 비지속음 중요

자음을 지속음(continuants)이냐 아니냐로 나누는 기준은 이름 그대로 구강 내에서 공기 흐름이 막히지 않고 지속적으로 유지될 수 있냐에 있다. 마찰음(/f, v, θ, ð, s, z, ʃ, ʒ, h/), 유음(/l, r/), 활음(/w, j/)은 호흡이 허락하는 한 구강 내 공기 흐름이 지속될 수 있으므로 지속음으로 분류될 수 있다. 반면 비음을 포함한 파열음(/p, b, t, d, k, g, m, n, ŋ/), 파찰음(/ʧ, ʤ/)은 조음방법상 공기 흐름이 매우 짧게 끝나버리므로 비지속음으로 분류된다. 특히 비음 혹은 비강 파열음은 비강으로 공기 흐름이 지속되긴 해도 구강 내에서 공기 흐름이 막혀 버렸기 때문에 비지속음이 된다는 사실을 주의해야 한다.

공명음 · 저해음 분류와 지속음 · 비지속음 분류에서 유의해야 할 소리 집단은 비음(/m, n, ŋ/)과 마찰음(/f, v, θ, ð, s, z, ʃ, ʒ, h/)이다. 비음은 공명도가 높아 공명음으로 분류되지만 구강 내 공기 흐름이 막혀 있어 비지속음이고, 마찰음은 구강 내 공기 흐름이 지속될 수 있어 지속음이지만, 공명도가 낮아 저해음으로 분류된다.

# 제 5 장 | 영어의 자음 도표

앞서 배운 영어의 자음을 다양한 분류 기준과 성질에 따라 표로 나타내면 다음과 같다. 각 셀에 두 개의 말소리가 있는 경우, 좌측은 무성음을 우측은 유성음을 가리킨다. 어느 한 쪽이 없는 경우는 좌측/우측에 하나의 말소리만을 표시하였고, 유음의 경우는 두 소리 모두 유성음이다.

| 지속성 | 공명도 | 조음위치/조음방법 | 양순음 | 순치음 | 치간음 | 치경음 | 경구개치경음 | 경구개음 | 연구개음 | 성문음 |
|--------|--------|------------------|--------|--------|--------|--------|--------------|----------|----------|--------|
| 비지속음 | 저해음 | 파열음 | p, b | | | t, d | | | k, g | |
| | | 파찰음 | | | | | ʧ, ʤ | | | |
| 지속음 | | 마찰음 | | f, v | θ, ð | s, z | ʃ, ʒ | | | h |
| | 공명음 | 유음 | | | | l, ɹ | | | | |
| | | 활음 | (w) | | | | | j | (w) | |
| 비지속음 | | 비음 | m | | | n | | | ŋ | |

# 제 6 장 | 대화 속에서 자음 구분

원어민 화자의 머릿속에 존재하는 음소는 조음기관을 거쳐 이음의 형태로 발음되는데, 일상 대화 속에서 문장의 단어 속에 존재하는 이음들은 단어 내부에서나 단어와 단어의 경계가 되는 부분에서와 같이 여러 위치에서 고유한 특성을 지니고 있다. 여기에서는 말소리 중에서 자음이 대화 속에서 어떤 특성을 지니고 있는지 살펴본다.

## 제1절 | 파열음(plosives, stops)

폐쇄음(stops)이라고도 불리는 파열음(plosives)은 구강 파열음(oral plosives)과 비강 파열음(nasal plosives)의 두 종류로 구분된다. 구강 파열음은 연구개가 비강으로 가는 통로는 막은 상태에서, 구강 내 위아래 두 조음부위가 일단 완전히 폐쇄되어 구강 내의 공기 압력이 높아진 다음, 두 조음부위가 갑자기 개방되어 압력이 급격히 낮아지면서 구강 내로 터질 듯한 파열 소음이 발생하여 만들어진다. 단어의 끝소리에 위치하여 개방이 되지 않는 경우를 제외하면 일반적으로 파열음은 조음부 폐쇄, 공기압 상승, 조음부 개방의 세 단계를 거쳐 조음된다. 이렇게 만들어지는 구강 파열음은 영어에서 /p, b, t, d, k, g/가 있다.

비강 파열음은 연구개가 비강으로 가는 통로를 열어 놓은 상태에서, 구강 내 위아래 두 조음부위가 완전히 폐쇄되면서 만들어진다. 비강으로 공기 흐름이 원활하게 이루어지므로, 구강 파열음의 경우처럼 구강 내 공기 압력이 높아지지 않는다. 또한 막혔던 조음부위가 개방되지 않으므로 파열 소음도 발생하지 않는다. 대신 낭랑한 공명 소리가 나기 때문에 구강 파열음이 저해음으로 분류되는 것에 비해 비강 파열음은 공명음으로 분류된다. 영어에서 비강 파열음은 /m, n, ŋ/이 있다.

## 1 파열음의 공통 특성

파열음은 폐쇄 후 개방의 단계로 조음이 진행되는데, 이때 어두(word-initial)·어중(word-medial)·어말(word-final)과 같은 단어 내에서의 파열음의 위치, 파열음의 개방 여부, 파열음 직후의 말소리 종류, 파열음 소속 음절의 강세 여부 등에 따라 다양한 변화를 겪는다.

영어 단어 pie, pass, tease, keep에서 어두의 무성 파열음 /p, t, k/가 개방되면 다음 스펙트로그램 그림의 화살표로 표시된 부분처럼 대기음 혹은 기식음을 동반하게 되는데, 이음으로 [pʰ, tʰ, kʰ]와 같이 표기한다(다음 그림 맨 왼쪽 참조). 각 이음을 발음해 보면 공기 압력은 조음위치가 깊어짐에 따라 p > t > k의 순서로 약해지지만, 스펙트로그램상에서 대기음의 길이는 반대로 p < t < k의 순서로 길어진다. 이에 반해 bee, do, go에서처럼 어

두의 유성 파열음 /b, d, g/는 대기음이 거의 없어 이음은 [b, d, g]로 표기하고, 사실상 대기음을 동반하지 않는다고 말한다. 때로는 어두에서 부분적으로 무성음화된 이음 [d̥]로 발음되기도 한다(다음 그림 가운데 참조). 이때 이음 기호 밑에 무성음화를 나타내는 작은 원 부호가 있음에 유의한다.

단어 apartment, attenuate, akin의 경우처럼, 어두가 아닌 경우에도 강세 받는 음절(여기서는 둘째 음절)의 초성일 경우 대기음을 지닌 이음들 [pʰ, tʰ, kʰ]로 발음된다. 하지만 어두의 강세 받는 음절의 경우라도 자음군(consonant clusters)으로서 바로 앞에 /s/가 오는 경우는 spill, sty, skill의 경우처럼 대기음이 없는 비대기음 이음들 [p⁼, t⁼, k⁼]로 발음된다(다음 그림 맨 오른쪽 참조). 어중의 경우에도 inspire, instill, obscure처럼 강세를 받는 둘째 음절의 초성이라도 /s/ 다음에 오게 되면 역시 비대기음 이음들로 발음된다. 무성 파열음 /t/의 이음 중에는 kitten, beaten처럼 모음과 비음 사이에서 성문을 폐쇄시킨 뒤 개방시키는 성문 파열음 이음 [ʔ]도 있다.

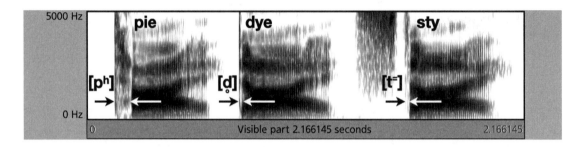

무성 파열음은 어말에 올 경우 개방 단계를 거칠 수도 있고 그렇지 않을 수도 있는데, 예를 들어 lip의 어말 파열음이 개방되면 어두에서만큼은 아니지만 약한 대기음을 동반하게 되어 [pʼ]로 발음되거나([tʼ], [kʼ]도 마찬가지임. 다음 그림 참조), 개방되지 않으면 비개방음인 [p̚] 이음으로 발음된다. 위와 아래의 스펙트로그램을 비교해 보면 강한 대기음을 동반한 이음 [pʰ]와 약한 대기음을 동반한 이음 [pʼ] 사이에 대기음 소음 부분의 진하기가 차이 나는 것을 볼 수 있다. 이는 진폭(스펙트로그램에서 명암으로 표시) 차이이며, 진폭은 소리의 강도와 밀접한 관련이 있다. 따라서 강한 대기음이 소리 강도(볼륨)가 더 크다는 것을 알 수 있다.

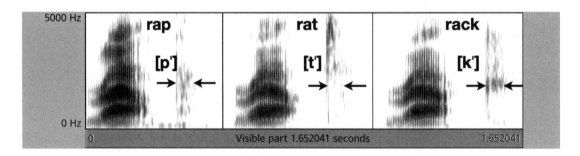

유성 파열음은 cab, sad, lag에서처럼 어말에 올 경우 약한 대기음을 동반하는 것이 아니라, 어말 유성 파열음 자체의 뒷부분 일부가 공기 소리인 대기음에 물들듯이 부분적으로 무성음화되는 경향을 띤다. 이를 유성 파열음의 어말 무성음화(word-final devoicing)라고 부른다. 어말 파열음이 연이어 두 개가 나오는 adapt, kept의 경우는 /pt/ 음소가 [p̚t] 이음으로 발음되어 앞 파열음의 개방 단계가 없어지고 비개방음 이음 [p̚]로 발음된다.

파열음은 개방 단계에서 바로 뒤에 어떤 말소리가 오느냐에 따라 여러 특성을 보이게 된다. 단어 topnotch, eaten, bacon의 경우 /p, t, k/ 뒤에 바로 비음이 따라 오면(eaten, bacon에서 비음 직전 모음이 발음되지 않는 경우), 구강을 통해 이루어지던 파열음의 개방이 비강을 통해 배출되게 된다. 이를 **비강 파열**(nasal plosion)이라 부르고, 이음들은 [pᴺ, tᴺ, kᴺ]로 표기한다. 또한 영국식 발음의 경우, 파열음 /p, t, k/ 바로 뒤에 설측음 /l/이 오게 되면 play, lately, weekly에서와 같이 구강의 중앙부로 이루어지던 파열음의 개방이 설측음의 조음방법처럼 구강의 측면으로 배출된다. 이를 **설측 파열**(lateral plosion)이라 부르고, 이음들은 [pᴸ, tᴸ, kᴸ]로 표기한다.

## 2 양순 파열음(bilabial stops) 〔중요〕

조음위치는 두 입술이며, 조음방법은 파열음이다. 연구개로 인해 비강이 막혀 있는 상태에서 폐에서 나온 공기 흐름이 구강으로만 진행하는데, 두 입술이 공기 흐름을 막아 공기 압력이 증가한 상태에서 입술을 갑자기 개방하여 압축된 공기가 입 밖으로 터져 나오며 발생하는 말소리이다. 양순 파열음 중에서 /p/는 무성음이며, /b/는 유성음이다.

### (1) 음소 /p/

무성 양순 파열음 /p/는 다음 왼쪽 그림에서처럼 어두 · 어중 · 어말 모두에서 나타날 수 있다. 단, ripe에서 보듯 철자가 아니라 말소리 위치임에 주의하라. 어두에서 /p/가 자음군 pt-, ps-, pn-에서 앞에 위치하는 ptolemy, psychology, pneumonia의 경우, 영어의 말소리 구조상 /p/는 발음되지 않아 묵음이 된다. 때때로 어중에서 cupboard와 같이 -pb-가 연속되는 파열음이 나타나면, /p/는 묵음이 되고 /b/가 발음된다.

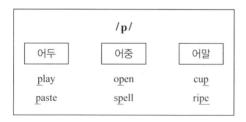 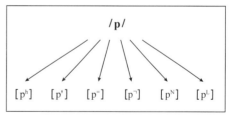

음소 /p/는 위 오른쪽 그림에서 보듯 음성환경에 따라 여러 가지의 이음으로 발음된다. 음소가 단어 내부에 위치한 장소를 **음성환경** 또는 **음성학적 환경**(phonetic environment)이라 하는데, 단어 내부의 위치와 앞뒤 음소들을 가리킨다. 처음 두 개의 이음은 가장 강한 제1강세를 받는 음절의 첫소리인지 아닌지에 따라 대기음의 정도가 다른 것을 나타낸 것이다. 단어 paste, post, person에서처럼 제1강세를 받는 음절이 어두에 오고 음소 /p/가 첫소리로 나타나면 '강한 대기음'을 지닌 [pʰ] 이음으로 발음된다. 또 어두가 아닌 어중에 오는 report, support, appeal의 경우에도 제1강세를 받는 음절의 첫소리일 경우 강한 대기음을 지닌 이음 [pʰ]로 발음된다. 결국, 제1강세 음절의 첫소리이면 어두 · 어중 위치에 관계없이 강한 대기음을 지닌 이음으로 발음되는 것이다. 그러나 perhaps, parole처럼 비강세를 포함하여 제1강세가 아닌 강세(다음 그림에서 제3강세나 약세 모음으로 표시)를 받는 음절의 첫소리일 경우에는 '약한 대기음'을 지닌 이음인 [p']로 발음된다.

강세를 받는 음절의 첫소리는 달리 말하면 강세를 받은 모음 바로 앞에 있다고 표현할 수 있는데, 다음 그림에서 보듯 기호를 이용하여 시각적으로 편리하게 요약할 수 있다. 기호 #는 단어 경계, 즉 띄어쓰기 위치라고 볼 수 있고(참고로 마침표 기호 .은 음절 경계를 나타냄), V는 모음을 나타내며, 모음 위의 획은 왼쪽 아래로 내려 그으면 제1강세, 오른쪽 아래로 내려 그으면 제3강세를 나타낸다. 그리고 밑줄 _____은 해당 자음이 위치하는 곳을 나타낸다. 따라서 #_____라 하면 단어의 첫소리, 즉 어두에 해당 자음이 위치한다는 말이 되고, # 기호가 없으면 어두는 아니라는 것을 나타내며, _____V라 하면 모음 바로 앞에 해당 자음이 위치한다는 말이다. 이 경우 V 위에 제1강세, 제3강세를 나타내는 획의 방향을 주의 깊게 봐야 한다. 앞서 설명한 음소 /p/의 처음 두 개의 이음이 나타나는 음성환경을 기호로 나타내면 다음 그림과 같다.

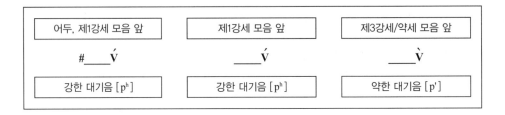

음소 /p/가 음소 /s/ 바로 뒤에 자음군으로 위치할 때는 spill, speed, spoon, spade처럼 대기음이 없는 비대기음 이음 [p⁼]로 소리가 나며 우리말의 경음(된소리, 쌍자음) 발음과 유사하다. 또 음소 /p/가 어말(_____#)에 위치할 때에는 cop, top, keep, tip에서처럼 비개방음(불파음) 이음 [p⌐]로 발음된다. 서로 다른 파열음(stop)이 연이어 오는 경우에도 adopt, kept, napkin, cup cake에서처럼 앞쪽의 /p/는 비개방음 이음 [p⌐]로 발음되는데, 어말의 경우와는 달리 뒤쪽 파열음을 발음하려면 앞쪽 파열음을 개방시켜야만 하기 때문에 실제로는 약한 대기음 이음 [p']로 발음된다고 볼 수 있다. 이를 기호로 나타내면 다음과 같다.

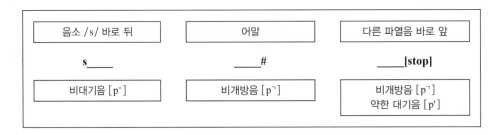

음소 /p/가 비음 바로 앞에 올 때, 비음의 영향을 받아 앞쪽 구강 파열음의 개방 단계가 구강이 아닌 비강으로 이루어지게 된다. 예를 들어 topmost, upmost, mapmaker에서처럼 /p/가 조음위치(조음점)가 같은 비음 /m/의 바로 앞에 올 때, 비강 파열음 이음 [pᴺ]로 발음된다. 또 음소 /p/가 설측음 /l/ 바로 앞에 올 때는 play, please, simply에서처럼 설측 파열음 이음 [pᴸ]로 발음된다. 다음 그림의 맨 오른쪽 경우는 음소 /p/의 이음은 아니고, 약한 대기음 이음이 삽입되는 경우이다. something[...mpθ...], dreamt[...mpt]처럼 비음 /m/과 무성자음 사이에서 조음위치가 같은 양순음 /p/가 삽입되는 것을 보여준다. 이 경우 강한 대기음 이음이 아니라 약한 대기음을 지닌 이음 [p']가 삽입된다. 이를 기호로 나타내면 다음 그림과 같다.

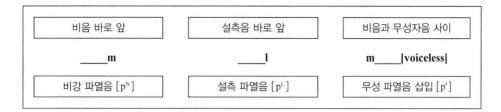

| 비음 바로 앞 | 설측음 바로 앞 | 비음과 무성자음 사이 |
|---|---|---|
| _____m | _____l | m_____[voiceless] |
| 비강 파열음 [pᴺ] | 설측 파열음 [pᴸ] | 무성 파열음 삽입 [pʼ] |

## (2) 음소 /b/

음소 /b/는 다음 왼쪽 그림에서처럼 어두 · 어중 · 어말 위치 모두에서 나타날 수 있다. 단어 cabbage와 robe 에서 보듯 철자는 -bb-이나 음소는 /b/ 하나이고, -be에서 마지막 철자는 묵음이므로 음소 /b/가 어말에 위 치한 것에 주의해야 한다.

음소 /b/는 다음 오른쪽 그림에서처럼 음성환경에 따라 다섯 가지의 이음들로 발음된다. 음소 /b/가 모음을 포함한 유성음으로 둘러싸인 음성환경에서는 자신의 유성음 성질이 충분한(fully voiced) 이음 [b]로 발음된 다. 어두 또는 어말에 있거나 무성자음 바로 앞에 있게 되면 주변의 무성음 성질(어두나 어말에 아무 말소리 가 없는 것 자체도 무성음으로 볼 수 있음)의 영향을 받아 자신의 유성음 성질이 부분적으로 무성음화한 (partially devoiced) 이음 [b̥]로 발음된다. 또한 음소 /p/에서와 마찬가지로 /b/도 파열음의 앞에 있을 때 비 개방음 이음 [b˺]로 발음되며, 비음이나 설측음 앞에서 각각 비강 파열음 이음 [bᴺ]나 설측 파열음 이음 [bᴸ] 로 발음된다.

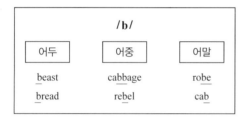

| /b/ | | |
|---|---|---|
| 어두 | 어중 | 어말 |
| beast | cabbage | robe |
| bread | rebel | cab |

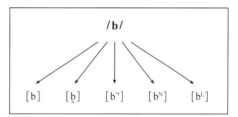

/b/

[b]   [b̥]   [b˺]   [bᴺ]   [bᴸ]

음소 /b/의 각 이음의 음성환경을 하나씩 살펴보면 다음 그림과 같다. 우선 충분한 유성음 이음 [b]로 발음 되는 경우는 harbor, neighbor, suburb에서처럼 유성음(모음 포함) 사이에 있는 경우이다. 다음 그림에서는 편의상 기호 V_____V로 모음 사이라고 표시했지만, 엄밀히 말하면 유성음 사이([voiced]_____[voiced])가 맞으며, 이때 충분한 유성음 이음 [b] 즉, fully voiced [b]로 발음된다. 두 번째 경우는 beast, begin, tab, sob과 같이 어두나 어말처럼 아무 소리가 없는 경우인데 아무 소리가 없음은 무성음과 동일하다고 볼 수 있 으며, abstain, lobster와 같은 무성음 앞에서처럼 /b/ 음소가 부분적으로 무성음화된 이음 즉, partially devoiced 이음 [b̥]로 발음된다. 이음 기호 [b̥] 바로 밑에 작은 동그라미 부호가 있음을 알 수 있다. 세 번째 경우는 /p/에서와 마찬가지로 subpar, subtract, subcutaneous에서처럼 파열음이 연이어 올 때 앞의 /b/는 비개방음 이음 [b˺]로 발음된다.

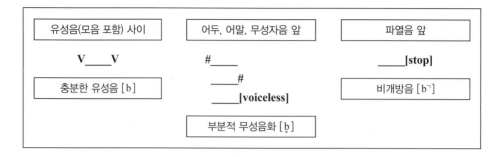

네 번째 이음은 음소 /b/가 동일한 조음위치를 지닌 비음 /m/ 바로 앞에 올 때이다. submit, submenu, submerge처럼 구강 파열음 /b/의 개방 단계가 구강이 아닌 비강으로 이루어지게 되어 비강 파열음 이음 [bᴺ]로 발음된다. 마지막 이음은 음소 /b/가 설측음 /l/ 바로 앞에 위치하는 경우이다. blue, sublime, table 에서처럼 구강 파열음 /b/의 개방이 설측음 조음 상태에서 이루어지므로 구강 전체로 개방되는 것이 아니라, 중앙부는 혀끝이 치경에 붙어 있고 혀의 측면(설측)으로 개방이 이루어져 설측 파열음 이음 [bᴸ]로 발음된다. 다음 오른쪽 그림은 /b/가 묵음이 되는 경우인데, 어중에서 -bt-인 경우와 어말에서 -mb, -bt인 경우를 나타내고 있다.

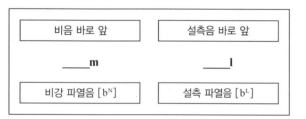

양순 파열음 중 무성음 /p/와 유성음 /b/의 차이는 두 소리 자체의 차이뿐 아니라 바로 앞의 모음의 상대적 길이에도 영향을 미친다. 다음 그림에서 두 단어 cap, cab만 놓고 보면 유일한 차이점은 /p/와 /b/ 음소의 차이처럼 보인다. 하지만 Take a cap/cab now 문장을 녹음하여 스펙트로그램으로 분석해 보면 [p]와 [b]의 차이점은 논외로 해도 바로 직전의 모음 [æ]의 상대적 길이가 다른 것을 볼 수 있다.

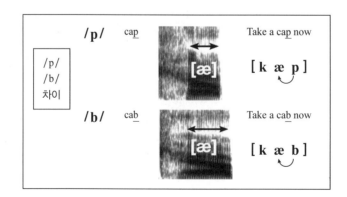

이처럼 어말에서 파열음의 유무성이 대립하는 경우, 자음들만의 차이뿐 아니라 직전 모음의 길이도 달라져서 유성음 [b] 앞의 모음이 무성음 [p] 앞의 모음보다 더 길게 발음된다. 즉, 모음의 길이만 본다면 cap < cab과 같은 부등식이 성립한다. 이러한 관계는 양순 파열음의 경우뿐 아니라 다른 조음위치에서도 성립되어 sat < sad, dick < dig와 같은 차이를 발생시킨다. 또한 무성음 /p/는 대기음의 양에 따라 세 개의 이음들(강한 대기음, 약한 대기음, 비대기음)을 갖고 있는 데 반해, 유성음 /b/는 대기음의 양에 따른 이음들을 갖고 있지 않다는 특징이 있다.

## 3 치경 파열음(alveolar stops) 중요

조음위치는 치경이며, 조음방법은 파열음이다. 무성 치경 파열음은 /t/이고, 유성 치경 파열음은 /d/이다. 조음 과정을 보면, 다음 왼쪽 그림처럼 연구개가 비강 통로를 막은 상태에서 혀끝은 입천장의 윗니 바로 뒤 치경돌기에 밀착하여 폐쇄시키고, 오른쪽 그림처럼 혀의 바깥 부분 전체가 윗니의 치경 부분 전체를 돌아가며 막아 폐쇄시킨 다음(입천장의 검은 색 부분), 갑자기 혀를 개방시켜 구강 내에서 압력이 높아진 공기가 터져 나오면서 만들어지는 파열음이다.

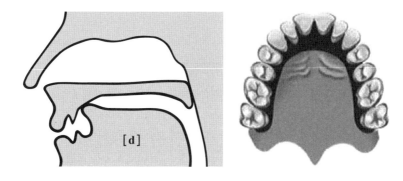

위의 왼쪽 그림의 단면도에서는 혀끝이 치경에만 닿은 것처럼 보이지만, 오른쪽 그림을 보면 사실은 치경 중앙부 일부뿐 아니라 혀끝을 포함한 혀의 바깥 부분이 치아 전체를 둘러싸며(입천장의 검은 부분) 폐쇄시킨다. 그렇기 때문에 폐쇄음/파열음인 것이다.

### (1) 음소 /t/

음소 /t/는 다음 왼쪽 그림에서처럼 어두 · 어중 · 어말 모두에서 나타날 수 있다. 단, walked에서는 과거형 어미 -ed가 무성음으로 끝나는 동사에 붙을 경우 [t]로 발음되기 때문에 어말음으로 볼 수 있다. 또한 음소 /t/는 -stle, -sten, -stn, -stn의 음성환경에서 묵음이 되는 경우가 많은데, 단어로 예를 들면 castle, fasten, Christmas, chestnut 등이 있다.

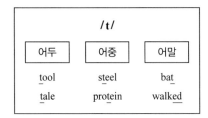 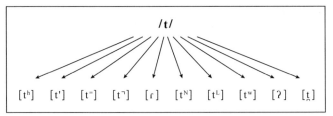

음소 /t/는 위의 오른쪽 그림에서 보듯, 음성환경에 따라 무려 열 개나 되는 이음들로 실현될 수 있다. 다음 그림을 참조하여 하나씩 보자. tool, tale, top, teacher에서처럼 어두에 제1강세 모음 앞에 올 때와 attend, baton, cartoon에서처럼 어두가 아니라도 제1강세 모음을 지닌 음절의 초성으로 쓰일 때 강한 대기음 이음인 [tʰ]로 발음된다. 다음으로 음소 /t/는 cat, hat, apartment에서처럼 어말에 올 때와 kitbag, nightdress, right goal에서처럼 파열음 앞에 올 때 비개방음 이음 [t˥]나 약한 대기음 이음 [tʼ]로 발음된다.

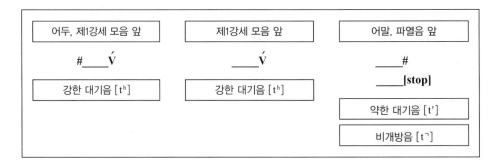

다음 그림에서 보듯 음소 /t/가 steel, steak, stir처럼 음소 /s/ 바로 뒤에 자음군으로 올 때는 대기음이 없는 비대기음 이음 [t=]로 발음된다. 또 음소 /t/는 water, butter, thirty에서와 같이 강세 모음과 그보다 약한 약세 모음 사이(예를 들면, 제1강세 모음과 제3강세 혹은 약세 모음 사이)에서 설탄음 이음 [ɾ]로 발음된다. 이때 모음은 thirty, forty의 예에서 보듯 (모음 뒤에 /r/이 붙은) rhotic 모음을 포함한다. 주의해야 할 점은 앞의 모음 강세가 뒤의 모음 강세보다 세야 한다는 것이다. 예를 들어, attend, attempt에서 음소 /t/가 설탄음 이음으로 발음되지 않는 이유는 뒤의 모음 강세가 더 세기 때문이다. 그리고 음소 /t/는 bitten[...tn], eaten[...tn], cotton[...tn]의 영국 영어식 발음에서처럼 조음점이 같은 비음 /n/ 바로 앞에 오면 구강 파열음인 /t/의 개방 단계가 비강 파열음인 /n/의 조음 단계에서 이루어져 비강 파열음 이음 [tᴺ]로 발음된다.

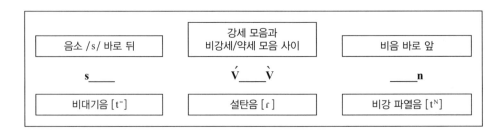

음소 /t/가 활음인 /w/ 앞에서 이 음소의 원순성(lip rounding)을 닮아, twice, twist, twenty에서처럼 입술이 둥근 순음 이음 [tʷ]로 발음되는데 다음 그림의 첫 번째 경우이다. 마찬가지로 영국 영어에서 little, cattle, turtle처럼 설측음 /l/ 앞에서 설측 파열음 이음 [tˡ]로 발음되는데, 구강 파열음 /t/의 개방 단계에서 이미 설측음 발음을 위해 혀끝이 치경에 붙어 구강 중앙부는 막히고 혀의 좌우측 측면으로만 개방이 이루어지기 때문이다.

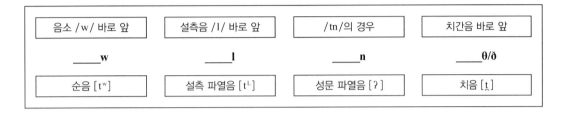

또 button, written, kitten, beaten의 경우처럼, 음소 /t/ 바로 다음에 모음이 없거나 생략된 상태에서 음소 /n/이 오는 경우, 음소 /t/가 성문 파열음 이음 [ʔ]로 발음된다. 마지막으로 음소 /t/는 cat-therapy, put them의 경우처럼 치간음인 /θ, ð/ 바로 앞에서 이들의 조음점 영향을 받아 /t/ 발음이 끝나기도 전에 혀끝이 미리 치간으로 이동하여 치음 이음으로 발음된다. 위 그림에 있는 치음 이음을 보면 이음 [t] 기호 바로 밑에 치아 모양으로 생긴 부호가 있음을 알 수 있다.

다음 그림은 음소 /t/가 사라지거나 생겨나는 경우를 나타낸다. 탈락하는 경우는 음소 /t/가 강세 모음과 음소 /n/ 바로 뒤에 올 때인데 hunter, center, twenty, plenty의 발음에서처럼 탈락하게 된다. 또 most people, best concert의 발음에서처럼 두 단어 사이 경계 부분에서 세 자음이 연속하여 나타날 때 앞의 두 자음 중 뒤의 /t/가 탈락하기도 한다. 없던 음소 /t/가 삽입되는 경우는 비음 /n/과 조음점이 같은 무성 마찰음 /s/ 사이인데 prince, dense, sense, once의 경우 음소 /t/가 삽입되면 prints, dents, cents, wants와 발음이 같아지게 된다. 이는 /n/ 조음이 끝날 무렵 무성음인 구강 마찰음 /s/를 발음하기 위해 연구개가 미세하게 일찍 닫히면 /n/이 /t/로 바뀌면서 아주 약하지만 자동으로 발음되기 때문에 생기는 현상이다.

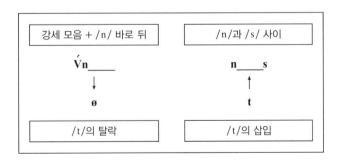

## (2) 음소 /d/

음소 /d/는 다음 왼쪽 그림에서처럼 어두·어중·어말 모두에서 나타날 수 있다. 단, prayed에서 과거형 어미 -ed는 유성음으로 끝나는 동사에서 [d]로 발음되므로 어말음으로 본다. 음소 /d/는 다음 오른쪽 그림처럼 음성환경에 따라 여섯 개의 이음들로 발음될 수 있다.

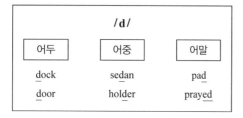 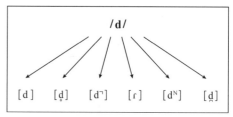

다음 그림에서 이음들을 하나씩 살펴보자. 첫째, sedan, holder, under에서처럼 모음을 포함한 유성음 사이에서 충분한 유성음 이음 [d]로 발음된다. 그림에서는 그중 한 사례인 모음 사이를 기호로 나타냈다. 둘째, dock, door, pad, prayed처럼 어두와 어말, 그리고 good friend, bad food처럼 무성자음 앞에서 음소 /d/는 부분적으로 무성음화한 이음 [d̥]로 발음된다(다음 '더 알아두기' 스펙트로그램에서 dye 부분 참조). 이음 기호 밑에 작은 원 모양의 부호가 있음에 유의하라. 셋째, good point, bed time, red car처럼 파열음 /p, b, t, d, k, g/ 앞에서 음소 /d/는 비개방음 이음 [d˹]로 발음된다.

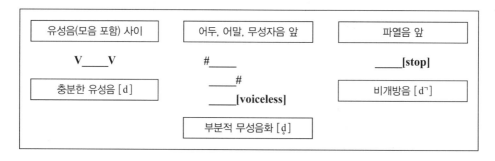

음소 /d/는 ladder, rider, kidding처럼 강세 모음과 약세 모음 사이에서 설탄음 이음 [ɾ]로 발음된다. 또한 goodness, sudden, midnight처럼 비음 /n/ 앞에서는 구강 파열음 /d/의 개방 단계가 비강으로 이루어지는 비강 파열음 이음 [dᴺ]로 발음된다. 마지막으로 음소 /d/는 good theory, feed them처럼 치간음 바로 앞에서 이들의 조음위치를 닮아가서 /d/ 발음이 치경에서 이루어지는 것이 아니라 혀끝이 미리 치간으로 이동하여 치음 이음으로 발음된다. 다음 그림에서 보듯, 치음 이음은 [d] 기호 바로 밑에 치아 모양으로 생긴 부호가 있음에 주의하라.

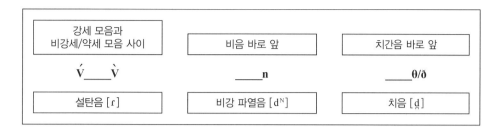

다음 그림처럼 음소 /d/는 특정한 음성환경에서 사라지거나(탈락) 생겨날 수 있다(삽입). 먼저, handbag, grandson, sand paper처럼 세 자음이 연속해서 나올 때 두 번째 자음 /d/는 탈락하는 경우가 많다. 특히 단어 경계(#)를 두고 앞 단어의 끝에 자음이 둘, 뒷 단어가 자음으로 시작하는 경우에도 경계 직전의 자음 /d/가 탈락될 수 있다. 또한 무성음 음소 /t/에서와 마찬가지로, 음소 /d/도 /n/과 조음점이 같은 /z/ 사이에 있을 때, 비강 파열음 /n/의 구강 파열음 버전이라 볼 수 있는 아주 약한 /d/가 삽입될 수 있다. 예를 들면, pains, gains, guns 등 유성음으로 끝나는 명사의 복수형의 경우 -s의 발음이 [z]이기 때문에 아주 미약한 /d/가 삽입될 수 있다. 이는 /n/ 조음이 끝날 무렵 유성음인 구강 마찰음 /z/를 발음하기 위해 연구개가 미세하게 미리 닫히면 /n/이 /d/로 바뀌면서 아주 약하게 발음되기 때문에 생기는 현상이다.

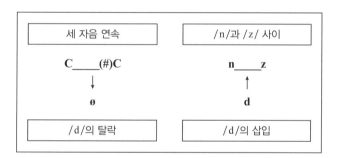

**더 알아두기**

**충분한 유성음 이음과 무성음화된 이음 비교**

다음 그림에서 화살표로 표시된 부분으로 무성음화된 이음 [d̥]와 충분한 유성음 이음 [d]를 비교해 보면 길이 차이가 클 뿐 아니라, 모음 사이의 충분한 유성음 이음은 맨 아래 제일 낮은 주파수 쪽에 마치 키 작은 잔디가 올라오듯 나지막하고 매우 옅은 모음의 포먼트를 닮은 부분이 있다. 모음이 아니므로 포먼트라고 부르지는 않고, 자잘한 세로줄이 반영하듯이 성대 진동이 있음을 나타내는데, 이를 유성 막대(voice bar)라고 부른다.

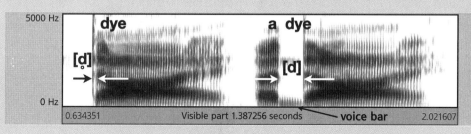

**4** **연구개 파열음(velar stops)** 중요

조음위치는 연구개이고, 조음방법은 파열음이다. 연구개를 후상방으로 들어 올려 비강 통로를 차단한 상태에서, 혀의 후방 부분이 연구개에 밀착하여 구강 통로를 폐쇄시키면 공기 압력이 순간 증가한다. 이때 혀의 후방을 갑작스럽게 개방시켜 공기압을 낮추면 파열음이 발생한다. 무성음은 /k/이고, 유성음은 /g/이다.

### (1) 음소 /k/

무성 연구개 파열음인 /k/는 영어에서 다양한 철자로 표시된다. 우선 kid, keep, seek처럼 k-가 그대로 사용되는 경우가 있고, cat, cousin, coat처럼 c-가 이용되기도 하고, quit, queen, quarter처럼 q-가 사용되기도 한다. 또한 headache, Christ, character처럼 두 글자 ch-가 쓰이기도 한다.

음소 /k/는 다음 왼쪽 그림처럼 어두·어중·어말 모두에서 나타난다. 단, income, ache에서처럼 다른 철자를 이용하여 음소를 나타내기도 한다. 음소 /k/는 다음 오른쪽 그림처럼 음성환경에 따라 여섯 가지의 이음들로 발음된다.

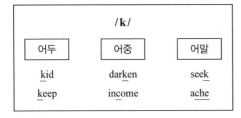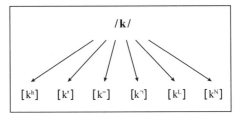

첫째, kid, kayak, copper, cute처럼 어두에 제1강세 모음 앞 또는 accord, incur, procure처럼 어두가 아니라도 제1강세 모음 앞에서 강한 대기음 이음 [kʰ]로 발음된다. 둘째, income, darken, equal, characteristic처럼 비강세를 포함하여 제1강세가 아닌 강세를 갖는 모음 앞에서는 약한 대기음 이음 [kʼ]로 발음된다. 셋째, 파열음 /p/, /t/와 마찬가지로, skill, skate, script, square처럼 음소 /s/ 바로 뒤에서는 비대기음 이음 [k⁼]로 발음된다.

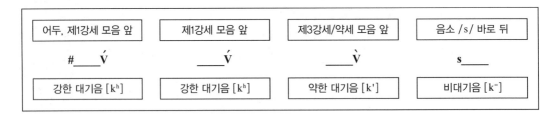

넷째, 음소 /k/는 kick, back, ache처럼 어말에서 비개방음 이음 [k˥]로 발음될 수 있으며, 물론 화자의 어투나 상황에 따라 약한 대기음 이음 [k']로 실현될 수도 있다. 그리고 black pearl, sick bag, pack drill처럼, 음소 /k/ 뒤에 단어 경계를 넘어 다음 단어의 첫소리가 파열음일 경우 비개방음 이음 [k˥]나 약한 대기음 이음 [k']로 발음될 수 있다. 다섯 번째는 close, incline, circle처럼 설측음 /l/ 바로 앞에서 음소 /k/ 조음의 개방 단계가 설측면으로 이루어져 설측 파열음 이음 [kᴸ]로 발음되는 경우이다. 마지막으로 여섯 번째는 taken, picnic처럼 비음 /n/ 바로 앞에서 음소 /k/의 개방 단계가 비강으로 이루어져 비강 파열음 이음 [kᴺ]로 발음되는 경우이다.

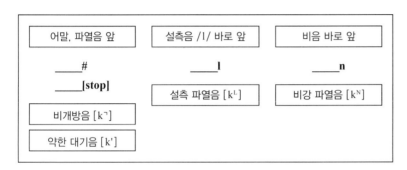

음소 /k/의 이음은 아니지만, 음소 /k/가 삽입되는 경우로 위 오른쪽 그림을 보자. 앞서 something[...mpθ...]에서처럼 비음 /m/과 무성자음 사이에서 /p/가 삽입되기도 함을 배웠고, prince[...nts]에서처럼 비음 /n/과 /s/ 사이에서 /t/가 삽입될 수 있음을 배웠다. 이는 비음과 삽입되는 파열음이 조음위치는 같고 개방 단계가 구강이냐 혹은 비강이냐의 차이를 지닌 소리들이라는 사실과, 비음 조음이 끝나기도 전에 연구개가 비강 통로를 막아서 구강 통로로 공기 흐름이 나아가는 바람에, 비음과 같은 조음점을 지닌 구강 파열음 /p/나 /t/가 만들어지는 것이라고 배웠다. 즉, /m/ 뒤에서 /p/가 삽입될 수 있고, /n/ 뒤에서 /t/가 삽입될 수 있는 것이다. 같은 이유로 strength[...ŋkθ], length[...ŋkθ]와 같이 /ŋ/과 /θ/ 사이에서 /k/가 삽입될 수도 있다. 이렇게 무성 파열음 /p, t, k/가 삽입되는 것은 의무적으로 발생하는 현상은 아니고, 경우에 따라 삽입되기도 하고 안 되기도 한다는 점에 유의하라.

## (2) 음소 /g/

음소 /g/는 goat, recognize, dog처럼 주로 철자 g로 나타나지만, exam, exhaust처럼 때로는 어두에서 ex-[ɪgz...]를 통해 나타나기도 한다. 다음 왼쪽 그림에서 보듯, 음소 /g/는 어두·어중·어말 모두에서 나타날 수 있다. 다음 오른쪽 그림에서 보듯, 음소 /g/는 음성환경에 따라 다섯 개의 변이음들로 실현될 수 있다.

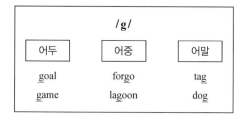 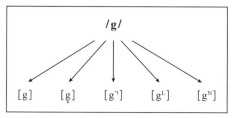

다음 그림에서 음소 /g/는 ago, begin, lagoon, largo에서처럼 모음을 포함한 유성음 사이에 있을 때 충분한 유성음 이음 [g]로 발음된다. 둘째, goal, game, get처럼 어두에 위치하거나 dog, tag, fog처럼 어말에 위치할 때, 부분적으로 무성음화한 이음 [g̥]로 발음된다. 이음 기호 밑에 무성음화를 나타내는 원 모양의 부호가 있음에 유의하라. 이러한 음성환경은 어두나 어말의 무음(silence) 그 자체가 무성음으로 볼 수 있기 때문에, 유성음 /g/가 무성음의 영향을 받아 자신의 유성성이 다소 감소하는 것으로 생각할 수 있다. 셋째, bagpipe, rugby, pigtail, lagged처럼 음소 /g/가 파열음 앞에 위치하면 비개방음 이음 [g̚]로 발음된다. 넷째, global, glad, jiggle처럼 음소 /g/가 설측음 /l/ 바로 앞에 오면 설측 파열음 이음 [gˡ]로 실현된다. 다섯째, 음소 /g/가 ignorant, segment, big man처럼 비음 앞에 오면 비강 파열음 이음 [gᴺ]로 발음된다.

## 제2절 마찰음(fricatives)

마찰음은 구강 내에서 위아래 두 조음부를 협착시켜 좁은 틈을 만들고 그 사이로 입안의 공기를 빠른 속도로 지속적으로 통과시켜서 얻는 시끄러운 소음 소리로, /f, v, θ, ð, s, z, ʃ, ʒ, h/가 있다. 좁은 틈의 위치가 아랫입술과 윗니 사이면 /f, v/, 혀끝과 윗니 사이면 /θ, ð/, 혀끝과 치경돌기 사이면 /s, z/, 설단과 치경−경구개 사이면 /ʃ, ʒ/, 성문이면 /h/가 만들어진다. 이들 중 무성 마찰음은 /f, θ, s, ʃ, h/이고, 유성 마찰음은 /v, ð, z, ʒ/이다. 특히 이들 중에서 시끄러운 정도가 심한 음들을 치찰음이라 하는데, /s, z, ʃ, ʒ/를 말한다.

> **더 알아두기**
>
> **치찰음**
>
> 마찰음 중에서 /s, z, ʃ, ʒ/와 파찰음 /ʧ, ʤ/를 합쳐서 치찰음(sibilants)이라고 하는데, 이들은 귀에 거슬리는 시끄러운 소음을 갖고 있는 소리들이다. 예를 들어 bus, rose, bush, rouge, peach, wedge의 끝소리들이다.

## 1 파열음과 마찰음의 공통점

앞서 cap, cab의 스펙트로그램을 통해 파열음 /p/와 /b/의 차이는 자음 자체의 차이뿐 아니라 바로 앞에 오는 모음의 길이에서도 차이가 난다고 배웠다. 유성 파열음 앞의 모음이 더 길다는 것을 봤는데, 마찰음에서도 비슷한 현상이 발생한다. 다음 strife, strive 단어의 스펙트로그램에서 보듯, /f/와 /v/도 자음 자체의 차이 말고도 바로 앞에 있는 모음 [aɪ]의 길이에 영향을 미쳐서 유성음 /v/ 앞에 있는 모음의 길이가 평균적으로 더 길다. 이와는 반대로 자음 자체의 길이를 따져 보면, 스펙트로그램에서 보듯 무성 마찰 /f/가 유성 마찰음 /v/보다 더 길다는 것을 알 수 있다.

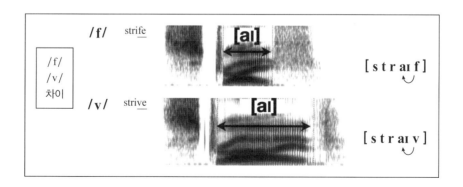

## 2 순치 마찰음(labiodental fricatives)

조음위치는 순치이며, 조음방법은 마찰음이다. 아랫입술의 안쪽 부분을 위 앞니에 살짝 접촉시키고 그 사이의 좁은 틈을 통해 빠른 속도로 공기를 내보내 마찰시켜 얻는 말소리이다. 무성음은 /f/이고, 유성음은 /v/이다. 다음 왼쪽 그림은 두 음소의 이음들을 나타내고 있고, 오른쪽 그림은 lots of people, out of town처럼 전치사 of의 /v/가 어말에서 탈락될 수 있음을 나타낸다.

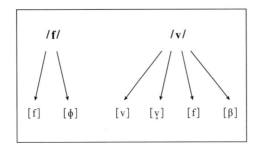
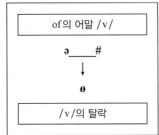

### (1) 음소 /f/

먼저 음소 /f/는 대부분의 경우 무성음 이음 [f]로 발음되지만, helpful처럼 양순 파열음 뒤에 올 때 두 입술이 가볍게 접촉한 상태에서 그 사이로 마찰 소음이 나오게 되어 무성 양순 마찰음 이음 [ɸ]로 발음된다. 이러한 현상은 음소 /v/에도 적용되어, obvious처럼 양순 파열음 뒤에 올 때 유성 양순 마찰음 이음 [β]로 발음된다. 이 경우 바로 앞의 /p/나 /b/는 대체로 탈락되는 경향을 보인다.

### (2) 음소 /v/

음소 /v/는 over, lover, prove it처럼 모음을 포함한 유성음 사이에서(V____V) 충분한 유성음 이음 [v]로 발음된다(다음 '더 알아두기' 스펙트로그램에서 첫 번째 그림 화살표 부분 참조). strive, vacant, save처럼 어두(#____)나 어말(____#)에서 묵음의 무성성을 닮아서 부분적으로 무성음화한 이음 [v̥]로 발음된다(다음 '더 알아두기' 스펙트로그램에서 두 번째 그림 화살표 부분 참조). 특히, 이음 기호 밑에 작은 동그라미 모양의 부호가 있음에 유의하라. 또한 음소 /v/는 prove two times two is four, have to, love to처럼 무성자음 앞에서 무성성을 완전히 닮아 무성음에 완전히 동화하여 무성음 [f]로 발음되기도 한다(다음 '더 알아두기' 스펙트로그램에서 세 번째 그림 화살표 부분 참조).

**더 알아두기**

**음소 /v/의 이음들 비교**

다음 스펙트로그램은 차례대로 음소 /v/의 충분한 유성음 이음 [v], 부분적으로 무성음화한 이음 [v̥], 무성음 이음 [f]를 나타낸다.

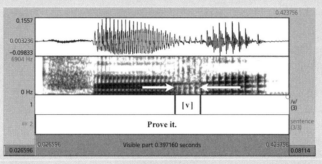

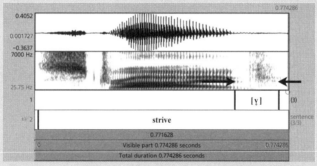

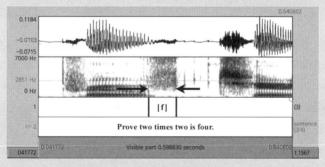

Prove it에서는 /v/가 좌우에 모음으로 둘러싸여 있어 충분한 유성음 이음으로 발음되는데, 화살표 부분에서 보듯이 마찰음 내부에 자잘한 세로줄이 있어 성대 개폐운동이 계속되고 있음(즉, 유성음)을 나타내고 있다. 둘째, strive에서 /v/는 어말에 있는데 단어 경계(#)는 사실상 무음(무성음)이므로 무성성을 다소 닮아, 부분적으로 무성음화한 이음 [v̥]로 발음된다. 스펙트로그램을 보면 무성음의 시작 부분은 아주 미약하나, 성대 진동을 나타내는 나지막한 세로줄이 몇 개 보이고, 그다음은 약한(흐린) 대기음이 보인다. 반은 유성음, 나머지 반은 무성음이라 볼 수 있다. 셋째, Prove two times two is four에서는 /v/ 왼쪽은 모음이지만, 오른쪽은 무성음 /t/이다. 따라서 곧 발음할 말소리의 무성성을 /v/가 완전히 닮아가서, 자신의 이음들 중에서 아예 무성음 이음 [f]로 바뀌어 발음된다. 스펙트로그램 화살표 부분을 보면 이음 전체가 마찰 소음으로 가득 찬 [f]임을 알 수 있다.

## 3 치간 마찰음(interdental, dental, linguo-dental fricatives)

조음위치는 치간이며, 조음방법은 마찰음이다. 혀끝이 윗니와 좁은 틈을 만든 상태에서 나는 소리로, /θ, ð/가 있다. 발음 모양에 있어서 혀끝이 윗니와 아랫니 사이에 살짝 나온다고 하여 치간음이라 하지만, 실제로는 혀끝과 윗니 사이의 틈에서 만들어지는 소리이므로 설치음(linguo-dentals)이라 부르기도 하고 또 치음(dentals)이라 부르기도 한다.

다음 그림에서 보듯, 치간 마찰음 /θ/는 months[...n_s], lengths[...ŋ_s]에서와 같이 /s/ 바로 앞에서 대체로 탈락하게 되며, 음소 /ð/는 clothes[..._z]에서처럼 /z/ 바로 앞에서 대체로 탈락된다. 유사한 현상이 다소 빠른 대화체에서 단어와 단어 사이의 경계(#) 부분에서도 발생한다. 예컨대 음소 /θ/는 This thing[...s#_ɪŋ]에서와 같이 /s/로 끝나는 단어와 /θ/로 시작하는 단어를 빠른 대화체로 얘기할 때 주로 탈락하며, 음소 /ð/는 Is that your bag?[...z#_æt]에서처럼 발음이 /z/로 끝나는 단어와 /ð/로 시작하는 단어를 빠른 대화체로 얘기할 때 주로 탈락된다. 이 경우 두 개의 연속되는 마찰음 발음이 어려워 둘 중 하나를 탈락시키는 것인데, 서로 같은 조음방법 중 하나를 탈락시켜 다르게 만드는 것으로, 이화작용(dissimilation)의 한 사례라고 볼 수 있다.

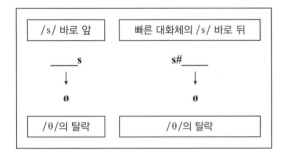 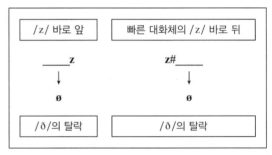

치간음 /θ, ð/는 다음 그림에서처럼 어중에서 혹은 단어 경계를 사이에 두고, 치간음의 바로 앞에 오는 파열음 음소 /t, d/와 치경음 음소 /l, n/의 조음위치에 영향을 주어, 이들이 치음 이음들로 발음되도록 한다. 이음 기호 바로 밑의 치아 모양의 부호가 이를 말해 준다. 이는 바로 다음의 말소리를 연이어 겹쳐서 유창하게 말하려는 발화의 경향을 반영하는 것으로, 이러한 현상을 동시조음(coarticulation)이라고 부르기도 한다. 바로 다음에 오는 소리의 조음위치인 치음이 치경음의 조음위치를 치음 쪽으로 변화시킨 것으로 볼 수 있다. 예를 들어, eighth[...tθ], health[...lθ], enthalpy[...nθ...] 등은 단어 내부에서 이러한 현상이 일어나는 것으로, 다음 그림에서 # 기호가 없는 경우(괄호로 나타냄)이다. at this[...t#ð...], had thought[...d#θ...], had those[...d#ð...], heal the[...l#ð...], in this[...n#ð...] 등은 단어 경계를 사이에 두고 나타나는 현상으로, 다음 그림에서 # 기호가 있는 경우로 보면 된다. 여기에서 [t, d, l, n] 이음들 바로 밑에 치아 모양의 부호를 다음 그림처럼 붙여야 정확한 음성 기호 표현이 된다.

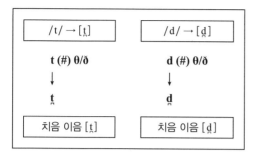
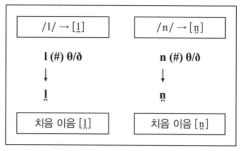

## 4 치경 마찰음(alveolar fricatives)

조음위치는 치경이며, 조음방법은 마찰음이다. 무성음은 /s/이고, 유성음은 /z/이다. 혀끝과 입천장의 윗니 바로 뒤 치경돌기 사이에 좁은 틈을 만들어 공기 흐름을 강제적으로 통과시키고 난류를 일으켜 마찰음 소음을 만든다. 좁은 틈으로 난류를 일으키기 위해 /s/ 발음 시에는 혀끝과 치경 사이만 좁은 틈이 만들어지고, 입천장의 나머지 부분은 다음 왼쪽 그림 속 검은 부분처럼 혀의 양쪽 측방 부위가 폐쇄되고 있음을 주의해야 한다. 경구개치경 마찰음 /ʃ/와 비교해 보면, 다음 오른쪽 그림을 보다시피 좁은 틈이 다소 더 넓은 것을 알 수 있다.

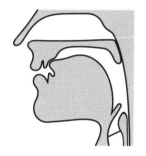
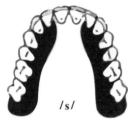
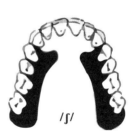
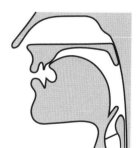

출처 : Wikimedia Commons

음소 /s/와 /z/는 다음 그림처럼 여러 음성환경에서 다른 이음들로 발음된다. 먼저 음소 /s/는 우리말 된소리 'ㅆ'처럼 발음되는 경음화된 마찰음 이음 [s'](경음화 부호 '와 앞서 배운 약한 대기음 부호 '는 다름에 주의)와 경음화 되지 않은 이음 [s], 그리고 유성 마찰음 이음 [z]로 발음될 수 있다. 음소 /z/는 충분히 유성음화된 이음 [z], 부분적으로 무성음화된 이음 [z̥], 그리고 무성 마찰음 이음 [s]로 발음될 수 있다. 특히, 부분적으로 무성음화된 이음 기호 밑에는 조그만 동그라미 부호가 있음에 주의하라.

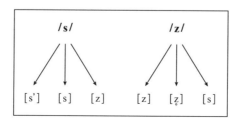

## (1) 음소 /s/

음소 /s/의 이음들을 다음 그림에서 하나씩 살펴보자. 먼저 sea, say에서와 같이 단음절 단어의 어두 (#_____)나 beside, receive에서처럼 강세 받는 모음 앞에 오는 경우, 우리말의 쌍시옷 발음과 유사한 경음 화된 마찰음 이음 [s']로 발음된다. 하지만 dance, base, famous처럼 어말이나 slow, smell, snow에서처럼 자음 앞에 오거나 pencil, person처럼 약세 모음 앞에서는 경음화되지 않은 마찰음 이음 [s]로 발음된다. 마지막으로 명사의 복수형을 만들 때 복수형 어미 -(e)s는 명사가 치찰음 /s, z, ʃ, ʒ, ʧ, ʤ/로 끝나면, 모음 [ɪ]를 삽입한 뒤 유성 마찰음 이음 [z]로 발음한다.

| 단음절, 제1강세 모음 앞 | 어말, 자음 앞, 약세 모음 앞 | 치찰음 뒤 복수형 어미 -(e)s |
|---|---|---|
| #____ ____V́ | ____# ____C ____V̀ | [sibilant] I____ |
| 경음화된 마찰음 [s'] | 마찰음 [s] | 유성 마찰음 [z] |

## (2) 음소 /z/

음소 /z/의 이음들을 다음 그림에서 하나씩 살펴보자. 먼저 teaser, hazard, bezel에서와 같이 모음을 포함한 유성음 사이에서 충분한 유성음 이음 [z]로 발음된다. 그리고 zeal, zebra처럼 어두나 buzz, jazz처럼 어말에 서 부분적으로 무성음화된 이음 [z̥]로 발음된다. 이음 기호 밑에 무성음화를 표시하는 작은 원 모양의 부호 가 있음에 유의하라. 마지막으로 음소 /z/로 끝나는 has, was 단어 뒤에 무성자음이 오는 has to, was to의 경우, 음소 /z/는 무성음 이음 [s]로 발음된다.

| 유성음(모음 포함) 사이 | 어두, 어말 | 무성자음 앞 |
|---|---|---|
| V____V | #____ ____# | ____[voiceless] |
| 충분한 유성음 [z] | 부분적 무성음화 [z̥] | 무성음 [s] |

### 더 알아두기

**명사의 복수형 어미 -(e)s의 음소**

영어 형태론에서 복수형 어미의 음소를 무성음 /s/로 보느냐 유성음 /z/로 보느냐에 따라 이음 분포가 약간 달라질 수 있다. 만일 복수형 어미 음소를 /s/로 본다고 하면, 명사의 복수형을 만들 때 명사의 끝소리가 유 성음(dog)이거나 치찰음으로 끝나(bus) 모음 [ɪ]를 삽입하게 되면, dogs[...z], buses[...ɪz]처럼 음소 /s/가 유성음 이음 [z]로 발음된다고 보는 것이다. 만일 복수형 어미 음소를 /z/로 본다고 하면, 명사가 무성음으 로 끝나면(cat), cats[...s]처럼 복수형 어미 음소 /z/가 무성음 이음 [s]으로 발음된다고 보는 것이다.

## 5 경구개치경 마찰음(palato-alveolar, alveo-palatal fricatives)

조음위치는 경구개치경으로, 치경과 경구개 시작 부분의 경계 부분으로 볼 수 있고, 조음방법은 마찰음이다. 이 조음점은 때때로 치경경구개음(alveo-palatals)으로 불리기도 한다. 혀끝보다 살짝 뒷부분인 혓날(설단, tongue blade)을 치경돌기와 경구개 사이 부분에 접근시켜 만든 좁은 틈 사이에서 만들어지는 마찰 소음 소리로, 무성음과 유성음 각각 /ʃ, ʒ/가 있다.

다음 왼쪽 그림에서 보듯, 무성 치경 마찰음인 /s/와 무성 경구개치경 마찰음인 /ʃ/는 입천장에서 좁은 틈이 만들어지는 위치가 다소 다르고, 이로 인해서 생기는 마찰 소음의 주파수 분포가 다르다. 조음 관점에서 보면, /s/는 좁은 틈이 치경에 생기는 데 반해, /ʃ/는 틈의 위치가 치경보다 다소 구강 안쪽으로 이동해 있다. 좁은 틈에서부터 입술 사이에 생기는 공간에서 소음이 만들어져 울리게 되는데, 두 소리의 경우 /s/의 공간은 매우 짧고 좁으며, /ʃ/의 공간은 이보다 조금 더 길고 넓다. 관이 길고 짧은 악기 소리의 음높이에서 흔히 알 수 있듯이, 상대적으로 짧은 공간에서는 높은 주파수의 소음이 만들어지고, 보다 긴 공간에서는 낮은 주파수의 소음이 만들어진다. 이러한 차이로 인해서, 다음 오른쪽 그림의 스펙트로그램에서처럼, y-축(주파수 축)의 에너지가 높은(검은) 부분이 /s/가 /ʃ/보다 더 높은 주파수 쪽에 몰려 있는 것을 볼 수 있다(화살표 위치 비교).

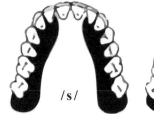 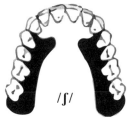 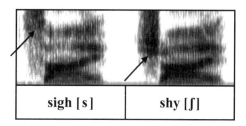

/s/  /ʃ/  sigh [s]  shy [ʃ]

언어 역사적인 근거는 없지만, 아마도 우리가 조용히 하자는 의미로 '쉿' 하고 말할 때 /s/가 아니라 그보다 음높이가 다소 낮은, 그래서 조용하다고 느껴지는, /ʃ/ 소리를 이용하는 것도 이러한 조음음향학적 이유 때문이 아닐까 생각해 본다.

음소 /ʃ/는 영어에서 매우 다양한 철자를 이용하여 표시되는데, sugar, sheep, chivalry, magician, Persia, partial, conscience에서와 같이 s, sh, ch, ci, si, ti, sci를 이용한다. 또 음소 /ʒ/는 usual, azure, Asia, garage처럼 s, z, si, ge로 표현된다. 특히 영어에서 /ʒ/는 /ŋ/과 마찬가지로 어두에 나오는 경우는 없다.

## 6 성문 마찰음(glottal fricative)

조음위치는 성문이며, 조음방법은 마찰음이다. 성대를 구성하는 한 쌍의 조직인 성대가 열린 상태에서 그 사이 공간인 성문을 통해 공기가 **빠르게** 빠져나가면서 만들어지는 마찰 소음 소리로, 무성음인 /h/가 있다. 어두의 h-가 <u>h</u>our, <u>h</u>eir, <u>h</u>onest에서처럼 소리가 나지 않는 묵음인 이유는 이들이 원래 프랑스어에서 오래전에 차용된 단어들인데, 프랑스어에서 어두의 h-는 묵음이기 때문이다. 하지만 <u>h</u>ospital, <u>h</u>otel, <u>h</u>ost에서처럼 프랑스어에서 온 차용어라고 하여 모두 어두 h-가 묵음인 것은 아니다. 어느 시기에 차용되었느냐가 어두에서의 발음 유무를 주로 결정짓는다.

음소 /h/는 다음 왼쪽 그림에서와 같이 음성환경에 따라 네 개(묵음 제외하면 세 개)의 이음들로 발음된다. 음소 /h/는 <u>h</u>ome, <u>h</u>it, <u>h</u>ot에서처럼 기본적으로 무성음 이음 [h]로 발음되지만, be<u>h</u>ind, boy<u>h</u>ood처럼 모음을 포함한 유성음 사이(V_____V)에서 부분적으로 유성음화된 이음이나 유성음 이음인 [ɦ]로 발음된다. 특히 부분적으로 유성음화된 이음의 경우, 이음 기호 밑에 작은 v 모양의 부호가 있음에 유의하라. 또한 다음 오른쪽 그림에서 보듯, I gave <u>h</u>im <u>h</u>is book과 같은 문장 안에서 <u>h</u>im, <u>h</u>is처럼 단음절 기능어의 첫소리이거나 in<u>h</u>ibition처럼 제1강세가 아닌 약화된 강세를 지닌 모음 사이에 있을 경우 탈락할 수 있다.

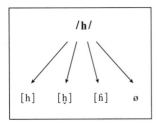 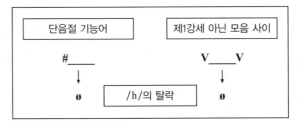

> **더 알아두기**
>
> **기능어**
> 영어 단어를 품사에 따라 내용어(content words)와 기능어(function words)로 나눌 수 있다. 문장에서 의미와 내용을 담고 있는 단어를 내용어, 문법적인 기능만을 담당하는 단어를 기능어라 부른다. 내용어에 속하는 품사는 명사, 동사, 형용사, 부사, 지시사, 의문사 등이다. 기능어에 속하는 품사는 관사, 조동사, 전치사, 접속사, 인칭/관계대명사 등이다.

## 제3절 　파찰음(affricates)

파열음과 마찰음에서 한 글자씩 따온 이름에서 보듯, 파열음과 마찰음의 성질을 동시에 갖고 있는 소리로, 무성음과 유성음 각각 /ʧ, ʤ/가 있다. 시작은 파열음으로 하고 마무리는 마찰음으로 하지만, 두 성질이 융합된 것이지, 파열음과 마찰음이 차례로 발음되는 것이 아님에 주의해야 한다. 파열음 발음이 끝날 무렵 폐쇄 부분을 개방하면서 좁은 협착을 유지하면서 마찰 소음이 발생하게 된다. 다음 그림처럼 두 소리는 모두 어두·어중·어말에서 나타날 수 있다. 특히, 유성 파찰음 음소 /ʤ/는 앞서 유성음 음소의 이음들에서 보았듯이, just, german, badge, language처럼 어두나 어말에 오면 부분적으로 무성음화한 이음으로 발음된다.

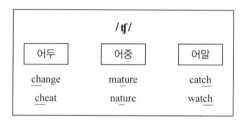
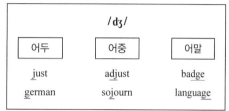

## 제4절 　비음(nasals)

연구개가 아래 전방으로 늘어져 비강 통로가 열린 상태에서 구강의 특정 부분이 막히게 되면 공기가 비강으로만 나오게 되는데, 이때 만들어지는 말소리를 비강 파열음(nasal plosives) 혹은 비음이라 부른다. 구강에서 폐쇄되는 지점이 입술이면 양순 비음(/m/), 치경이면 치경 비음(/n/), 연구개이면 연구개 비음(/ŋ/)이 만들어진다. 비음은 모두 유성음이라는 특징을 갖고 있다. 구강 파열음(oral plosives)이 구강에서 폐쇄가 이루어진 다음, 다시 구강에서 급격한 개방이 이루어지는 데 반해, 비음은 폐쇄가 이루어진 구강 부분은 계속 폐쇄된 상태로 유지되고, 항상 개방되어 있는 콧구멍을 통해 비강 통로로 공기 배출이 완만하고 부드럽게 이루어진다는 점이 다르다. 비음은 음성환경에 따라 다음 그림과 같은 이음들로 발음된다.

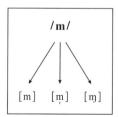
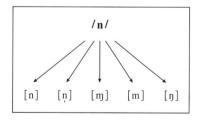
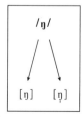

## 1 양순 비음

음소 /m/은 대체로 이음 [m]으로 발음되는데, 때때로 두 음절로 이루어진 단어 prism[...zm̩], chasm[...zm̩]에서처럼 어말에 오면서 바로 앞에 자신보다 공명도가 낮은 자음이 올 경우 성절자음(음절자음, syllabic consonant) 이음 [m̩]이 되면서 하나의 음절을 이룬다. 이 자음은 말 그대로 음절을 이룰 수 있는 자음이란 뜻인데, 음절의 핵심인 모음처럼 행동한다고 해서 지어진 이름이다. 두 단어에서 뒤 음절에 모음이 없는데도 음절처럼 느껴지는 것은 바로 이 성절자음 [m̩] 때문인 것이다. 성절자음에는 기호 밑에 짧은 세로줄 부호가 있음에 주의하라. 하지만 film, kiln 같은 단어는 1음절 단어이고 모음이 따로 있으므로, /l/이나 /m/ 둘 다 성절자음은 되지 못한다.

음소 /m/은 또 comfort[...ɱf...], become void[...ɱ#v...]에서처럼 순치음 /f, v/ 앞에서 그 조음점의 영향을 받아 닮게 되어 순치 비음 이음 [ɱ]으로 발음된다. 조음위치가 서로 닮아간다 하여 조음위치 동화(assimilation) 현상이라고 부른다. 또한 summer에서와 같이 철자상으로 중복되는 -mm-의 경우 발음은 [m] 한 번만 하면 된다.

## 2 치경 비음

음소 /n/은 대체로 이음 [n]으로 발음되는데, 때때로 button[...ʔn̩], cotton[...ʔn̩], hidden[...dn̩], open[...pn̩]에서처럼 어말에 오면서 바로 앞에 공명도가 더 낮은 자음이 올 경우 성절자음 이음 [n̩]으로 발음된다. 위 단어들의 경우 둘째 음절에서 모음 철자는 모두 묵음으로 발음이 되지 않는다.

또한 양순 비음 /m/에서와 마찬가지로 confront[...ɱf...], convenient[...ɱv...]에서처럼 순치음 /f, v/ 앞에서 그 조음위치를 닮아 순치 비음 이음 [ɱ]으로 발음된다. 이 역시 조음점 동화 현상으로 볼 수 있다. 그리고 음소 /n/은 ten boys[...m#b...], ten girls[...ŋ#g...]에서처럼 양순음(/p, b, m/)과 연구개음(/k, g/) 앞에서 그들의 조음점에 영향을 받아(동화 현상) 닮게 되어 각각 [m]과 [ŋ] 이음으로 발음된다. 음소 /n/도 funny처럼 철자상으로 중복된 -nn-이 있을 경우 발음은 [n] 한 번만 한다.

## 3 연구개 비음

음소 /ŋ/도 다른 비음 음소와 마찬가지로 대체로 이음 [ŋ]으로 발음되는데, bacon이 빠른 발음이 될 때 [...kŋ̍]처럼 발음되거나 Jack and[...kŋ̍] Ken에서 빠른 발음으로 and가 [ŋ]으로 발음될 때 성절자음 이음으로 발음되기도 한다.

영어에서 /ŋ/은 singer, cooking, king에서처럼 어중 · 어말에는 나올 수 있지만, 절대로 어두에 나올 수 없는 음소이다(/ʒ/도 마찬가지). 또한 long[...ŋ], longer[...ŋg...], longest[...ŋg...]에서 보듯 비교급(-er)과 최상급(-est) 어미가 붙거나 prolongate[...ŋg...], prolongation[...ŋg...]에서처럼 -ate, -ation 등의 접미사가 붙으면 /ŋg/으로 발음된다.

**더 알아두기**

**양순 구강 파열음 /p/와 양순 비강 파열음 /m/의 비교**

양순음인 /p/와 /m/(화살표 부분)을 비교한 다음 스펙트로그램을 보면, 어두 강세 음절의 첫소리인 음소 /p/는 강한 대기음 소음을 지닌 이음인 [pʰ]로 발음되고 있고, 마찬가지로 같은 위치에 있는 음소 /m/은 대기음 소음이 아니라 마치 매우 흐린(소리 강도가 약한) 모음 포먼트와 유사한 양상을 보이고 있다. 이러한 특징적인 소견을 '속삭이듯 중얼거리다'라는 의미를 지닌 용어 murmur를 써서 비음 구간(nasal murmur)이라고 부른다. 같은 파열음이지만 조음적인 관점에서 구강 파열음이냐 비강 파열음(비음)이냐에 따라 귀에 들리는 소리도 다르듯이, 스펙트로그램상 y-축의 주파수 분포 양상도 음향적 관점에서 매우 다름을 볼 수 있다.

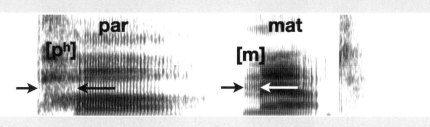

**더 알아두기**

**성절자음(음절자음)인 비음과 유음**

소리의 낭랑함을 나타내는 청각적 척도로 공명도(sonority)가 쓰이는데, 공명도 이론에 따르면 말소리는 공명도가 제일 낮은 등급부터 제일 높은 등급으로 나눠질 수 있다. 순서대로 나열하면, 무성자음(파열음, 마찰음) < 유성 파열음 < 유성 마찰음 < 비음, 유음 < 고모음 < 중모음 < 저모음이다. 공명도는 대체로 입이 많이 벌어질수록 증가하는 경향을 보여, 입을 가장 많이 벌려 발음하는 저모음이 공명도가 가장 큰 것을 알 수 있다. 공명도가 큰 모음은 음절의 중성, 즉 핵의 위치에서 음절을 형성하게 되는데, 모음을 제외하고 자음 중에 공명도가 가장 높은 비음과 유음도 모음이 없거나 탈락했을 때 모음처럼 역할을 하여 음절을 형성하게 된다. 이때 이들 자음을 성절자음이라고 한다. 유음이 성절자음인 예를 들면, little[...ɹl], water[...ɾr̩]가 있다. 비음이 성절자음인 예를 들면, bottom[...m̩], button[...ʔn̩]이 있다. 성절자음 기호 밑에 짧은 세로줄 부호가 있음에 주의해야 한다. 물론 이들 자음이 성절자음 위치에 있지 않으면 세로줄 부호를 쓰면 안 된다.

## 제5절 유음(liquids)

유음은 공명도가 높아 낭랑하게 들리고, 조음 시 공기가 큰 저항을 받지 않고 물 흐르듯 부드럽게 이동한다 하여 붙여진 이름으로, 영어에는 /l, r/이 있다. 특히 /l/은 혀끝은 치경에 밀착하여 중앙부는 막히지만, 혀의 양쪽 측면(lateral)으로 공기가 이동하기 때문에 설측음(lateral)이라고 따로 부르기도 한다. 영어의 /r/은 입천장에 접촉이 없이 혀끝이 후방으로 살짝 휜다고 하여 권설음 혹은 후굴음(retroflex)으로 불리기도 한다(/r/의 IPA 기호는 /ɹ/). 설측음은 혀의 측방과 구강 내 볼(cheeks) 부위가 서로 접근한 것으로 볼 수 있고, 권설음은 혀와 입천장이 접근한 것으로 보아, 두 말소리를 접근음(approximants)으로 분류하기도 한다. 다음 그림에서처럼 /l/과 /r/은 음성환경에 따라 여러 가지 이음들로 발음된다.

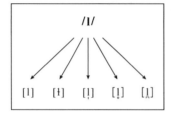
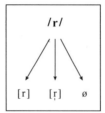
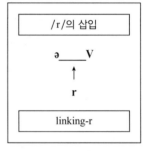

### 1 설측음(lateral)

영어에서 /l/은 유음 중 유일한 설측음인데, 조음위치는 치경이며 조음방법은 유음이다. 조음할 때 혀끝이 치경에 밀착하여 중앙은 막히지만, 혀의 양쪽 측면에서는 공기가 자유롭게 이동할 수 있기 때문에 설측음(lateral liquid)이라고 불린다.

우선 위 그림에서 보듯 설측음 /l/의 이음 중 [l]과 [ɫ]이 있는데, 이들을 각각 **밝은 [l]**(light-l)과 **어두운 [ɫ]**(dark-ɫ)로 부른다. 특히 어두운 [ɫ]은 음 기호 중간에 물결 모양 부호(~)가 있음에 유의하라. 어두운 [ɫ]은 다른 말로 **연구개화된**(velarized) [l]이라고도 불리는데, 혀끝이 치경에 밀착하지 않고 혀의 후방 부위가 연구개 쪽으로 불룩 올라간 상태에서 발음되기 때문이다. 어두운 [ɫ]은 feel, still, pull처럼 어말에서, milk, help, salt처럼 모음과 자음 사이에서, 또 little, table, middle처럼 성절자음에서 나타난다.

밝은 [l]은 말 그대로 밝고 경쾌하게 들린다고 해서 붙여진 이름이며, leaf, late, loud에서처럼 어두(#____)에서 나타나거나 play, bloom, clean, glass, fly처럼 파열음 /p, b, k, g/나 마찰음 /f/와 함께 어두 자음군(consonant cluster)을 이루는 경우 나타난다. 파열음 /t, d/나 마찰음 /v/와는 어두 자음군을 이룰 수 없다. 특히 play, clay처럼 강한 대기음을 지닌 무성 파열음 바로 뒤에 밝은 [l]이 오면, 대기음의 영향으로 부분적으로 무성음화된 이음 [l̥]로 발음된다. 또한 밝은 [l]은 mellow, silly처럼 어중에서도 나타날 수 있지만, milk처럼 모음과 자음 사이에서는 밝은 [l]이 아니라 어두운 [ɫ]이 나타난다. 그리고 치간 마찰음 /θ, ð/ 앞에 올 경우 (____θ/ð), health, wealth에서처럼 뒤에 오는 치음 조음점을 닮아가서 치경음인 /l/이 치음 설측음 이음으로 발음된다. 이음 기호 밑에 치아 모양의 작은 부호가 있음에 유의하라.

## 2 권설음(retroflex)

혀끝이 입천장의 치경 뒤쪽을 향하여 말아 올려져 나는 소리이다. 편의상 음성기호 /r/로 표기하나, 정식 IPA 기호는 /ɹ/이다. 또한 rain, rinse, robe에서처럼 어두에서는 약간의 원순성(lip rounding)을 보이기도 한다. 음소 /r/은 주로 이음 [r]로 발음되지만, water, hammer, toner(-e-는 묵음)에서와 같이 성절자음 이음 [r̩]로 발음되기도 한다. 영국 영어에서는 water, better, letter에서처럼 음절 말의 /r/이 약화되어 발음되지 않기도 한다 (탈락, ø).

음소 /r/은 위의 맨 오른쪽 그림에서 보듯, /ə/와 모음 사이에서 '모음이 연이어 오는 것'(모음접속, 모음충돌, hiatus)을 피하기 위하여 연결-/r/(linking-/r/)이 삽입된다. 예를 들어 idea of[...ə#r#ə...], India and Korea[...ə#r#æ...]에서 단어 경계(#) 부분에 연결-/r/이 삽입된다. 그러나 Sara and Tom[...rə#æ]에서처럼 /rə/와 모음 사이에서는 삽입되지 않는다.

## 제6절 │ 활음(glides)

조음점이 한 곳에 정지되어 있지 않고, 어떤 조음점에서 시작하여 뒤따라오는 모음의 조음위치로 미끄러지듯 빠르게 활강한다고 하여 붙여진 이름으로, 영어에는 /y, w/ 음소들이 있다(/y/의 IPA 기호는 /j/). 혀의 전방 부위가 경구개와 가까워진 상태에서 조음이 시작되면 /y/, 양 입술이 둥글어지고 혀의 후방 부위가 연구개와 가까워진 상태에서 조음이 시작되면 /w/가 발음된다. 위아래 조음기관이 가까운 상태이나, 마찰음에서처럼 가깝지는 않아서 마찰 소음은 발생하지 않는다. 이처럼 활음과 유음은 조음기관이 서로 가까워진 상태에서 발음되기 때문에 둘을 합쳐서 접근음(approximants)이라고 부른다. 유음인 접근음은 성절자음이 될 수 있지만, 활음인 접근음은 성절자음을 이룰 수 없다. 또한 활음은 자음이므로 모음 앞에서 발음이 다른 a/an, the[ðə/ðɪ]가 앞에 오는 경우 a, the[ðə]로 쓰이고 발음되어야 한다. 예를 들어 an hour, the[ðɪ] egg이지만, a year, the[ðə] union이어야 한다.

### 1 양순 연구개 활음

음소 /w/는 다음 그림에서처럼 두 개의 이음으로 발음될 수 있다.

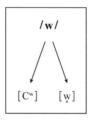

음소 /w/ 바로 앞에 자음(C)이 오면 이 자음이 뒤따르는 /w/의 원순성을 미리 닮아가서 그 자음의 순음화된 이음 [Cʷ]로 발음된다. 예를 들면, twenty[tʷ...], quick[kʷ...], dwindle[dʷ...], language[...gʷ...], swing[sʷ...]에서 앞 자음이 순음화된 이음으로 발음된다. 또한 음소 /w/는 twist[tʰw̥...], quick[kʰw̥...]에서처럼 강한 대기음을 지닌 무성 파열음 뒤에서 부분적으로 무성음화된 이음 [w̥]로 발음된다.

또 /hw/와 /w/는 영국 영어에서는 거의 구분하지 않으나, 주로 미국 영어에서 지역 방언에 따라 쓰이고 있다. 예를 들어 /hw/는 which, whether, whales, where, why, when에서 쓰이고, /w/는 wine, weather, world, witch 등에서 쓰인다.

## 2 경구개 활음

음소 /j/는 yes, young, you에서처럼 보통 철자 y-로 표시되고, beauty, view에서처럼 다른 철자로 표시될 수도 있다. 또한, 활음은 모음이 아니라 자음이고 성절자음도 될 수 없으므로 음절의 핵을 이룰 수 없다.

> **더 알아두기**
>
> **접근음의 스펙트로그램 소견**
>
> 다음 그림은 접근음(유음 /l, r/과 활음 /w, j/)의 스펙트로그램이다. 점선 네모 안에 접근음을 보면, 후속 모음 [ɛ]로 경사를 그리며 급격하게 변화하는 것을 볼 수 있고, 특히 활음 /w, j/의 경우 모음 포먼트를 닮은 검은 띠들이 더욱 급격한 경사를 보이는 것을 알 수 있다. 그래서 활음의 이름이 glides인 것이다. 활음은 그 자체가 매우 짧은 시간 동안 변해야 하지만, 만일 활음 조음의 초기 모양을 계속 유지하여 모음처럼 발음해 보면, /w, j/는 각각 모음 /u, i/와 매우 비슷한 것을 느낄 수 있다. 달리 보면 모음 /u, i/의 자음 버전을 /w, j/라고 볼 수도 있을 것이다.
>
>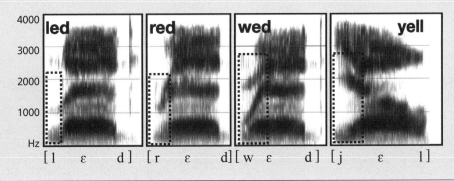

## 제1장 자음의 특성

**01** 공기 흐름이 방해를 많이 받는 음이 자음이고, 별 저항 없이 원활하게 흐르는 음이 모음이다.

**01** 말소리 중 분절음인 자음과 모음은 어떤 기준에 의해 나뉘는가?

① 음파의 진폭 크기

② 공기 흐름의 방해 정도

③ 공기 흐름의 방향

④ 구강과 비강 통과 여부

**02** 인두는 혀뿌리 뒤의 빈 공간의 이름이다.

**02** 조음기관 중에서 입천장에 있는 부위가 <u>아닌</u> 것은?

① 인두          ② 치경

③ 경구개        ④ 연구개

**03** 성문은 성대 사이의 공간의 이름이며, 숨을 쉬거나 무성음 조음 시에 열려 있고, 유성음 조음 시에 개폐 운동을 한다.

**03** 후두 내부에서 한 쌍의 성대(vocal folds) 사이에서 만들어지는 빈 공간의 이름은?

① 인두          ② 후두개

③ 성문          ④ 연구개

**04** 연구개가 열리면 공기는 구강이 아니라 비강으로 통과한다.

**04** 성도(vocal tract)에 대한 설명으로 가장 적절하지 <u>않은</u> 것은?

① 구강과 비강으로 구성되어 있다.

② 음악에 비유하면 관악기의 울림통과 유사하다.

③ 몇 개를 제외하고 대부분의 자음이 구강에서 만들어진다.

④ 연구개가 열리면 공기는 구강으로 통과한다.

정답   ( 01 ②   02 ①   03 ③   04 ④ )

## 제2장　성대 진동 여부에 따른 자음 분류

**01** 말소리를 유성음과 무성음으로 구분하는 기준은 무엇인가?

① 근육의 긴장도
② 음파의 진동수
③ 폐의 상태
④ 성문의 개폐

**01** 성대 혹은 성문의 빠른 개폐운동으로 인해 생기는 소리의 성질을 유성음과 무성음으로 나눌 수 있다.

**02** 사람의 조음기관 중에서 말소리를 유성음과 무성음으로 구분하게 해 주는 것은?

① 성대
② 연구개
③ 입천장
④ 인두

**02** 성대가 빠른 속도로 열리고 닫히는 개폐운동(혹은 진동)이 유무성을 구분시킨다.

**03** 영어에서 자음을 분류하는 기준이 <u>아닌</u> 것은?

① 조음방법
② 성대의 진동 여부
③ 입술의 둥글기
④ 조음위치

**03** 입술의 둥글기는 모음을 분류하는 기준이다.

**정답** ( 01 ④　02 ①　03 ③ )

04 성대 진동이란 성대 근육 자체의 진동이 아니라, 한 쌍의 성대 근육이 매우 빨리 폐쇄와 개방을 반복하는 것을 '진동'이라는 비유로 표현한 것이다.

**04 성대의 진동에 대한 설명으로 가장 적절하지 <u>않은</u> 것은?**

① 성대 사이의 성문이 빠른 속도로 열리고 닫히는 것이다.
② 성대 근육 자체의 미세한 진동으로 유성음을 만든다.
③ 공기 압력, 성대 탄력성, 베르누이 효과가 복합적으로 작용한다.
④ 일 초당 수백 번의 성대 개폐운동을 진동이라 표현한 것이다.

05 속삭임 같은 특수한 경우를 제외하고, 일반적으로 모든 모음은 유성음이다.

**05 유성음과 무성음에 대한 설명으로 가장 적절하지 <u>않은</u> 것은?**

① 속삭이는 경우, 모음과 유성음 자음도 모두 무성음이 된다.
② 자음의 경우 소리 종류에 따라 유무성음 구분이 가능하다.
③ 숨을 내쉴 때와 무성음 발음 시 성문이 열린 상태는 동일하다.
④ 일반적으로 모음은 유성음과 무성음으로 구분된다.

06 영어 자음의 음성기호를 유무성의 관점에서 익혀두어야 하며, 모든 모음은 유성음이라는 사실도 유의해야 한다.

**06 다음 중 무성음으로만 구성된 것을 고르면?**

① /b, d, g, v, ð, z, ʒ/
② /p, t, k, f, θ, s, ʃ/
③ /p, t, k, f, a, ɛ/
④ /l, r, m, n, ŋ, j, w/

**정답**  ( 04 ② 05 ④ 06 ② )

## 제3장 조음위치에 따른 자음 분류

**01** 영어의 자음을 분류하는 기준으로 적합하지 <u>않은</u> 것은?

① 조음위치
② 조음방법
③ 혀의 높낮이
④ 성대 진동

**02** 영어 자음을 조음위치로 분류할 때 사용하는 부위 명칭이 <u>아닌</u> 것은?

① 양순음
② 비음
③ 경구개음
④ 성문음

**03** 영어 자음을 아래쪽 조음기관을 중심으로 분류할 경우 사용하는 명칭이 <u>아닌</u> 것은?

① 순음
② 설정음
③ 권설음
④ 연구개음

04 영어의 순치음은 모두 마찰음으로, /f, v/ 두 개밖에 없다.

**04 다음 중 순치음은?**

① /p, b, m, w/

② /f, v/

③ /t, d, n, s, z, l, r/

④ /k, g, ŋ/

05 영어의 조음점 중에서 치경음이 가장 많아 /t, d, n, s, z, l, r/이 있다.

**05 다음 중 치경음은?**

① /p, b, m, w/

② /f, v/

③ /t, d, n, s, z, l, r/

④ /k, g, ŋ/

06 영어의 조음위치 중 마찰음이 없는 부위는 양순음(/p, b, m, w/), 경구개음(/j/), 연구개음(/k, g, ŋ, (w)/)이 있다.

**06 영어의 조음점 중에서 마찰음이 하나도 없는 부위는?**

① 순치음

② 치간음

③ 치경음

④ 연구개음

07 영어의 조음위치 중 음소로서의 파찰음(/ʧ, ʤ/)이 있는 부위는 경구개치경음(/ʃ, ʒ, ʧ, ʤ/)이고, 명사의 복수형에서 이음으로 나타나는 파찰음은 치경음인 [ts, dz]가 있다.

**07 영어의 조음점 중에서 파찰음이 있는 부위는?**

① 순치음

② 치간음

③ 경구개치경음

④ 경구개음

**정답** ( 04 ② 05 ③ 06 ④ 07 ③ )

## 제4장 조음방법에 따른 자음 분류

**01** 영어의 자음을 구분하는 기준으로 옳지 <u>않은</u> 것은?

① 조음점
② 조음방식
③ 성대 진동 유무
④ 입술 모양

**01** 입술 모양 중 둥글기는 모음의 분류 기준으로 이용된다.

**02** 영어 자음을 조음방법으로 분류할 때 사용하는 방식의 명칭이 <u>아닌</u> 것은?

① 성문음
② 파열음
③ 활음
④ 접근음

**02** 성문은 한 쌍의 성대가 이루는 빈 공간의 이름으로, 성문음은 조음위치 명칭의 하나이다. 접근음은 유음과 활음을 합쳐 이르는 말로, 조음방법 명칭이다.

**03** 영어 말소리의 울림이 낭랑하게 들리는지 아니면 귀에 거슬리는 소음처럼 느껴지는지에 따라 분류할 때 이용하는 명칭은?

① 지속음
② 설정음
③ 저해음
④ 접근음

**03** 제시된 기준으로 분류하면 공명음과 저해음으로 나뉜다.

**정답** ( 01 ④  02 ①  03 ③ )

**04** 영어 비음은 모두 유성음으로, 무성음이 없으니 유무성의 대립이 존재할 수 없다.

**04 영어의 비음에 대한 설명으로 가장 적절하지 <u>않은</u> 것은?**

① 모두 공명음이다.
② 유무성의 대립이 존재한다.
③ 모두 비지속음이다.
④ 발음 시 연구개가 열린다.

**05** 접근음은 유음 /l, r/과 활음 /j, w/를 합쳐서 부르는 용어이다.

**05 다음 중 접근음은?**

① /p, b, m, w/
② /ʃ, ʒ, ʧ, ʤ/
③ /l, r, j, w/
④ /k, g, ŋ/

**06** 파열음 중에서 개방이 비강으로 이루어지는 소리가 비음이다.

**06 다음 중 비강 파열음 혹은 비음은?**

① /p, t, k/
② /m, n, ŋ/
③ /b, d, g/
④ /j, w/

**07** 영어의 마찰음에는 /f, v, θ, ð, s, z, ʃ, ʒ, h/가 있고, 파찰음에는 /ʧ, ʤ/가 있다.

**07 다음 중 마찰음이 <u>아닌</u> 것은?**

① /θ/
② /z/
③ /ʒ/
④ /ʧ/

**정답** ( 04 ② 05 ③ 06 ② 07 ④ )

08 영어의 조음방법 중에서 양순음이 없는 경우는?

① 파열음
② 마찰음
③ 활음
④ 비음

09 영어의 조음방법 중에서 순치음이 있는 경우는?

① 파열음
② 마찰음
③ 파찰음
④ 접근음

10 다음 중 저해음이 <u>아닌</u> 것은?

① 파열음
② 마찰음
③ 파찰음
④ 활음

08 영어 자음 중 양순음은 /p, b, m, w/인데, 조음방법은 파열음(/p, b/), 비음(/m/), 활음(/w/)이다. 마찰음 /f, v, θ, ð, s, z, ʃ, ʒ, h/는 순치음부터 시작하여 조음기관 속으로 점점 깊어진다.

09 조음점이 순치음인 /f, v/는 조음방법 중 마찰음에만 있다.

10 자음은 공명음인 유음(/l, r/), 활음(/y, w/), 비음(/m, n, ŋ/)과 저해음인 (구강) 파열음(/p, b, t, d, k, g/), 마찰음(/f, v, θ, ð, s, z, ʃ, ʒ, h/), 파찰음(/ʧ, ʤ/)으로 나뉜다.

**정답** ( 08 ② 09 ② 10 ④ )

11 자음은 지속음인 마찰음(/f, v, θ, ð, s, z, ʃ, ʒ, h/), 유음(/l, r/), 활음(/j, w/)과 비지속음인 파열음(/p, b, t, d, k, g, m, n, ŋ/), 파찰음(/ʧ, ʤ/)으로 나뉜다.

11 다음 중 지속음이 <u>아닌</u> 것은?

① 마찰음
② 유음
③ 활음
④ 파찰음

12 마찰음 전체는 지속음이다.
① 활음은 공명음이다.
③ 유음은 지속음이다.
④ 주의해야 할 집단은 비음 /m, n, ŋ/으로, 공명음이지만 비지속음이다.

12 다음 중 올바른 설명은?

① /w, y/는 저해음이다.
② /f, v/는 지속음이다.
③ /l, r/은 비지속음이다.
④ /m, n, ŋ/은 저해음이다.

13 유성 파열음 /b, d, g/의 경우 대기음이 너무 짧아 성대 진동을 반영하는 자잘한 세로줄은 보이지 않고, 무성 파열음 /p, t, k/와 구분하는 기준은 대기음의 상대적인 길이이다.

13 스펙트로그램에서 본 자음에 대한 설명으로 가장 적절하지 <u>않은</u> 것은?

① /s, ʃ/의 경우, 진폭이 높은 진한 부분은 /s/가 /ʃ/보다 주파수가 높다.
② /ʧ, ʤ/의 경우, 파열음의 개방 파열과 마찰음의 마찰 소음이 함께 보인다.
③ /b, d, g/의 경우, 대기음에 성대 진동을 반영하는 자잘한 세로줄이 보인다.
④ /p, t, k/의 경우, 폐쇄구간이 끝난 후 대기음 소음이 보인다.

**정답** 11 ④ 12 ② 13 ③

## 제5장  영어의 자음 도표

**01** 영어 자음 도표에서 조음위치를 나타내는 명칭이 <u>아닌</u> 것은?

① 순치음
② 치간음
③ 경구개치경음
④ 활음

01  활음은 유음과 함께 접근음이라 불리며, 조음방법을 나타내는 명칭이다.

**02** 영어 자음 도표에서 조음방법을 나타내는 명칭이 <u>아닌</u> 것은?

① 비음
② 치경음
③ 마찰음
④ 유음

02  치경음은 치경돌기가 조음점인 말소리를 나타낸다.

**03** 다음 중 비지속음들로만 구성되어 있는 것은?

① /p, b, m, t, d, n, k, g, ŋ, ʧ, ʤ/
② /f, v, θ, ð, s, z, ʃ, ʒ, h/
③ /l, r/
④ /y, w/

03  (구강, 비강) 파열음과 파찰음이 비지속음이다. 마찰음, 유음, 활음은 지속음이다.

**04** 저해음이면서 지속음인 소리들의 집합은?

① /p, b, t, d, k, g/
② /m, n, ŋ/
③ /f, v, θ, ð, s, z, ʃ, ʒ, h/
④ /ʧ, ʤ/

04  저해음은 구강 파열음, 마찰음, 파찰음이고, 이 중에 지속음은 마찰음뿐이다. 비강 파열음은 공명음이다.

**정답**  01 ④  02 ②  03 ①  04 ③

## 제6장 　대화 속에서 자음 구분

**01** 대기음은 마찰 소음의 일종으로 볼 수 있는데, 마찰 소음의 주파수 분포는 마찰음 /s, ʃ/의 차이를 가져오는 등 마찰음에서 의미가 있다.

**01** 파열음이 이음으로 발음될 때 다양한 소리 변화를 겪게 되는데, 그 원인이 <u>아닌</u> 것은?

① 파열음 소속 음절의 강세 여부
② 파열음 직후의 말소리 종류
③ 파열음 대기음의 주파수 분포
④ 단어 안에서의 파열음 위치

**02** 어두 혹은 어중의 강세 음절 두음인 /p, t, k/는 모두 (강한) 대기음 이음들 [pʰ, tʰ, kʰ]로 발음된다.

**02** 단어 pass, tease, keep의 첫소리나 apartment, attenuate, akin의 둘째 음절 첫소리들의 공통점은?

① 모두 대기음으로 발음된다.
② 모두 비대기음으로 발음된다.
③ 모두 약한 대기음으로 발음된다.
④ 모두 비개방음으로 발음된다.

**03** /dʒ/는 유성 파찰음이고, /ð/는 유성 마찰음이다.

**03** 다음 중 유성 파열음들로만 이루어진 것은?

① /b, d, g, dʒ/
② /b, d, g/
③ /p, t, k/
④ /b, ð, g/

**정답** 01 ③ 02 ① 03 ②

**04** /p, b/ − /t, d/ − /k, g/에 대한 명칭으로 옳은 것은?

① 양순 파열음 − 경구개 파열음 − 연구개 파열음
② 순치 파열음 − 치경 파열음 − 경구개 파열음
③ 양순 파열음 − 치경 파열음 − 연구개 파열음
④ 연구개 파열음 − 양순 파열음 − 치경 파열음

**05** 음소 /b/가 부분적으로 무성음화된 이음 [b̥]로 발음되지 <u>않는</u> 것은?

① bring
② tab
③ lobster
④ about

**06** 음소 /p/가 약한 대기음 이음 [p']로 발음되지 <u>않는</u> 것은?

① participate
② purpose
③ parole
④ perhaps

**04** 조음점이 양순 − 치경 − 연구개인 파열음들이다.

**05** 어두, 어말, 무성음 앞에서 부분적 무성음화가 생긴다. 모음을 포함한 유성음으로 둘러싸인 경우에는 충분한 유성음 이음으로 발음된다.

**06** 제1강세를 받은 음절의 두음일 경우 강한 대기음 이음 [pʰ]로 발음된다. 제2강세나 비강세를 받는 음절의 두음일 경우 약한 대기음 이음으로 발음된다.

**정답** 04 ③  05 ④  06 ②

**07** 모음 뒤에 /tn/ 연속이 올 때 음소 /t/가 성문 파열음 이음으로 발음된다. 그러나 bottom에서는 탄설음 이음 [ɾ]으로 발음된다.

**07** 음소 /t/가 성문 파열음 이음 [ʔ]로 발음되지 <u>않는</u> 것은?

① bu<u>tt</u>on

② wri<u>tt</u>en

③ bo<u>tt</u>om

④ ki<u>tt</u>en

**08** 영어에서 파찰음은 /ʧ, ʤ/이다. ship의 첫소리는 마찰음이다.

**08** 다음 중 어두 첫 음이 파찰음이 <u>아닌</u> 것은?

① <u>sh</u>ip

② <u>ch</u>urch

③ <u>j</u>udge

④ <u>ch</u>in

**09** /f, v/는 아랫입술과 윗니가 만드는 순치 마찰음이고, /ʃ, ʒ/는 설단과 치경-경구개 위치에서 만들어지는 경구개치경 마찰음이며, /h/는 성문 마찰음이다.

**09** /f, v/ - /ʃ, ʒ/ - /h/에 대한 명칭으로 옳은 것은?

① 순치 마찰음 – 경구개 마찰음 – 성문 마찰음

② 순치 마찰음 – 경구개치경 마찰음 – 성문 마찰음

③ 치간 마찰음 – 치경 마찰음 – 성문 마찰음

④ 치간 마찰음 – 경구개치경 마찰음 – 성문 마찰음

**정답** 07 ③ 08 ① 09 ②

## 10 음소 /f, v/가 양순 마찰음 이음 [ɸ, β]로 발음되지 않는 것은?

① helpful
② deviate
③ comfortable
④ obvious

## 11 다음 중 치찰음만을 모아 놓은 것은?

① /f, v, θ, ð/
② /θ, ð, s, z, ʃ/
③ /s, z, ʃ, ʒ, h, ʧ, ʤ/
④ /s, z, ʃ, ʒ, ʧ, ʤ/

## 12 음소 /v/가 부분적 혹은 전체적으로 무성음화된 이음으로 발음되지 않는 것은?

① prove two
② prove it
③ love to
④ strive

---

10 음소 /f, v/는 양순 파열음 /p, b, m/ 뒤에 올 때 두 입술이 접촉한 상태에서 마찰 소음이 만들어져서 양순 마찰음 이음 [ɸ, β]로 발음된다.

11 9개의 마찰음 /f, v, θ, ð, s, z, ʃ, ʒ, h/와 2개의 파찰음 /ʧ, ʤ/ 중에서 4개의 마찰음 /s, z, ʃ, ʒ/와 2개의 파찰음 /ʧ, ʤ/의 총 6개를 치찰음이라고 부른다.

12 모음 사이에서는 유성음 이음 [v]로 발음된다.
①·③ 무성자음(휴지기 포함) 앞에서 무성성을 완전히 닮아 무성음 이음 [f]로 발음된다.
④ 어두나 어말에서 묵음의 무성성을 닮아 부분적으로 무성음화한 이음 [v̥]로 발음된다.

정답  10 ②  11 ④  12 ②

13 음소 /h/는 모음을 포함한 유성음 사이에서 부분적으로 혹은 전체가 유성음화된 이음으로 발음될 수 있지만, 어두에서는 그렇지 않다.

**13** 음소 /h/가 유성음 이음 [ɦ]로 발음되지 <u>않는</u> 경우는?

① h̲ave
② be<u>h</u>ave
③ be<u>h</u>ind
④ boy<u>h</u>ood

14 음절에 핵음으로서 모음이 없는 경우 공명도가 제일 높은 자음이 핵음 기능을 하는데, 그런 기능을 하는 비음 /m, n, ŋ/과 유음 /l, r/을 성절자음 혹은 음절자음이라고 부른다. 핵음인 모음이 있는 음절에서 성절자음은 일반 자음이 된다.

**14** 다음 중 밑줄 친 자음이 성절자음이 <u>아닌</u> 것은?

① pri<u>sm</u>
② li<u>ght</u>
③ wate<u>r</u>
④ butto<u>n</u>

15 음소 /l/이 밝은 [l]로 발음되는 경우는 어두 혹은 어두 자음군에서이다. 어두운 [ɫ]로 발음되는 경우는 성절자음, 어말, 모음과 자음 사이에서이다.

**15** 음소 /l/이 밝은 [l]로 발음되는 경우는?

① fab<u>le</u>
② poo<u>l</u>
③ g<u>l</u>ad
④ he<u>l</u>p

**정답** 13 ① 14 ② 15 ③

## 16 영어 자음에 대한 설명으로 가장 적절하지 <u>않은</u> 것은?

① 순치음, 치경음 등은 조음위치에 따라 분류한 것이다.
② 성도에서 공기 흐름이 방해받아 조음되는 음들을 자음이라 한다.
③ 마찰음, 유음, 활음은 조음방법에 따라 분류한 것이다.
④ 영어의 비음은 접근음이다.

**16** 영어의 비음은 /m, n, ŋ/이고, 접근음은 유음 /l, r/과 활음 /y, w/를 함께 가리키는 말이다.

## 17 접근음에 대한 설명으로 가장 적절하지 <u>않은</u> 것은?

① 모두 성절자음이 될 수 있다.
② 모두 공명음이다.
③ 모두 유성음이다.
④ 모두 지속음이다.

**17** 접근음 중에서 유음 /l, r/만이 성절자음이 될 수 있고, 활음 /y, w/는 그렇지 못하다.

## 18 대화 속에서 자모음의 특성을 설명한 것으로 가장 적절하지 <u>않은</u> 것은?

① 어말 유무성 자음의 구분은 직전 모음의 상대적 길이에 반영된다.
② 같은 모음일 경우 무성 마찰음 앞 모음의 길이가 상대적으로 길다.
③ 같은 모음일 경우 무성 파열음 앞 모음의 길이가 상대적으로 짧다.
④ 어말 유무성 마찰음의 경우 무성 마찰음의 길이가 상대적으로 길다.

**18** strife[...aɪf], strive[...aɪːv]에서처럼 같은 모음일 경우 무성 마찰음 앞 모음의 길이가 더 짧다. 파열음의 경우도 cap[...æp], cab[...æːb]에서와 같이 무성 파열음 앞 모음의 길이가 더 짧다. 하지만 이러한 모음 길이 차이는 음소 레벨의 차이가 아니라 이음 레벨의 현상임을 명심하라.

**정답** ( 16 ④  17 ①  18 ② )

19 음소 /b/는 조음점이 같은 비음 /m/ 바로 앞에 올 때, 구강 파열음 /b/의 개방 단계가 구강이 아닌 비강으로 이루어져 비강 파열음 이음 [b$^N$]로 발음된다.

**19** 음소 /b/가 비강 파열음 이음 [b$^N$]로 발음되지 <u>않는</u> 경우는?

① su<u>b</u>mit
② su<u>b</u>lime
③ su<u>b</u>menu
④ su<u>b</u>merge

20 음소 /b/는 설측음 /l/ 바로 앞에 올 때, 구강 파열음 /b/의 개방이 설측음 조음 상태에서 이루어지므로, 혀 끝은 치경 중앙부에 붙어 있고 혀의 측면(설측)으로 개방이 이루어져 설측 파열음 이음 [b$^L$]로 발음된다.

**20** 음소 /b/가 설측 파열음 이음 [b$^L$]로 발음되지 <u>않는</u> 경우는?

① <u>b</u>lack
② <u>b</u>liss
③ su<u>b</u>mit
④ ta<u>b</u>le

21 영국 영어에서 음소 /t/가 비음 /n/의 바로 앞에 오면 구강 파열음 /t/의 개방 단계가 비강으로 이루어져 비강 파열음 이음으로 발음되는데, ④의 경우는 /t/와 /n/ 사이에 모음이 오므로 적용되지 않는다.

**21** 영국 영어에서 음소 /t/가 비강 파열음 이음 [t$^N$]로 발음되지 <u>않는</u> 경우는?

① bi<u>t</u>ten
② ea<u>t</u>en
③ co<u>t</u>ton
④ <u>t</u>one

22 세 자음이 연속해서 오는 경우 둘째 자음인 치경 파열음이 자주 탈락된다.

**22** 치경 파열음 /t, d/가 탈락되는 경우가 <u>아닌</u> 것은?

① se<u>t</u> up
② mos<u>t</u> people
③ gran<u>d</u>son
④ sen<u>d</u> papers

**정답** ( 19 ② 20 ③ 21 ④ 22 ① )

# 제 4 편

# 영어의 모음
## (Vowels)

| 단원 개요 |

자음 편에서와 마찬가지로, 영어 모음이 여러 분류 기준에 따라 어떻게 분류될 수 있는지, 또 개별 모음들의 특성이 어떠한지 배우게 된다. 주요 분류 기준은 혀의 상하전후 위치, 입술의 모양, 긴장도/이완도 등인데, 이 기준에 따라 모음을 분류하고 개별 모음들의 말소리 성질을 자세히 배우게 된다.

| 출제 경향 및 수험 대책 |

모음 분류 기준과 많은 사례들이 소개되므로, 개념 파악을 정확히 해야만 문제 해결이 수월해진다. 분류 기준을 확실히 파악한 후에 다양한 어휘에서 모음 소리의 성질을 설명할 수 있어야 한다.

후두 속의 성대를 진동시키면서 성문을 통과한 공기가, 비교적 방해를 받지 않고 자유롭게 구강을 통과하면서 만들어지는 말소리를 **모음**(vowels)이라고 한다. 아래턱의 위치가 변화하면서 아래턱 내부에 존재한 혀의 위치가 상대적으로 다양하게 변하기도 하고, 입술의 모양이 때때로 둥글게 모아지기도 하지만, 공기 통로가 자음에 비해 상대적으로 매우 넓어 폐쇄나 좁은 틈이 없어서 거의 방해를 받지 않고 자유롭게 빠져나간다. 모음은 대부분의 자음과는 달리 단독으로 편하게 발음할 수 있으며, **유성음**(voiced sounds)이고, 모두 낭랑한 소리를 지닌 **공명음**(sonorants)이며, 계속적으로 발음이 가능한 **지속음**(continuants)이다. 모음은 음절의 중심부인 핵(syllabic nucleus)을 이룰 수 있다. 또한 음률(prosody)이라고 부르는 소리의 높낮이(고저, pitch), 강세(stress), 억양(인토네이션, intonation) 등이 구현될 수 있는 최소단위로 볼 수 있다.

모음 음소 기호 표기는 원칙적으로 IPA 기호를 따르지만, 다음 도표에서 보듯이 역사적으로 학자들마다 약간씩은 다른 음소 기호를 사용해 왔다. 본 교재에서는 가능하면 IPA 기호를 따른다.

| Ladefoged 2001 | Prator & Robinett 1985 | Gimson & Jones 1977 | Wells 1990 |
|:---:|:---:|:---:|:---:|
| iː | iy | iː | iː |
| ɪ | ɪ | i | ɪ |
| eɪ | ey | ei | eɪ |
| ɛ | ɛ | e | e |
| ɑː | a | ɑ | ɑː |
| ɑː/ɒ | a | ɔ | ɒ |
| uː | uw | uː | uː |
| ʊ | ʋ | u | ʊ |
| ʌ | ə | ə | ʌ |
| ɚ/ɜː | ər | əː | ɝː/ɜː |
| aɪ | ay | ai | aɪ |
| aʊ | aw | au | aʊ |
| ɔɪ | ɔy | ɔi | ɔɪ |

미국 영어(American English)와 영국 영어(British English)는 모음의 발음에 있어서 다음 도표(Ladefoged, 2001 참조)의 기호에서 보듯이 차이를 보이고 있다.

| 구분 | 미국 영어 | 영국 영어 |
|---|---|---|
| code | /oʊ/ | /əʊ/ |
| cod | /ɑː/ | /ɒ/ |
| card | /ɑːr/ | /ɑː/ |
| curd | /ɝ/ | /ɜː/ |
| beard | /ɪr/ | /ɪə/ |
| cared | /ɛr/ | /ɛə/ |
| hire | /aɪr/ | /aɪə/, /aə/ |

**더 알아두기**

**영어 모음의 스펙트로그램 소견**

모음 조음 시에 혀의 구강 내 위치와 입술 모양은 구강을 다양한 모양을 지닌 울림통(공명실)으로 만들어 준다. 각기 다른 모양의 공명실에서 나온 울림이 바로 여러 모음을 만들어 내게 되는데, 이 공명실에서 나온 음파를 녹음으로 포착하여 주파수 분포를 분석한 것이 스펙트로그램임은 이미 앞서 배웠다. 스펙트로그램은 모음을 분석하는 매우 유용한 도구이며, 특히 모음의 특징적 소견인 포먼트(formants)는 모음 비교에 가장 효과적인 척도인데, 서로 다른 모양의 공명실에서 만들어지는 독특한 울림패턴이 주파수 분포에 영향을 미쳐서 포먼트가 형성되기 때문이다(그래서 포먼트를 우리말로 형성음이라고도 부른다). 포먼트들 중에서 가장 낮은 주파수부터 측정되는 제1포먼트, 제2포먼트가 모음 구분에 가장 많이 사용된다. 다음 스펙트로그램에서는 제3포먼트까지 세 개의 포먼트가 화살표로 주파수 축(y-축)에 표시되어 있다. 모음마다 포먼트의 위치가 서로 다르다는 것을 볼 수 있다.

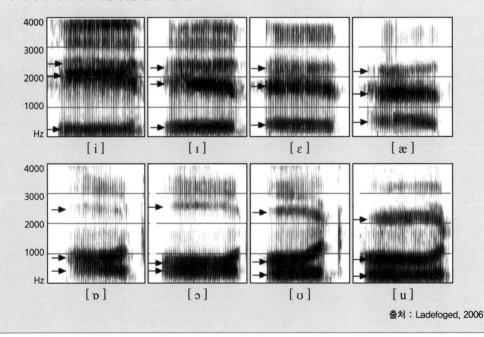

출처 : Ladefoged, 2006

# 제 2 장 | 혀의 위치에 따른 모음 분류

앞서 자음을 분류할 때에는 조음위치·조음방법·유무성 여부 등의 기준을 이용했지만, 모음의 경우 조음방법은 성대 진동(유성음)을 통한 하나의 방법밖에 없다. 조음위치를 생각해 볼 수 있는데, 자음의 경우처럼 구강 내에 막히거나 좁은 틈이 생기는 곳이 없으니 조음위치를 정하기도 난감하다. 그림에서 보듯, 구강 내의 매우 큰 조음기관인 혀는 굉장히 유연한 조직으로 되어 있어 상하전후좌우로 자유롭게 이동이 가능하다. 모음 조음 시 턱의 벌림 정도에 따라 혀도 같이 이동하고, 또한 입술도 둥글거나 둥글지 않게 만들 수 있다. 따라서 모음은 주로 **혀의 상하전후 위치와 입술의 둥근 정도** 등에 따라 분류하는 것이 일반적이다. 추가적으로 모음이 음절을 형성할 때에 받침(종성)의 유무나 종류에 따라 모음을 구분하기도 한다. 그럼 이러한 모음의 분류 기준들을 상세하게 살펴보자.

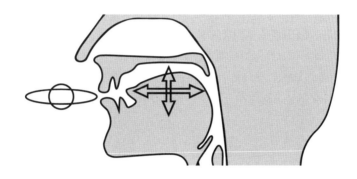

## 제1절 전설(front)모음/중설(central)모음/후설(back)모음 중요

어떤 모음을 발음할 때 구강 내에서 혀의 최고점(가장 높은 지점)을 그 모음의 위치라고 정의한다(다음 왼쪽 그림 참조). 혀는 워낙 큰 조음기관이라서 모음의 조음점을 정할 때 특정 지점을 약속으로 정할 수밖에 없기 때문에 최고점의 위치를 정의한 것이다. 다음 오른쪽 그림에서 보듯, 모음 조음 시 혀의 최고점의 위치를 전후 위치를 기준으로 분류하여, 최고점이 앞쪽에 있으면 전설모음(front vowels), 중간쯤에 있으면 중설모음(central vowels), 뒤쪽에 있으면 후설모음(back vowels)이라 부른다. 영어의 전설모음은 /i, ɪ, e, ɛ, æ/, 중설모음은 /ə, ʌ/, 후설모음은 /u, ʊ, o, ɔ, ɑ, ɒ/가 있다.

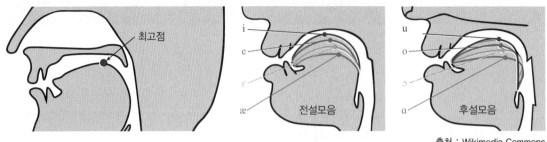

출처 : Wikimedia Commons

이렇게 혀의 최고점의 위치를 각 모음별로 점을 찍어서 모서리 부분을 모두 연결하면 영어의 경우 꼭짓점이 네 개 존재하는 사각형 모양을 이루게 되는데, 이러한 **모음 공간(vowel space)**을 **모음 사각도(vowel quadrangle)**라고 부른다(다음 왼쪽 그림 참조). 언어마다 모음의 개수와 종류가 다르기 때문에 모음 공간이 때로는 사각형 모양이기도 하고 때로는 삼각형 모양을 이루기도 하지만, 모양이 어떠하든 이 모음 공간은 어떤 언어의 모음을 시각적으로 쉽게 알아볼 수 있는 유용한 도구이기도 하다.

영어의 전설모음, 중설모음, 후설모음을 위치별로 모음 사각도로 나타내면 다음 그림과 같다(다음 오른쪽 그림 참조). 전설모음 중에서도 혀의 최고점 높이에 따라 고/중/저모음으로 분류할 수 있는데, 전설 고모음은 /i, ɪ/, 전설 중모음은 /e, ɛ/, 전설 저모음은 /æ/이다. 중설모음은 혀 높이에 있어서 중설 중모음 /ə, ʌ/밖에 없으며, 후설모음은 혀 높낮이에 따라 후설 고모음 /u, ʊ/, 후설 중모음 /o, ɔ/, 후설 저모음 /ɑ, ɒ/로 나뉜다.

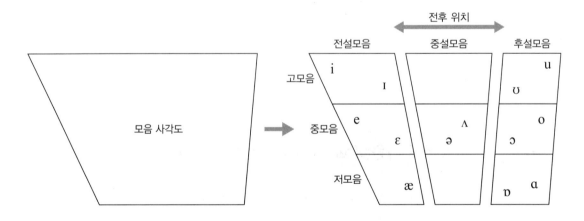

## 제2절 고(high)모음/중(mid)모음/저(low)모음 중요

모음 조음 시 혀의 최고점의 위치를 높낮이를 기준으로 분류하면, 가장 높은 곳에서 발음되는 모음을 고모음 (high vowels), 중간 높이는 중모음(mid vowels), 가장 낮은 곳에서 발음되면 저모음(low vowels)이라고 부른 다. 영어의 고모음은 /i, ɪ, u, ʊ/, 중모음은 /e, ɛ, ə, ʌ, o, ɔ/, 저모음은 /æ, ɑ, ɒ/가 있다. 영어의 고모음/중모 음/저모음을 위치별로 모음 사각도로 나타내면 다음 그림과 같다. 고모음 중에서도 혀의 전후 위치에 따라 전 설/중설/후설모음으로 분류할 수 있다. 고 전설모음은 /i, ɪ/, 고 후설모음은 /u, ʊ/이고, 중 전설모음은 /e, ɛ/, 중 중설모음은 /ə, ʌ/, 중 후설모음은 /o, ɔ/이며, 저 전설모음은 /æ/, 저 후설모음은 /ɑ, ɒ/이다. 보다시피 중 설모음은 고모음과 저모음이 없다.

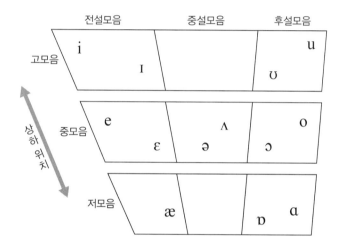

# 제 3 장 │ 입술 모양에 따른 모음 분류

제1절 **원순(round)모음/평순(unround)모음** 중요

혀의 위치와는 별개로 입술이 둥근지 아닌지에 따라 원순모음(round vowels)과 비원순모음(평순모음, unround vowels)으로 나뉜다. 영어의 원순모음은 /u, ʊ, o, ɔ/이고, 나머지는 평순모음이다. 즉, 원순모음은 후설 고모음 /u, ʊ/와 후설 중모음 /o, ɔ/의 네 개뿐이다. 입술 모양에 따른 영어의 모음 사각도를 그림으로 나타내면 다음과 같다.

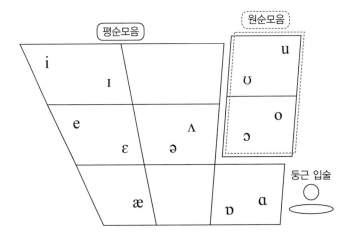

# 제4장 | 입과 혀의 근육 긴장도에 따른 모음 분류

## 제1절  긴장(tense)모음/이완(lax)모음  중요

모음 발음 시에 근육이 긴장되는지 아닌지에 따라 긴장모음(tense vowels)과 이완모음(lax vowels)으로 나누기도 하는데, 이는 명칭에 따른 전통적인 해석일 뿐 정확하고 과학적인 분류 기준은 아니다. 모든 모음 발음 시에 근육이 긴장하지 않으면 발음 자체가 불가능할 것이기 때문이다. 긴장모음이 이완모음에 비해 상대적으로 길이가 길고, 이중모음화(diphthongization)하는 경향(/e, o/ → /eɪ, oʊ/)이 있기 때문에 생겨난 기준이다. 좀 더 올바른 해석은 모음이 음절을 구성할 때 받침이 반드시 있어야 하느냐는 것이다. 영어 sea[i], bay[e], too[u], tow[o], spa[a], law[ɔ]에서 볼 수 있듯, 받침이 없는 음절(개방음절, 개음절, open syllables)을 구성할 수 있는 모음을 긴장모음이라 하며 /i, e, u, o, ɔ, ɑ, ɒ/가 있다. sit[ɪ], bet[ɛ], cat[æ], foot[ʊ], but[ʌ/ə](강세 유무에 따라)처럼 받침이 반드시 있어야 하는 음절(폐쇄음절, 폐음절, closed syllables)에 존재하는 모음을 이완모음이라 하며 /ɪ, ɛ, æ, ə, ʌ, ʊ/가 있다.

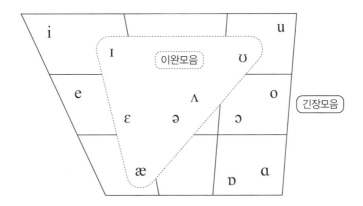

영어의 긴장모음과 이완모음을 구분하여 모음 사각도를 그리면 위 그림과 같다. 영어의 긴장모음은 /i, e, u, o, ɔ, ɑ, ɒ/의 일곱 개가 있는데, 전설모음에서 /i, e/의 두 개와 후설모음에서 /ʊ/를 제외한 /u, o, ɔ, ɑ, ɒ/의 다섯 개로 총 일곱 개이다. 높낮이로 보면 고모음에서 /i, u/의 두 개, 중모음에서 /e, o, ɔ/의 세 개, 저모음에서 /ɑ, ɒ/의 두 개이다. 이들 중에서 /e, o/는 이중모음화 경향이 있어서 /e, o/ → /eɪ, oʊ/로 발음되는 경우가 대부분이다.

# 제**5**장 │ 이중모음(Diphthongs)

앞서 배운 모음들은 모두 하나의 모음이 균일한 하나의 성질을 지니고 있는 단일모음(단모음, simple vowels, monophthongs)이다. 그런데 한 음절 내에서 하나의 모음이 둘 이상의 모음 성질을 지니고 있을 수도 있는데, 이들을 복합모음(복모음, 이중모음, complex vowels, diphthongs)이라고 부른다. 이중모음은 어느 출발점인 한 모음에서 시작하여 지향점(target)인 다른 모음으로 빠른 속도로 미끄러져 가며 발음되는 성질을 지니고 있다. 하지만 길이로 따져 본다면 두 모음의 성질이 반반씩 존재하지는 않고, 영어 이중모음의 경우 앞의 모음이 강세를 지니고 있기 때문에 길이가 더 길다. 중요한 사실은, 파찰음 자음이 두 자음이 연이어 나오는 것이 아니었던 것처럼, 이중모음도 두 개의 모음이 연이어 나오는 것이 아니라 하나의 말소리라는 점이다. 미국 영어에는 이중모음이 /aɪ, aʊ, ɔɪ, oʊ, eɪ/ 다섯 개가 있다. 영국 영어에서는 미국 영어의 /oʊ/가 /əʊ/로 발음되고, 추가적으로 /ɪə, ʊə, eə/가 더 있어 총 여덟 개의 이중모음이 있다.

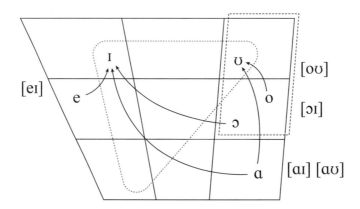

미국 영어의 이중모음 다섯 개를 나타낸 위의 그림에서 보듯이, 출발점(화살표 꼬리)에서 지향점(화살표 머리)으로 미끄러지듯 발음되는 이중모음의 후반부 /ɪ, ʊ/는 자음 중 활음 /j, w/의 성질을 닮은 듯하다. 그러나 이중모음을 기호로 표기할 때는 절대 활음 기호를 쓰면 안 된다. 앞서 언급했듯이 /ɪ, ʊ/ 모음 기호를 이중모음 표기에 쓴다고 해서 이들 모음이 단모음처럼 발음된다는 뜻은 절대 아님을 주의해야 한다.

## 더 알아두기

**스펙트로그램에서의 이중모음 식별**

다음 파형과 스펙트로그램은 미국 영어의 이중모음을 담고 있는 단어를 분석한 것이다. 검은 띠 여러 개가 층층이 쌓여 있는 모음 포먼트 부분을 자세히 보면, 포먼트가 수평으로 직선을 이루고 있는 것이 아니라 x-축인 시간축을 따라 다소 올라가기도 하고 내려가기도 하는 것을 알 수 있다. 특히 bite[...aɪ...]와 void[...ɔɪ...]의 뒷부분에서 급격한 변화를 쉽게 볼 수 있다. 이처럼 이중모음은 모음의 특성인 포먼트가 시간에 따라 완만하게 혹은 급격하게 오르거나 내려가는 것을 볼 수 있다는 특징을 지니고 있다. 참고로 말하자면, 앞서 배웠던 단모음 스펙트로그램에서 볼 수 있듯이, 단모음도 말하기에 따라 모음 끝부분 포먼트가 다소 오르거나 내려갈 수도 있다.

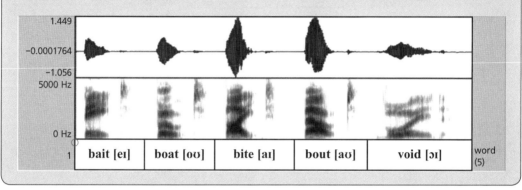

다음 그림은 앞서 배운 영어 모음 분류의 세 가지 기준(혀의 상하전후 위치, 입술 모양, 긴장도)을 모두 적용한 영어의 모음 공간(모음 사각도)을 나타낸 것이다.

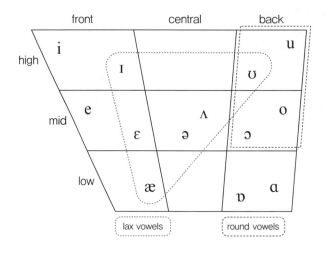

모음 공간에서 세로축은 혀의 높낮이를 기준으로 고/중/저모음(high/mid/low vowels)으로 나눈 것이며, 가로 축은 혀의 전후 위치를 기준으로 전설/중설/후설모음(front/central/back vowels)으로 나눈 것이다. 후설모음 상부에 위치한 직사각형의 굵은 점선에 들어 있는 모음들은 입술 둥글기를 기준으로 원순모음(round vowels)을 표시한 것이며, 점선 밖에 있는 모음들은 비원순모음(평순모음, unround vowels)이다. 또 모음 공간의 내부에 역삼각형 모양으로 넓은 공간을 차지하고 있는 얇은 점선 부분은 근육 긴장도를 기준으로 긴장/이완모음(tense/ lax vowels)으로 나눈 것으로, 점선 내부는 이완모음, 외부는 긴장모음을 가리킨다. 이렇게 해당 언어의 모음 공 간을 살펴보면, 세 가지 분류 기준에 의해 어떤 모음이 어디에 몇 개나 존재하는지 쉽게 알 수 있다.

**더 알아두기**

**혀의 상하전후 위치와 모음 포먼트와의 관계**

구강 내에서 각기 다른 모음을 발음할 때 혀의 최고점의 위치를 잇게 되면 찌그러진 사각형 모양의 모음 공간이 만들어진다는 것을 배웠다. 사각형의 위는 고모음, 아래는 저모음이고 왼쪽은 전설모음, 오른쪽은 후설모음임도 배웠다.

이러한 모음의 조음음성학적인 특징은 제1포먼트(F1)와 제2포먼트(F2)를 2차원 산점도(scatter plot)로 나타낸 다음 그래프에서도 볼 수 있다(포먼트는 스펙트로그램상에서 수평의 진한 검은 띠 형태로 보이는 것으로, 각 모음의 특성을 나타내는 공명 주파수 값임). 다음 왼쪽 그림은 IPA 모음 기호를 이용하여 미국 영어의 각 모음의 두 포먼트들을 x-축(F2)과 y-축(F1)으로, 또 원점에서부터 포먼트 값이 커지는 것이 아니라 원점을 최댓값으로 하여 축의 끝으로 갈수록 값이 점점 작아지도록 설정하여 산점도로 그린 것이다.

산점도에서 보듯 고모음이 위로, 저모음이 아래로 그리고 전설모음이 왼쪽으로, 후설모음이 오른쪽으로 위치한 것을 볼 수 있다. 즉, 모음의 조음음성학적 특징이 모음 포먼트 주파수를 좌푯값으로 이용한 음향음성학적 산점도에서도 그대로 나타나는 것이다. 이는 어찌 보면 당연한 결과이다. 다음 오른쪽 그림은 산점도의 많은 점들을 표준편차 수치를 이용하여 점들의 일부를 평균값을 중심으로 타원형으로 분포하도록 해서 눈으로 보기 편한 형태로 다시 그린 것이다. 역시 모음 사각도 모양을 보이는 것을 알 수 있다. 결론적으로 모음 사각도는 모음의 조음음성학적인 표현이고, 모음 산점도는 모음의 음향음성학적인 표현이다.

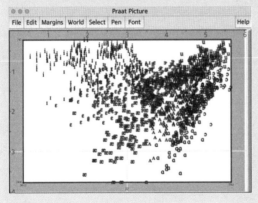
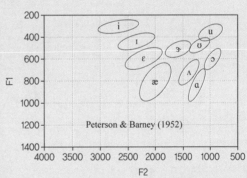

원어민의 머릿속에 존재하는 추상적인 음소는 조음을 통해 이음으로 발음되는데, 여기서는 문장을 구성하는 단어와 단어 사이의 경계에서 모음들이 어떻게 실현되는지 살펴본다.

## 제1절 | 전설모음(front vowels)

혀의 최고점의 위치가 구강 내에서 앞쪽에 있는 모음을 전설모음이라고 하는데, 영어에는 /i, ɪ, e, ɛ, æ/가 있다. 모음 사각도에서 전설모음 부분만을 보면 다음 그림과 같다. 전설모음 중에서 고모음은 /i, ɪ/, 중모음은 /e, ɛ/, 저모음은 /æ/이다. 또 전설 고모음 중에서 긴장모음은 /i/, 이완모음은 /ɪ/이고, 전설 중모음 중에서 긴장모음은 /e/, 이완모음은 /ɛ/이며, 전설 저모음 /æ/는 이완모음이다. 전설모음은 모두 평순모음이다.

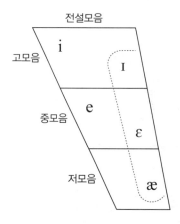

각 모음의 이름은 영어의 경우, 혀 상하 위치(tongue height) + 혀 전후 위치(tongue frontedness) + 긴장도 (tenseness) + 원순성(lip rounding)의 순서로 붙이고, 우리말로 이름을 부를 때는 대체로 원순성 + 긴장도 + 혀 전후 위치 + 혀 상하 위치의 순서로 붙인다. 순서가 중요한 것은 아니고, 모음의 명칭을 읽고 어느 모음인지 알아내는 것이 중요하다.

> • 모음 /i/ : 평순 긴장 전설 고모음　　　high front tense unround vowel
> • 모음 /ɪ/ : 평순 이완 전설 고모음　　　hight front lax unround vowel
> • 모음 /e/ : 평순 긴장 전설 중모음　　　mid front tense unround vowel
> • 모음 /ɛ/ : 평순 이완 전설 중모음　　　mid front lax unround vowel
> • 모음 /æ/ : 평순 이완 전설 저모음　　　low front lax unround vowel

전설모음이 쓰이는 단어들을 다음 그림에서 화살표 우측에 표시하였다. 특히, 평순 긴장 전설 중모음 /e/는 미국 영어에서 사실상 이중모음 /eɪ/로 쓰인다(그래서 학파에 따라 단모음 분류에서 제외시키는 경우도 있음). 모음 /e/를 이중모음 /eɪ/로 본다면, /ɛ/와 /e/ 사이에 bet/bait, get/gate, met/mate, pepper/paper와 같은 최소 대립어를 생각해 볼 수 있다.

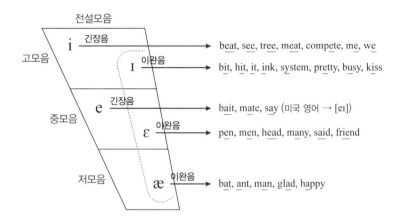

전설 고모음 중 이완음 /ɪ/는 possible, useless, positive, goodness에서처럼 때때로 /ə/로 교체되어 발음되기도 한다. 또 전설 고모음 /i, ɪ/는 우리말에서 구분이 되지 않기 때문에 영어를 외국어로서 학습할 때에 매우 어려운 모음 중 하나이다. 영어에서는 서로 다른 음소이기 때문에 bead/bid, beat/bit, deed/did, eel/ill, feed/fid, heap/hip, heat/hit, leak/lick, meal/mill, peak/pick, read/rid, seat/sit과 같은 최소 대립어들을 찾을 수 있다. 마찬가지로 음소 /ɛ/와 /æ/는 현대 한국어에서 구분이 되지 않기 때문에 학습이 매우 어려운 모음들이다. 영어에서는 서로 다른 음소이기 때문에 bed/bad, dead/dad, head/had, kettle/cattle, men/man, mess/mass, merry/marry, pet/pat, set/sat과 같은 최소 대립어들을 찾을 수 있다. 참고로 전설 저모음 /æ/는 영국 영어에서 ask, can't의 단어에서 /ɑ/로 발음된다.

## 제2절 │ 중설모음(central vowels)

혀의 최고점의 위치가 구강 내에서 앞뒤의 중간쯤에 있는 모음을 중설모음이라고 하는데, 영어에는 /ə, ʌ/가 있다. 모음 사각도에서 중설모음 부분만을 보면 다음 그림과 같다. 중설모음은 모두 중모음이며, 또한 모두 이완모음이자, 평순모음이다.

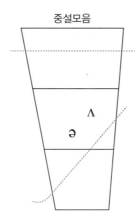

중설모음

- 모음 /ə/ : 평순 이완 중설 중모음(비강세모음)　　mid central lax unround vowel(unstressed)
- 모음 /ʌ/ : 평순 이완 중설 중모음(강세모음)　　mid central lax unround vowel(stressed)

두 모음은 명칭이 같은 것으로 보아, 혀의 상하전후 위치와 입술 모양, 긴장도 등의 특징은 같으나, 영어에서는 강세를 받느냐 못 받느냐의 차이로 구분되는 모음이다. 중설모음이 쓰이는 단어들을 다음 그림에서 화살표 좌우측에 표시하였다.

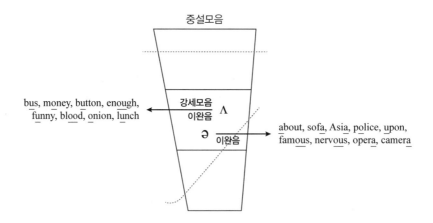

중설모음

bus, money, button, enough,
funny, blood, onion, lunch　←　강세모음 이완음　ʌ

ə　이완음　→　about, sofa, Asia, police, upon,
famous, nervous, opera, camera

모음 /ə/는 강세를 받지 못하는 음절에 나타나며, 그림에서 보듯이 어두·어중·어말 모든 위치에서 나타날 수 있다. 다른 모음도 단어 내에서 강세를 받지 못하는 경우, photo[...oʊ...]/photography[...ə...]에서처럼 대부분 축약되어(약화되어) 모음 /ə/로 발음된다. 또 미국 영어에서 /ə/ 뒤에 -r 철자가 있으면, better, teacher에서처럼 /ər/로 발음된다.

모음 /ʌ/는 그림에서 보듯 강세 음절에 나타난다. 강세를 받지 못하는 위치에서는 /ə/나 /ɪ/로 약화된다.

제3절    후설모음(back vowels)

혀의 최고점의 위치가 구강 내에서 뒤쪽에 있는 모음을 후설모음이라고 하는데, 영어에는 /u, ʊ, o, ɔ, ɑ, ɒ/가 있다. 모음 사각도에서 후설모음 부분만을 보면 다음 그림과 같다. 후설모음 중에서 고모음은 /u, ʊ/, 중모음은 /o, ɔ/, 저모음은 /ɑ, ɒ/이다. 후설 고모음 중에서 긴장모음은 /u/, 이완모음은 /ʊ/이고, 후설 중모음 /o, ɔ/는 모두 긴장모음이며, 후설 저모음 /ɑ, ɒ/도 모두 긴장모음이다. 특히, 후설 고모음 /u, ʊ/와 후설 중모음 /o, ɔ/는 모두 원순모음이고, 나머지는 평순모음이다. 각 모음의 명칭은 다음과 같다.

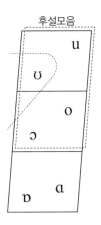

후설모음

- 모음 /u/ : 원순 긴장 후설 고모음       high back tense round vowel
- 모음 /ʊ/ : 원순 이완 후설 고모음       high back lax round vowel
- 모음 /o/ : 원순 긴장 후설 중모음       mid back tense round vowel
- 모음 /ɔ/ : 원순 긴장 후설 중모음       mid back tense round vowel
- 모음 /ɑ/ : 평순 긴장 후설 저모음       low back tense unround vowel
- 모음 /ɒ/ : 평순 긴장 후설 저모음       low back tense unround vowel

후설모음이 쓰이는 단어들을 다음 그림에서 화살표 좌측에 표시하였다. 긴장 후설 고모음 /u/는 영어 모음 중에서 가장 원순성이 높다고 볼 수 있으며, 이완 후설 고모음 /ʊ/는 go[oʊ], poor[ʊə]에서처럼 이중모음을 형성할 때에 쓰인다.

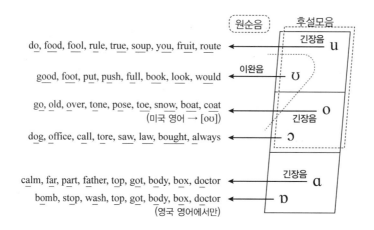

후설 고모음 /u, ʊ/는 모두 원순음이며, 서로 다른 음소이므로 pool/pull, fool/full, suit/soot, wooed/would, Luke/look과 같은 최소 대립어가 존재한다. 특히, 음소 /u/는 자음의 조음점 관점에서 보면 혀의 뒷부분이 연구개로 가까이 이동하는 연구개음으로 볼 수 있는데, /l, j/같이 조음점이 치경이나 경구개인 자음이 바로 앞에 올 때에, /u/의 조음점이 치경 혹은 경구개 자음의 영향을 받아 후설에서 중설로 다소 앞쪽으로 이동하는 변이음 모음 [ʉ]로 발음된다. 예를 들어, blue[...lʉ], flew[...lʉ], you[jʉ], tune[...jʉ]에서 후설모음 /u/가 바로 앞 자음의 조음위치를 닮아가서 중설모음 이음 [ʉ]로 발음되는 조음위치 동화 현상이 발생하는 것이다.

후설 중모음 /o, ɔ/도 모두 원순음이며, 음소 /o/는 특히 미국 영어에서 이중모음화하여 /oʊ/로 발음되는 경우가 대부분이다. 어말에 오는 so, go, ago, 유성자음 앞 강세를 받는 over, old, hold, tone, pose 등이 있고, 이 외에도 toe, blow, boat 등이 있다. 그래서 음소 /ɔ/와 sew/saw/so, low/law, row/raw, close(동사)/clause, coat/caught, pose/pause와 같은 최소 대립어들이 존재한다. 또한 음소 /ɔ/가 이중모음이 될 때에는 boy, joy, oil, coin처럼 /ɔɪ/가 된다.

후설 저모음 /ɑ, ɒ/는 모두 평순음이고, 미국 영어에서는 둘 사이가 구분되지 않고 모두 /ɑ/로 발음되며, 영국 영어에서만 그림에서처럼 구분되어 발음된다. 특히, 철자 -ar-은 far, park, hard, carve 등의 단어에서 미국 영어에서는 /ɑr/로 발음되지만, 영국 영어에서는 /ɑ/로 발음된다.

## 제4절　이중모음(complex vowels, diphthongs)

이중모음은 두 모음의 성질이 함께 존재하는 복합모음으로, 출발점인 한 모음에서 시작하여 지향점(target)인 다른 모음으로 빠른 속도로 미끄러져 가며 발음되는 성질을 지니고 있다. 앞의 모음이 강세를 지니고 있기 때문에 길이가 더 길다. 미국 영어에는 이중모음이 /aɪ, aʊ, ɔɪ, oʊ, eɪ/ 다섯 개가 있다. 영국 영어에서는 미국 영어의 /oʊ/가 /əʊ/로 발음되고, 추가적으로 /ɪə, ʊə, eə/가 더 있어 총 여덟 개의 이중모음이 있다. 이중모음을 포함한 단어에는 buy, house, toy, boat, baby 등이 있다.

> **더 알아두기**
>
> **모음의 상대적 길이**
>
> 같은 모음 음소가 음성환경에 따라 상대적으로 길이가 다른 모음 이음들로 발음될 수 있다. 우선 같은 모음이라면 그 모음이 개방음절(받침이 없는 음절)에 있을 때 가장 길고, 폐쇄음절(받침이 있는 음절)이라면, 그 모음은 유성자음 앞에 오는 경우가 무성자음 앞에 오는 경우보다 상대적으로 더 길게 발음된다.
>
> | 개방음절 > 폐쇄음절 | | 유성음 앞 > 무성음 앞 | |
> |:---:|:---:|:---:|:---:|
> | /i/ | sea > | seed > | seat |
> | /aɪ/ | sigh > | side > | site |
> | /u/ | sue > | sued > | suit |
>
> 위 그림에서 보듯이, 음소 /i/는 개방음절인 sea일 때 가장 길이가 길고, 모음 뒤에 /d/ 혹은 /t/가 온다면 유성자음인 /d/가 올 때가 /t/가 올 때보다 더 길다(seed > seat). 따라서 세 경우를 합치면 sea > seed > seat가 된다. 다른 모음의 경우도 철자가 아닌 모음 발음 기호를 따져 보면 마찬가지이다.

**더 알아두기**

**개구도, 공명도에 따른 소리 분류**

자음과 모음을 함께 분류하는 기준으로 입이 벌어지는 정도를 나타내는 개구도(degree of aperture)가 있는데, 벌어진 정도를 0(폐쇄)부터 증가하는 자연수로 표시한다. 자음은 폐쇄나 협착 등 방해를 받으므로 모음보다는 개구도가 낮아 숫자가 작고, 모음은 자음보다는 숫자가 크다. 구체적인 숫자는 학자마다 조금씩 다를 수 있지만, 개구도가 커지는 순서대로 나열하면 다음 그림과 같다.

| 개구도 | 파열음 < 마찰음 < 활음 < 고모음 < 중모음 < 저모음 |
|---|---|
| | 0      1      2      3      4      5 |

| 공명도 | 무성<유성  무성<유성 |
|---|---|
| | 파열음 < 마찰음 < 비음 < 유음 < 고모음 < 중모음 < 저모음 |
| | 1        2      3      4      5        6        7 |

또 공명도(sonority scale, sonority hierarchy)를 이용하여 자음과 모음을 함께 분류하기도 하는데, 공명도는 소리의 낭랑함 혹은 공명으로 인해 얼마나 잘 들리는지와 관련이 있다. 음파의 파형에서 진폭의 크기와도 관련이 있다. 자음보다는 모음이 공명도가 더 높고, 무성음보다는 유성음이 공명도가 더 높으며, 입이 많이 벌어져서 개구도가 더 큰 소리가 공명도도 더 높다고 볼 수 있다. 공명도는 개구도와 달리 숫자 1부터 시작하는데, 학자들마다 구체적인 수치는 다소 다를 수 있고, 절대적인 수치보다는 상대적인 순서가 더 중요하다고 볼 수 있다. 공명도가 커지는 순서대로 나열하면 위 그림과 같다.

---

**제1장** **모음의 특성**

---

**01** 다음 중 모음의 특성으로 가장 적절하지 <u>않은</u> 것은?

① 모두 공명음이다.
② 모두 지속음이다.
③ 모두 무성음이다.
④ 모두 음절의 핵음이다.

**01** 속삭이는 경우와 같은 특수한 경우를 제외하면 모음은 모두 유성음이다.

**02** 다음 중 모음에 대한 설명으로 가장 적절하지 <u>않은</u> 것은?

① 조음 시 아래턱의 위치가 변화한다.
② 조음 시 혀의 위치가 변화한다.
③ 조음 시 입술 모양이 변화한다.
④ 조음 시 공기 흐름이 방해를 받는다.

**02** 성도에서 공기 흐름이 방해받는 소리는 자음이다.

**03** 모음 스펙트럼에 대한 설명으로 가장 적절하지 <u>않은</u> 것은?

① 각 모음의 포먼트는 동일하다.
② 모음 구분에 제1 · 2포먼트가 주로 사용된다.
③ 성도의 울림패턴이 포먼트를 만든다.
④ 포먼트는 모음 비교에 유용하다.

**03** 모음마다 포먼트 주파수 위치가 달라서 모음을 구분할 수 있게 해준다.

**정답** ( 01 ③ 02 ④ 03 ① )

01 모음을 조음하는 방법은 빠른 성대 개폐운동, 즉 성대 진동뿐이다.

02 모음 조음 시 혀의 가장 높은 지점을 그 모음의 조음위치라고 정의한다.

03 모음은 혀의 상하전후 위치, 입술의 둥글기, 음절 형성 시 말음의 유무 기준에 따라 분류할 수 있다.

| 제2장 | 혀의 위치에 따른 모음 분류 |
| --- | --- |

01 다음 중 모음의 조음방법은 무엇인가?

① 성대 진동
② 성대 폐쇄
③ 연구개 개방
④ 후두개 폐쇄

02 다음 중 모음의 구강 내 위치를 정의하는 기준은 무엇인가?

① 혀의 중앙점
② 혀의 최고점
③ 혀의 최전방
④ 혀의 최후방

03 다음 중 모음 분류와 가장 거리가 먼 것은?

① 혀의 상하 위치
② 혀의 전후 위치
③ 입술의 둥글기
④ 성도 폐쇄 위치

**정답** ( 01 ① 02 ② 03 ④ )

04 **다음 중 명칭이 <u>잘못된</u> 것은?**

① /u, ʊ/ – 후설 고모음

② /ə, ʌ/ – 중설 중모음

③ /e, ɛ/ – 전설 저모음

④ /o, ɔ/ – 후설 중모음

04 /e, ɛ/는 전설 중모음이다. 즉, 혀의 전후 위치로는 전설모음, 혀의 상하 위치로는 중모음이다.

05 **다음 중 고모음만을 모아 놓은 것은?**

① /i, ɪ, u, ʊ/

② /e, ɛ, ə, ʌ, o, ɔ/

③ /æ, ɑ, ɒ/

④ /i, ɪ, ɑ, ɒ/

05 /i, ɪ, u, ʊ/는 고모음, /e, ɛ, ə, ʌ, o, ɔ/는 중모음, /æ, ɑ, ɒ/는 저모음이다.

**정답** ( 04 ③ 05 ① )

## 제3장  입술 모양에 따른 모음 분류

**01** 모음을 원순모음과 평순모음으로 구분하는 기준은?

① 모음의 공명도

② 입술의 둥글기

③ 성도의 방해 정도

④ 모음의 긴장 정도

01 명칭에서 알 수 있듯이 둥근 입술과 평평한 입술의 차이를 말한다.

**02** 다음 중 원순모음으로만 구성된 것은?

① /i, ɪ, u, ʊ/

② /æ, ɑ, ɒ/

③ /u, ʊ, o, ɔ/

④ /i, ɪ, e, ɛ, æ/

02 원순모음은 후설모음 중에서 고모음 /u, ʊ/와 중모음 /o, ɔ/의 총 4개를 가리킨다.
①은 고모음, ②는 저모음, ④는 전설모음이다.

**정답** ( 01 ② 02 ③ )

## 제4장  입과 혀의 근육 긴장도에 따른 모음 분류

**01** 모음을 근육 긴장도에 따라 분류할 때에 대한 설명으로 가장 적절하지 <u>않은</u> 것은?

① 긴장모음과 이완모음은 상대적 길이가 다르다.
② 긴장모음은 이중모음화하는 경향이 있다.
③ 모음의 음절 구성 시 말음 유무에 따른 분류이다.
④ 근육의 긴장/이완 정도에 따른 분류이다.

**01** 모음 분류 시 근육의 긴장/이완 정도는 직관적이고 전통적인 해석일 뿐이고, 실제 과학적인 기준은 나머지 세 개의 보기에 해당한다.

**02** 다음 중 가장 적절하지 <u>않은</u> 설명은?

① 긴장모음은 bee, bay, too, tow, law, spa에서처럼 개방음절을 구성할 수 있다.
② 개방음절은 음절 말음이 없고, 폐쇄음절은 음절 말음이 있다.
③ 이완모음은 개방음절을 구성할 수 있는 모음을 말한다.
④ 긴장모음 중 /e, o/는 이중모음화 경향(/eɪ, oʊ/)이 있다.

**02** 이완모음 /ɪ, ɛ, æ, ə, ʌ, ʊ/는 개방음절이 아니라, bit[ɪ], bet[ɛ], bat[æ], but[ə/ʌ], foot[ʊ]과 같은 폐쇄음절에 주로 존재할 수 있다.

**03** 다음 중 이완모음만을 모아 놓은 것은?

① /ɪ, ɛ, æ, ə, ʌ, ʊ/
② /i, e, u, o, ɔ, ɑ, ɒ/
③ /i, e, u, o/
④ /e, æ, ɑ, ɒ/

**03** 긴장모음은 /i, e, u, o, ɔ, ɑ, ɒ/이고, 이완모음은 /ɪ, ɛ, æ, ə, ʌ, ʊ/이다.

**정답**  01 ④  02 ③  03 ①

## 제5장  이중모음(Diphthongs)

**01** 이중모음은 하나의 모음 안에 두 개 모음의 성질이 공존하고 있지만 반반씩은 아니고, 영어의 경우 앞 모음이 강세를 지니고 있기 때문에 길이가 더 길다.

**01** 이중모음에 대한 설명으로 가장 적절하지 <u>않은</u> 것은?

① 복모음이라고도 불린다.
② 두 모음의 성질이 반반씩 존재한다.
③ 미국 영어에는 다섯 개가 있다.
④ 영국 영어에는 여덟 개가 있다.

**02** 이중모음은 단모음 두 개로 구성되는 것이 아니다. 이중모음 발음의 출발점과 지향점을 두 개의 단모음 기호로 표시한 것뿐이지, 두 모음이 연이어 나오는 것이 절대 아니다.

**02** 단모음과 이중모음에 대한 설명으로 가장 적절하지 <u>않은</u> 것은?

① 이중모음은 두 개의 모음이 연이어 나오는 것이 아니다.
② 단모음은 하나의 모음이 균일한 하나의 성질을 지닌 것이다.
③ 이중모음 표기 /aɪ/에서 보듯 단모음 두 개로 구성된다.
④ 단모음 사각도에서 이중모음의 출발점과 지향점을 표시할 수 있다.

**03** pie[aɪ], how[aʊ], pound[aʊ], boat[oʊ]로 발음된다.

**03** 다음 중 이중모음의 출발점이 /a/가 <u>아닌</u> 것은?

① pie
② how
③ pound
④ boat

**04** law[ɔ], mouse[aʊ], made[eɪ], mode[oʊ]로 발음된다.

**04** 다음 중 이중모음을 포함하는 단어가 <u>아닌</u> 것은?

① law
② mouse
③ made
④ mode

**정답** 01 ② 02 ③ 03 ④ 04 ①

## 제6장    영어의 모음 사각도

**01** 모음 사각도에 대한 설명으로 가장 적절하지 <u>않은</u> 것은?

① 혀의 높낮이 혹은 상하 위치는 고/중/저모음으로 표시한다.

② 혀의 전후 위치는 전설/중설/후설모음으로 표시한다.

③ 각 모음의 혀의 최고점들을 이어 그린 그림을 가리킨다.

④ 혀와 입천장의 협착 정도에 따라 조음방법이 정해진다.

**01** 폐쇄 혹은 협착 정도는 자음의 조음 방법을 가리키며, 이에 따라 파열음, 마찰음, 접근음 등으로 분류된다.

**02** 모음 사각도에서 알 수 <u>없는</u> 것은?

① 혀의 상하 위치

② 모음의 강세

③ 입술의 둥글기

④ 근육의 긴장도

**02** 모음 사각도에는 모음의 강세가 표시되어 있지 않다.

**03** 모음 사각도에서 원순모음이면서 이완모음인 것은?

① /ʊ/

② /u/

③ /o/

④ /ɔ/

**03** 원순모음 /u, ʊ, o, ɔ/와 이완모음 /ɪ, ɛ, æ, ə, ʌ, ʊ/의 교집합을 찾으면 된다.

**정답** ( 01 ④   02 ②   03 ① )

04 이완모음 /ɪ, ɛ, æ, ɔ, ʌ, ʊ/와 저모음 /æ, ɑ, ɒ/의 교집합을 찾으면 된다.

**04** 이완모음 중에서 저모음은?

① /ɪ/

② /ɒ/

③ /æ/

④ /ɑ/

05 모음 산점도에서 x-축은 F2인 제2 포먼트를 나타낸다.

**05** 모음 사각도와 모음 산점도에 대한 설명으로 가장 적절하지 **않은** 것은?

① 모음 산점도는 제1포먼트와 제2포먼트로 그린다.

② 모음 산점도에서 x-축은 F1인 제1포먼트를 나타낸다.

③ 모음 사각도는 모음을 조음음성학적으로 표현한 것이다.

④ 모음 산점도는 모음을 음향음성학적으로 표현한 것이다.

정답 ( 04 ③  05 ② )

| 제7장 | 대화 속에서 모음 구분 |

**01** 전설 고모음인 긴장음 /i/와 이완음 /ɪ/가 대립되어 나타나는 단어쌍이 <u>아닌</u> 것은?

① heat − hit
② head − hid
③ beat − bit
④ leap − lip

**02** 전설 중모음인 긴장음 /e/와 이완음 /ɛ/의 최소 대립어가 <u>아닌</u> 것은?

① mate − met
② paper − pepper
③ sat − set
④ laid − lead

**03** 모음 /æ/에 대한 설명으로 <u>틀린</u> 것은?

① 고모음
② 이완모음
③ 전설모음
④ 평순모음

---

**01** head − hid는 /ɛ/와 /ɪ/가 대립된다.

**02** sat − set은 /æ/와 /ɛ/의 최소 대립어이다. 긴장음 /e/는 미국 영어에서 이중모음화 경향이 있어 사실상 /eɪ/로 발음된다.

**03** 모음 /æ/는 저모음이다.

**정답**  01 ②  02 ③  03 ①

04 모음 /ʌ/는 중설 중모음이며, 평순 이완음이다.

**04 모음 /ʌ/에 대한 설명으로 옳은 것은?**

① 후설모음
② 긴장모음
③ 평순모음
④ 고모음

05 모음 /ə/는 어두·어중·어말 모든 위치에서 나타날 수 있고, 중설 중모음이며, 평순 이완음이다. 한편 모음 /ʌ/는 강세 음절에 나타나며, 약세 음절에서는 /ə/나 /ɪ/로 약화·축약된다.

**05 모음 /ə/에 대한 설명으로 가장 적절하지 않은 것은?**

① 평순모음이다.
② 이완모음이다.
③ 약세 음절에서 나타난다.
④ 어말에서는 나타나지 않는다.

06 긴장음 /u/를 가진 단어는 do, food, fool, rule, true, soup, you, fruit, route 등이 있다. 이완음 /ʊ/를 가진 단어는 good, foot, put, push, full, book, look, would 등이 있다.

**06 긴장음 /u/ – 이완음 /ʊ/를 가진 단어쌍은?**

① food – you
② do – foot
③ look – good
④ push – room

**정답** ( 04 ③  05 ④  06 ② )

**07 후설 중모음 중 긴장음 /o/가 이중모음화하는 경우가 아닌 것은?**

① go
② open
③ office
④ tone

07 go[oʊ], open[oʊ], office[ɔ], tone[oʊ]으로 발음된다.

**08 개구도에 대한 설명으로 가장 적절하지 않은 것은?**

① 파열음의 개구도는 1이다.
② 저모음이 고모음보다 개구도가 크다.
③ 마찰음이 파열음보다 개구도가 크다.
④ 활음이 마찰음보다 개구도가 크다.

08 개구도의 특징은 공명도와는 달리 가장 작은 값이 완전 폐쇄된 파열음 0이라는 것이다.

**09 공명도에 대한 설명으로 가장 적절하지 않은 것은?**

① 고모음이 저모음보다 공명도가 작다.
② 유성음이 무성음보다 공명도가 작다.
③ 파열음이 비음보다 공명도가 작다.
④ 비음이 유음보다 공명도가 작다.

09 유성음이 무성음보다 공명도가 더 크다.

정답 07 ③ 08 ① 09 ②

교육은 우리 자신의 무지를 점차 발견해 가는 과정이다.

– 윌 듀란트 –

# 제 5 편

# 영어의 강세와 억양
## (Stress & Intonation)

| 단원 개요 |

분절음인 자음과 모음에 이어, 초분절음이라 할 수 있는 억양, 성조, 강세, 길이 등의 개념을 소개한다. 초분절음은 물리적 개념을 바탕으로 생겨나는 어학적 개념이므로, 이들의 상호 관계도 배우게 되며, 영어의 초분절음에서 중요한 개념인 강세와 억양에 대하여 자세히 소개한다.

| 출제 경향 및 수험 대책 |

초분절음에 대한 개념을 올바로 이해해야 문제 해결이 가능하다. 특히, 물리적 개념이 어떻게 어학에서 초분절음으로 실현되는지 이해한 후에 개별 사례들을 설명할 수 있어야 한다. 그리고 다양한 구와 절에서 영어의 강세패턴이 어떻게 실현되는지 잘 알아야 한다.

# 제 1 장 | 개요

말소리는 조각조각 나눌 수 있는 분절음(분절음소, segments)과 여러 조각에 걸쳐 적용되어야 의미를 갖게 되어 나눌 수 없는 것으로 보는 초분절음(초분절음소, suprasegments, suprasegmentals)으로 양분될 수 있다. 분절음은 자음과 모음을 말한다. 초분절음은 다른 말로 음률자질(prosody, prosodic features)이라고 부르는데, 여기에는 음의 고저(피치, pitch), 강세(stress), 성조(tone), 억양(intonation), 휴지기(pause)나 이음새(juncture)를 포함한 음의 길이(length) 등이 있다. 이들 음률자질은 개별 말소리를 넘어 보통 둘 이상의 음절이 어울려 낱말이나 구와 절을 이루게 되면, 거기에 강세나 억양 등이 적용되어 문법적 혹은 의미적 차이를 만들게 된다.

## 초분절음 분류 및 대응 관계

위의 그림은 초분절음이 물리학·음성학·언어학적 관점에서 어떻게 분류될 수 있는지와 서로 어떤 관계를 갖고 있는지 대응 관계를 자세하게 보여주고 있다. 우선 물리적으로 초분절음은 기본 주파수(fundamental frequency, 단위는 Hz), 진폭(amplitude, 단위는 dB), 길이(duration, 단위는 msec)의 세 가지 개념으로 구성되어 있다. 음성 음파의 진동수 중에서 가장 낮은 진동수를 기본 주파수라고 부르는데, 이는 음성학적으로 우리가 귀로 들을 수 있는 그 사람의 목소리의 높낮이(고저·피치, pitch)와 직결된다. 다음으로 음파의 진폭은 음성학에서 어떤 음의 강도(세기·크기·볼륨, intensity·loudness)와 직결된다. 마지막으로, 음파의 길이를 시간에 따라 측정한 값은 음성학에서는 절대적 혹은 상대적으로 분절음, 음절, 단어, 구/절, 문장 등 다양한 단위의 길이와 직결된다. 물리학에서는 기본 주파수·진폭·길이를 측정하여 구체적인 수치로 얘기하지만, 음성학을 포함한 언어학에서는 절댓값보다는 상대적인 값에 더 관심이 많아서, 피치·강도·길이라는 세 가지 용어를 즐겨 쓴다.

언어학에서 초분절음이라고 하면 피치·강도·길이라는 용어를 쓸 때도 있지만, 대체로 이 세 가지가 음절, 단어, 구/절 등의 다양한 언어학적 단위와 서로 상호작용하면서 만들어 내는 초분절음 용어를 더 즐겨 쓴다. **피치**는 언어학적으로 성조, 억양, 강세라는 세 가지 초분절음과 밀접하게 관련되어 있다(위 그림에서 직선 화살표 두 개와 점선 화살표 한 개 참조). 다음 그림에서 보듯, 단어를 구성하는 음절들이 갖고 있는 피치값(음의 높낮이, 음표로 비유)들이 단어 내에서 시간에 따라 오르내리는 변화를 갖고 있을 때, 이를 **성조**(tone)라고 부른다.

중국어, 아프리카의 여러 성조 언어들, 그리고 우리나라의 경상 방언이 이러한 단어들의 특징을 갖고 있다. 예를 들어, 경상 방언에서 '우리'라는 분절음으로 구성된 단어는 앞 음절이 높은 피치를 갖고 있으면 '(돼지) 우리'라는 뜻이 되고, 뒤 음절이 높으면 '(너와 나) 우리'의 뜻이 된다. 또한, 단어들이 갖고 있는 피치패턴이 문장 안에서 시간에 따라 오르내릴 때, 이를 억양(intonation)이라고 부르며, 모든 인간의 언어에서 문장들이 공통적으로 갖고 있는 특성이다.

피치는 강세와도 밀접한 관련을 갖고 있는데('초분절음 분류 및 대응 관계' 그림에서 점선 화살표), 사실 강세는 강도와 길이가 만들어 내는 작품이며, 피치는 선택사항에 불과하다(강세와 강도 용어를 혼동하지 말 것!). 영어 같은 언어에서 단어가 갖고 있는 특성이 바로 강세인데, 강세는 단어 내에서 음절에 부여되는 성질이다. 영어의 모든 단어는 특정 음절이 다른 음절에 비해 두드러지게 들리는데, 이는 그 음절이 다른 음절보다 '더 길고(longer)', '더 강하게(louder)' 발음되기 때문이다. 하지만 그 음절의 피치는 다른 음절보다 높을 수도 있고 낮을 수도 있다. 그래서 피치를 강세의 선택사항이라고 하는 것이다.

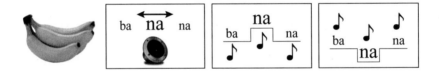

예를 들어, 위 첫 번째 그림에서 영어 단어 banana는 둘째 음절이 다른 음절보다 더 길고(양방향 화살표로 표시), 더 강하게(스피커 아이콘으로 표시) 발음되어야 올바른 강세가 실현된 것이다. 피치는 높아도 되고(두 번째 그림 참조), 낮아도 된다(세 번째 그림 참조). 둘째 음절의 피치를 다른 음절보다 더 높게 발음해도 되고, 더 낮게 발음해도 된다는 말이다. 둘째 음절이 더 길고 더 강하기만 하면 된다. 이처럼 상대적 강도와 길이, 선택사항인 피치가 주로 강세와 밀접한 관련을 맺고 있다. 마지막으로 휴지기나 이음새는 '아버지 가방에/아버지가 방에 들어가신다'의 유명한 사례처럼 단어 내부나 단어와 단어 사이의 휴지기 혹은 이음새의 상대적 길이나 위치 등과 직결된다.

말소리를 분절음과 초분절음으로 나누기는 하지만, 분절음과 초분절음은 동전의 양면과 같은 관계를 갖고 있다. 동전이 뒷면 없이 앞면만 존재할 수 없는 것처럼, 분절음은 초분절음 없이는 발음조차 될 수 없다. 마찬가지로 초분절음도 분절음 없이는 발음될 수 없다. 여기에서는 초분절음소 중에서 특히 강세와 억양에 대하여 공부한다.

다음 그림에서처럼 영어를 비롯한 모든 인간의 언어에서 하나 이상의 음절(syllables)이 모여 단어(낱말, words)를 형성하게 된다. 그런데 영어는 강세 언어이기 때문에 모든 단어는 고유한 강세(stress)를 갖고 있으며, 동시에 조음 시 피치(높낮이, pitch)를 갖고 있다. 문장을 형성하기 위해 하나 이상의 단어가 구(phrases)나 절(clauses)을 형성하게 되면, 단어들의 강세들은 모두 동일한 강세를 나타내는 것이 아니라 이들이 모여 독특한 유형

(pattern)을 형성하게 되는데, 이를 강세패턴(강세형, stress pattern)이라고 하며, 강세패턴과 피치들이 모여서 인토네이션 패턴(억양패턴, 억양형, intonation pattern)을 형성하게 된다. 즉, 영어는 강세 언어이기 때문에 억양이 문장 내에서 피치들의 오르내림만으로 이루어지는 것이 아니라, 단어들의 강세도 억양의 구성에 기여하게 되는 것이다.

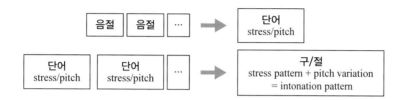

말소리를 이루는 다양한 단위들이 모여서 어떻게 말을 형성하는지 다음 그림으로 알아보자. 예를 들어, phonetics라는 단어는 자음 다섯 개(/f, n, ɾ, k, s/)와 모음 세 개(/ə, ɛ, ɪ/)의 분절음으로 이루어졌으며, 이들이 세 음절(.로 음절 경계 표시)로 모이게 되고(/fə.nɛ.ɾɪks/), 두 번째 음절(/nɛ/)에 제1강세(')가 부여되는 순간 하나의 단어가 형성된다. 강세 음절은 주변 음절보다 더 길고 강하게 발음되며, 동시에 강세와 밀접한 관계를 갖는 자신만의 피치도 갖게 되어, 초분절음을 지닌 발음 가능한 단어가 만들어진다. 그 후, 추가적으로 자신만의 강세와 피치를 지닌 for, the의 단어들이 합쳐져서 for the phonetics라는 구를 만들게 되면, 각 단어들의 강세는 구 안에서 강세들이 상대적으로 규칙에 따라 구현된다. 이 경우는 phonetics의 제1강세만 유지되고, 나머지 두 단어들의 강세는 제3강세로 약화되는 두 단계의 강세패턴으로 구현된다. 또한 이 강세패턴과 단어들의 억양이 세 단계의 억양패턴(중간 – 높음 – 낮음)으로 실현되어 발화된다. 구/절의 억양패턴 이외에도 문장단위로 억양패턴이 실현될 때도 있는데, 이렇게 억양이 표현되는 단위나 묶음을 억양단위(운율단위, 호흡단위)라고 부른다. 호흡의 길이나 발화 의도에 따라 억양단위의 크기는 달라질 수 있다. 억양단위가 낮은 곳에서 높은 곳으로 오르는 경우는 주로 질문이나 의문을 표시할 때이며, 높은 곳에서 낮은 곳으로 내려오는 경우는 진술이나 명령을 표시할 때이다. 같은 분절음으로 구성된 Come./Come?의 경우 억양패턴에 따라 뜻이 달라지기 때문에 최소 대립어로 볼 수 있는 만큼 억양패턴은 음소로서의 기능을 지닌다는 것을 알 수 있다.

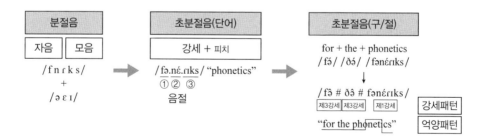

마지막으로, 휴지기 혹은 이음새(+로 표시)라는 초분절음소는 분절음 구성과는 별개의 말소리 성질이다. 영어의 예를 들면, a name/an aim, ice cream/I scream, night rate/nitrate의 경우 각각 분절음의 구성은 동일하지만 이음새가 어디에 있느냐에 따라 전혀 다른 단어들로 발음될 수 있다.

# 제 2 장 | 영어 강세 및 강세 음절의 특징

영어의 강세는 다음 그림과 같이 네 종류로 나뉘며, 한 단어 내에서는 제1강세, 제3강세와 약세(제4강세)의 세 가지 종류만이 존재하고, 한 단어가 아닌 경우에만 제2강세가 나타난다. 강세의 세기는 제1강세가 제일 세고, 그다음이 제3강세이며, 약세가 제일 약하다. 한 단어가 아닌 경우에는 제1강세가 제일 세고, 제2강세는 그보다는 약하다. 중요한 것은 모든 단어에는 제1강세가 하나 존재한다는 사실이다.

| 강세의 종류 | 음절수별 강세의 종류 |
|---|---|
| 제1강세 / v́ / | 단음절 낱말 : 제1강세 　yés, nó, goód, ríght |
| 제2강세 / v̂ / | 2음절 낱말 : 제1강세 & 약세 　háppў̆, dĕcíde, úncl̆e |
| 제3강세 / v̀ / | 3음절 낱말 : 제1강세, 제3강세 & 약세 |
| 약세(제4강세) / v̆ / | 　　　ánĭmàte, rèfŭgeé, télĕphòne |

강세의 세기 : 제1강세 > 제2강세 > 제3강세 > 제4강세

primary　　secondary　　tertiary　　quarternary
stress　　　stress　　　stress　　　stress

단어의 음절수별 강세의 종류를 살펴보면(위 그림 참조), 단음절 낱말에도 물론 자기 자신이긴 하지만 제1강세가 하나 존재한다. 그림처럼 모음의 기호나 철자 위에 제1강세 부호(′)를 표시한다. 2음절 낱말의 경우에는 제1강세가 하나 존재하고, 나머지 음절은 무조건 약세(제4강세)를 받는다. 강세 음절에 제1강세 부호(′)를 붙이고, 다른 음절에 약세 부호(˘)를 붙인다. 3음절 낱말은 역시 제1강세가 하나 존재하고, 나머지 음절은 모두 약세이거나 제3강세와 약세를 받는다. 위 그림에서와 같이 강세 음절에 제1강세 부호(′)를 붙이고, 그다음으로 강한 강세 음절에 제3강세 부호(`)를 붙이고, 나머지 약세 음절에는 약세 부호(˘)를 붙인다.

품사의 변화로 인해서 강세 음절에서 약세 음절로 바뀌는 explain/explanation[eɪ/ə], condense/condensation [ɛ/ə], produce/product[ju/ə]와 같은 경우에는 모음이 원래의 음가를 지니고 있다가 [ə]와 같은 약화된 혹은 축약된 모음으로 발음되는데, 이러한 현상을 모음약화라고 한다.

### 제1강세와 제2강세

한 단어가 아닌 경우에 제2강세가 나타난다고 하였는데, 형용사 + 명사에서 형용사가 명사를 수식하는 경우, 명사가 제1강세를 받고 형용사가 제2강세를 받는다. 예를 들면, black board(검은 판), white house(하얀 집), dark room(어두운 방)의 경우 앞의 형용사가 뒤의 명사를 수식한다. 이 경우 앞의 형용사에 제2강세, 뒤의 명사에 제1강세를 붙이면 된다. 하지만 blackboard(칠판), the White House(백악관), darkroom(암실)과 같이 복합명사가 되는 경우에는 하나의 단어 취급을 하고, 명사는 대체로 첫음절에 제1강세를 갖게 되므로 첫째 음절에 제1강세 부호를 붙이고, 나머지 음절에 제3강세 부호를 붙이면 된다.

### 휴지기(이음새)의 유무와 차이

내부 휴지(pause) 혹은 이음새(juncture)의 유무와 위치 차이로 인해 단어 경계가 바뀔 수 있으므로 뜻이 달라질 수 있다(휴지 및 이음새는 +로 표시). 예를 들어, ice cream/I scream, night rate/nitrate, an aim/a name 등이 있는데, 특히 nitrate의 경우 파열음 음소 /t/는 /r/ 앞에서 파찰음 [ʧ]로 발음된다.

여러 낱말이 모여서 구, 절, 문장을 이루면 유형에 따라 강세패턴이 정해지는데 유형별로 하나씩 살펴보자.

## 제1절 명사구(관사-명사)와 전치사구(전치사-관사-명사)

명사구(noun phrases)나 전치사구(prepositional phrases)에서 전치사(prepositions)나 관사(articles)는 특별한 경우가 아니면, 다음 그림에서처럼 대체로 약세(제4강세)를 받고, 명사가 제1강세를 받는다. 같은 전치사구(in the room)라도 때에 따라서 형용사구(flowers in the room) 혹은 부사구(sleep in the room)가 될 수 있는데, 마찬가지로 전치사와 관사는 대체로 약세, 명사는 제1강세를 받는다.

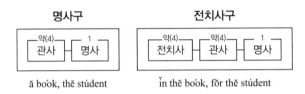

## 제2절 명사구(관사-형용사-명사)

형용사가 구에 추가되면 대체로 제2강세를 받고, 관사는 약세, 명사는 제1강세를 받는다. 관사의 존재와 상관없이 다음 그림처럼 형용사는 제2강세, 명사는 제1강세를 받는다.

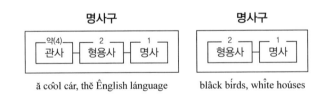

## 제3절  복합명사의 유형 중요

다음 그림처럼 다양한 품사를 지닌 두 단어가 합쳐져서 하나의 명사를 이룰 때 이를 복합명사(complex nouns)라고 부르는데, 복합명사를 이루는 첫 단어가 제1강세를 받고, 뒤 단어는 제3강세를 받는다.

hómewòrk, suitcase,
bus stop, bookshelf,
football, paperback,
bookstore

wórking hòurs,
walking stick, parking
lot, shopping center,
shipping cost

bláckbòard, highchair,
greenhouse,
nobleman, high school,
deadline, sweetheart

únderlìne, aftereffect,
throughway,
overtime, downpour,
afternoon

píckpòcket, hitman,
playboy, scarecrow,
turncoat, cutthroat,
pinchpenny

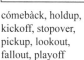

cómebàck, holdup,
kickoff, stopover,
pickup, lookout,
fallout, playoff

íncòme, onset,
outlook, upkeep,
underwear, offset

## 제4절  복합명사 vs. 동사-목적어

동명사와 명사가 합쳐져 복합명사가 되는 경우는 앞서 배웠듯이 앞 단어가 제1강세, 뒤 단어가 제3강세를 받는다(다음 그림 참조). 그러나 앞 단어인 동명사가 동사로 쓰이고 뒤 단어가 목적어로 쓰인다면, 제2강세와 제1강세의 순서로 강세를 받는다. 예를 들어, I want _____의 빈칸에 동명사와 명사로 이루어진 복합명사를 넣는다면 다음 왼쪽 그림과 같은 강세패턴을 갖게 되고, They were _____의 빈칸에 동사와 목적어로 이루어진 술어부를 넣는다면 다음 오른쪽 그림과 같은 강세패턴을 갖게 된다.

복합명사

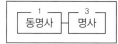

rácing càrs,
jumping ropes,
washing machines,
measuring tapes

술어부

racing càrs,
jumping ropes,
washing machines,
measuring tapes

## 제5절　두 낱말 동사(two-word verb, 동사-부사의 동사구)

동사와 부사로 이루어진 동사구는 다음 그림처럼 제3강세와 제1강세의 강세패턴을 갖는다. 같은 단어 두 개 mix와 up으로 이루어진 복합명사와 동사구를 문장으로 만들어 강세패턴을 보면 다음 오른쪽 부분과 같다.

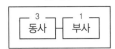

동사구

```
  ┌─3──1─┐        hùrry úp,
  │ 동사 부사 │       come across,      The míx ùp is mìxed úp.
  └──────┘        look over,
                  break through
```

## 제6절　복합명사-명사 vs. 형용사-복합명사 （중요）

다음 그림에서와 같이 세 단어 gold, fish, bowl로 이루어진 구의 경우, 복합명사(gold fish) + 명사(bowl)의 구조로 되어 있으면 제1강세 – 제3강세 + 제2강세의 강세패턴이 되며, 형용사(gold) + 복합명사(fish bowl)의 구조로 되어 있으면 제2강세 + 제1강세 – 제3강세의 강세패턴이 된다. 즉, 복합명사의 강세패턴인 제1강세 – 제3강세는 자신의 강세패턴을 그대로 유지하며, 뒤의 명사나 앞의 형용사는 제2강세를 받게 된다.

"금붕어 어항"　　　　　　　"금빛의 어항"

추가적인 예를 들면, miniature toy shops도 강세패턴에 따라 miniature toy + shops(복합명사 + 명사), miniature + toy shops(형용사 + 복합명사)가 될 수도 있다. 그 외에 English teacher meetings, Korean language conferences, fancy dress makers, public telephone booths와 같은 표현들도 강세패턴과 휴지기(이음새)의 유무에 따라 두 가지 의미로 이해될 수 있다. 형용사(제2강세)와 복합명사(제1강세 – 제3강세) 사이에는 대체로 휴지기가 있다.

# 제 4 장 │ 영어의 모음약화

모음약화(vowel reduction)란 강세를 받지 못한 모음이 약화(축약)되는 것을 가리키는 용어로, 약화된 모음은 /ə, ɪ/이다. 강세(제1 · 2 · 3강세)를 받은 모음은 자신의 원형으로 발음이 되고, 제4강세인 약세를 받는 모음은 거의 대부분 약화된다.

## 제1절   모음약화(축약)

다음 그림에서 보듯이, 강세를 받는 모음은 자신의 음가를 충분히 지닌 모음으로 발음되고, 약세를 받는 모음 (화살표)은 축약된 모음(reduced vowels)인 /ə/ 혹은 /ɪ/로 발음된다.

|  banána | cámera | Cánada | América | will |
|---------|--------|--------|---------|------|
| [bənǽnə] | [kǽmərə] | [kǽnədə] | [əmérɪkə] | [wɪl, wəl, əl, wḷ, ɫ] |
| ↑    ↑ | ↑ ↑ | ↑ ↑ | ↑    ↑ ↑ | ↑    ↑ |

특히, 조동사 will은 원래 발음은 /wɪl/인데 축약될 경우 그림처럼 모음이 [ə]로 축약되거나 탈락되어 [l]이 성절 자음으로 발음되거나, 자음 /w/가 탈락되기도 하며, /wɪ/가 탈락되어 [l]만 남기도 한다. 편의상 마지막 [ɫ]만 어두운 [ɫ] 이음으로 표시했지만, will 발음 전체가 모두 어두운 이음으로 발음된다. 또한 조동사 have /hæv/도 약화되면 [həv], [əv], [v]로 발음되며, 바로 뒤에 (휴지기를 포함한) 무성음이 오면 이음인 [f]로 발음될 수도 있다. 마찬가지로 조동사 has /hæz/도 약화되어 [həz], [əz], [z], [s]로 발음될 수 있다.

## 제2절   강세박자언어

한 언어에서 시간을 분할하는 방법은 여러 가지가 있는데, 어떤 방법을 취하든 동일한 길이의 일정한 간격을 유지하는 것으로 가정한다. 이렇게 일정하게 등간격을 유지하려는 성향을 등시성(isochrony)이라고 하는데, 이웃하는 강세 사이의 길이를 동일하게 유지하려는 언어를 **강세박자언어**(stress-timed languages)라 부르고, 이웃하는 음절 사이의 길이를 동일하게 유지하려는 언어를 **음절박자언어**(syllable-timed languages)라 부른다.

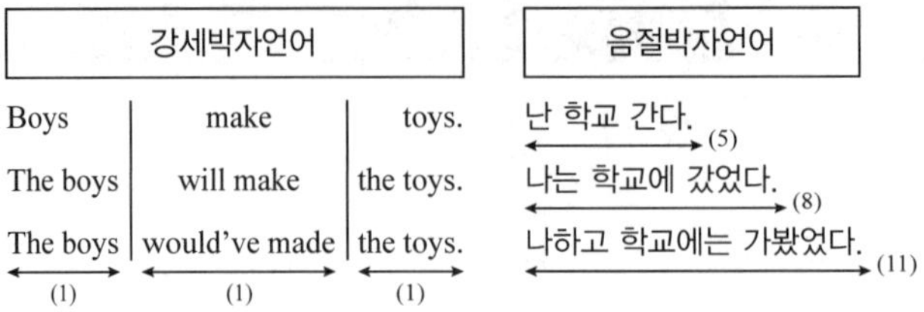

| 강세박자언어 | | | 음절박자언어 |
|---|---|---|---|
| Boys | make | toys. | 난 학교 간다. (5) |
| The boys | will make | the toys. | 나는 학교에 갔었다. (8) |
| The boys | would've made | the toys. | 나하고 학교에는 가봤었다. (11) |
| (1) | (1) | (1) | |

위 그림은 강세박자언어인 영어와 음절박자언어인 한국어를 비교하고 있다. 숫자는 박자의 단위인 한 박자를 나타낸다고 보면 된다. 각 영어 문장들은 각자 낱말이나 음절의 수는 다르지만 세로선으로 구분된 억양단위가 하나의 강세씩 갖고 있기 때문에 문장은 모두 3박자로 이루어졌다고 볼 수 있다. 한 박자마다 손뼉을 치면서 말해 보면 강세박자언어의 느낌을 알 수 있다. Boys | make | toys는 손뼉을 세 번 치면서 말할 수 있으므로 3박자를 지닌 문장이고, The boys | will make | the toys도 역시 손뼉을 세 번 치면서 말할 수 있으므로 3박자를 지닌 문장이다. 제1강세는 boys, make, toys에 있으며, The, will, the는 약세를 갖고 있어 길이에 거의 기여하는 바가 없어서 The boys, will make, the toys 부분이 boys, make, toys였을 때와 거의 같은 3박자의 길이를 갖고 있다. The boys | would've made | the toys도 역시 3박자로 말할 수 있다. 예문들을 통해 알 수 있는 것은, 강세는 주로 내용어에 부여되고, 3박자를 동일하게 유지하기 위해 강세를 지닌 단어 이외에는 약세를 갖게 하여 한 박자를 지닌 덩어리로 만들고, 기능어들은 have[hæv]가 've[v]로 축약되는 등의 변화를 겪는다는 것이다. 약세를 받은 음절들의 자음과 모음은 축약되거나 탈락되는 등의 변화를 겪어 한 박자로 흡수될 수 있도록 하기도 한다. 이에 반해, 음절박자언어인 우리말의 경우 음절숫자가 박자를 결정하므로 음절수가 증가하면(5 → 8 → 11) 음절수와 똑같이 박자수가 증가하는 것을 알 수 있다.

## 제3절 기능어의 모음약화

단어는 분류 기준에 따라 다양하게 분류될 수 있다. 품사를 기준으로 분류하면 명사, 동사, 형용사, 부사, 관사, 전치사, 대명사, 접속사, 조동사 등으로 나눌 수 있다. 또, 단어는 고유한 의미를 지닌 것과 고유한 의미보다는 문장 안에서의 문법적인 기능을 지닌 것으로 나눌 수 있다. 고유한 의미를 지닌 단어들을 **내용어**(content words)라 하고, a(n), the, and, at, for, me, him 등 문법적인 기능을 지닌 단어들을 **기능어**(function words)라고 한다. 내용어에는 주로 명사, 동사, 형용사, 부사가 속하고, 기능어에는 관사, 전치사, 대명사, 접속사, 조동사, 지시형용사 등이 속한다. 단어를 내용어와 기능어로 나누는 이유 중 하나는 대체로 기능어들의 자음이나 모음이 약화되거나 탈락되기 때문이다. 모음이 약화될 경우 주로 /ə, ɪ/로 축약되는데, 때때로 중설 고모음인 /i/로 표기할 때도 있는데, 중설 중모음인 /ə/와 유사하기 때문이다.

말소리의 높낮이는 피치라고 불리는데, 모음을 포함한 유성음에 주로 부여되는 성질로서 성대 개폐운동의 속도 (1초당 성대 개폐 횟수)가 결정한다. 이러한 피치가 단어 안에서 변하는 것이 의미의 차이를 유발하는 음소로서의 성질을 갖고 있을 때 이러한 초분절음소를 성조라고 하며, 피치가 문장 안에서 변하는 것이 의미의 차이를 일으키는 음소로서의 성질을 갖고 있을 때 이 초분절음소를 억양(인토네이션)이라고 한다. 초분절음소로서의 강세의 구현에 있어서 강세 받은 음절의 피치는 주변 음절보다 높을 수도 있고, 낮을 수도 있다. 이렇게 피치는 여러 가지 초분절음소와 밀접한 관계를 맺고 있고, 문장 내부의 억양을 구성하는 역할을 하는데, 여기서는 억양을 표현하는 방법에 대하여 배운다.

## 제1절 **억양단위의 수**

다음 첫 번째 그림은 한 문장의 억양패턴을 피치점들의 곡선으로 표시한 것이다. 이처럼 억양은 문장의 유성음 구간에서 매순간 성대 개폐운동의 순간 속도값(즉, 피치값 혹은 피치점)들의 변화를 나타내기 때문에 연속된 곡선으로 표시될 수 있다. 물론 휴지기를 포함한 무성음 구간에서는 피치값을 계산할 수 없으므로 억양곡선이 끊기게 된다.

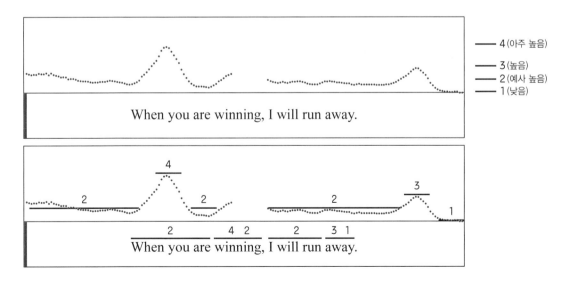

그러나 언어학에서는 연속곡선인 억양패턴을 때때로 몇 단계의 상대적인 피치의 높이로 나누어 표시할 때도 있다. 즉, 적당한 높이를 기준('예사 높음') 단계로 잡고 이보다 높으면 '높음', 더 높으면 '아주 높음', 낮으면 '낮음'으로 표시하는 것이다. 이렇게 네 단계의 이름을 정하고 여기에 일련번호로 숫자를 표시하면 낮음(1), 예사 높음(2), 높음(3), 아주 높음(4)이 된다. 위의 두 번째 그림은 억양곡선을 숫자와 상대적 높낮이를 이용해 간략화하여 표시한 것이다. 완벽하지는 않지만, 이렇게 억양을 네 단계의 단위로 나누어 조합을 만들면 문장의 억양패턴을 쉽게 표시할 수 있다. 서로 다른 억양 단계가 의미의 차이를 일으키므로 음소 지위를 부여하여 숫자를 /1/, /2/, /3/, /4/와 같이 표시하기도 한다.

## 1 억양패턴(억양형)

억양패턴은 평서문(서술문), 의문문 등 구/절 및 문장의 종류에 따라 몇 가지가 있는데, 다음 그림을 살펴보자. 서술문(/231↘/)은 예사 높음인 /2/로 유지되다가, 대체로 내용어인 마지막 단어(student)에 높음 /3/이 부여되고, 곧바로 낮음 /1/로 떨어지는 억양패턴을 갖고 있다. 유사한 패턴이지만 강한 놀람이나 감탄을 지닌 감탄문(/241↘/)은 예사 높음 /2/로 유지되다가, 마지막 내용어(spy)에 아주 높음 /4/가 부여된 다음, 낮음 /1/로 떨어지는 억양패턴을 갖고 있다.

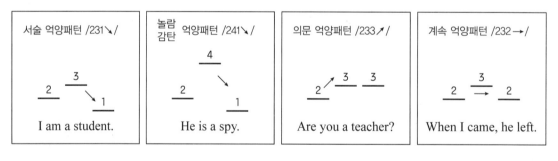

의문문(/233↗/)은 예사 높음 /2/로 유지되다가, 마지막 내용어(teacher)에 높음 /3/이 연속해서 부여되는 특징을 갖고 있다. 마지막으로 계속 억양패턴(/232→/)은 문장이 아직 끝나지 않았다는 것을 알려주는 기능을 지니고 있는데, 종속절과 주절로 구성된 문장에서 종속절의 마지막 내용어(came)가 높음 /3/으로 시작해서 예사 높음 /2/로 유지하며, 문장이 계속될 것임을 표시한 다음, 주절의 억양패턴이 나오게 된다.

## 제2절 억양단위와 강세

억양패턴이 부여되는 적당한 수의 낱말로 이루어진 묶음을 억양단위(운율단위, 호흡단위)라고 부른다. 짧은 문장의 경우 앞서 배운 서술문, 의문문 등의 억양패턴이 하나의 억양단위로 발음될 수 있지만, 긴 문장의 경우는 하나 이상의 호흡단위로 나누어져 호흡단위들이 합쳐져서 문장 전체의 억양패턴을 형성하게 된다. 긴 문장의 억양단위들은 아무데서나 끊기는 것이 아니라 보통 그 문장의 문법적 구성단위인 품사구(명사구, 형용사구, 부사구 등), 문장성분(주어, 술어, 목적어, 보어, 수식어), 구, 절과 같은 문법적 구성소(grammatical constituents)를 바탕으로 끊긴다.

[1] He is a dóctor.

[2] He is a football pláyer / from a small tówn.

[3] She is a professional tennis pláyer.

[4] When she cáme, / we had dínner.

[5] My bróther / who is a teácher / runs a shóp.

[A] No. I need yóu to be here.

[B] No. Put it back ón the table.

[C] No. Hé is the one who did it.

위 그림 [1]에서 보듯이 짧은 문장이 하나의 억양단위로 발음된다면, 대체로 단 하나의 제1강세를 갖고, 이는 맨 마지막 내용어에 있게 된다. [2]와 [4]에서처럼 두 개의 억양단위로 말한다면 각각 하나씩의 제1강세를 마지막 내용어가 갖게 된다. [3]처럼 긴 문장도 하나의 억양단위로 말한다면 여러 개의 내용어가 있어도 대체로 마지막 내용어에 단 하나의 제1강세가 올 것이다. [5]처럼 세 개의 억양단위는 각각 하나씩의 제1강세를 갖게 된다.

그러나 항상 내용어에 제1강세가 오는 것은 아니고, 말하는 상황에 따라 [A]에서처럼 (다른 사람이 아니라) '당신이' 있었으면 좋겠다고 대조시키거나 강조하는 경우라면 대명사 같은 기능어도 억양단위에서 제1강세를 가질 수 있다. [B]의 경우는 (테이블 밑이 아니라) '테이블 위에' 놓으라고 말하는 경우인데, 이때도 전치사 같은 기능어에 억양단위의 제1강세가 올 수 있다. [C]의 경우와 같이 (다른 사람이 아니라) '그 사람이' 했다고 강조할 경우에는 억양단위의 제1강세가 대명사인 기능어에 올 수 있다.

[가] He runs a shóp.          문장 전체

[나] Hé / runs a shóp.          주부 / 술부

[다] When he cáme, / we léft.          종속절 / 주절

[라] Hé / rúns / a / shóp.          주어 / 술어 / 목적어

[마] Hé / rúns / á / shóp.          각 단어들

억양단위가 가능한 문법적 구성요소를 요약하여 보면 위 그림과 같다. 짧은 문장의 경우 문장 전체가 하나의 억양단위가 되어 대체로 마지막 내용어가 제1강세를 갖고, 주부와 술부(동사부터 문장 끝까지)로 나누어 각각이 하나의 억양단위가 되기도 한다. 종속절과 주절이 각각 억양단위가 되기도 하고, 문장성분 하나하나가 억양단위가 되기도 한다. 그리고 극단적인 경우이긴 하나 각 단어도 경우에 따라서 각각 억양단위가 될 수도 있다. 그러나 He runs / a shop (×), She is / a nurse (×)와 같이는 억양단위가 구성될 수 없다는 것을 알아두기 바란다.

## 제3절    강세의 약화

여러 낱말로 이루어진 하나의 억양단위에 대체로 단 하나의 제1강세가 온다는 것을 배웠는데, 이 말은 억양단위 내에 존재하는 여러 내용어 중에 주로 제일 마지막에 있는 내용어만 제1강세를 받고, 나머지 내용어의 제1강세는 억제되어 약화된다는 말이다. 예를 들어, He is a famous professional football player라는 문장이 만약 하나의 억양단위로 발음된다면, 원칙적으로 맨 뒤의 내용어인 player에 제1강세가 부여되어야 한다. 나머지 내용어들인 famous, professional, football 모두 각자 단어의 제1강세가 억양단위 내에서 살아있지 못하고 약화되어 사라지게 된다. 하지만 실제로 말을 해 보면 흑백의 차이처럼 획일적인 억양패턴으로 발음되는 것은 아니고, 대체로 그러한 패턴을 따른다는 것을 이해하도록 하자.

## 제4절    억양단위의 맺음

앞서 억양단위에 부여되는 억양패턴을 서술형(/231↘/), 의문형(/233↗/), 감탄형(/241↘/), 계속형(/232→/)으로 배웠다. 억양단위가 끝나는 마지막 부분을 '맺음'이라 볼 수 있는데, 억양단위의 맺음은 예사 높임(/2/)을 기준으로 '높임'(↗), '낮춤'(↘), '지속'(→)이 있다. 예사 높임보다 높은 단계로 억양이 높아지면 높임, 낮아지면 낮춤, 같은 상태이면 지속으로 볼 수 있다. 다음 박스에서 보듯, 의문형 억양패턴의 맺음을 높임, 서술형이나 감탄형 억양패턴의 맺음을 낮춤, 계속형 억양패턴의 맺음을 지속으로 볼 수 있다. 하지만 때때로 이러한 일상적인 유형을 벗어난 억양단위의 맺음이 이루어질 수도 있다. 예를 들어, 서술형이 높임 맺음으로 끝나거나 의문형이 낮춤 맺음으로 끝나거나 계속형이 높임 맺음으로 끝나는 등의 변칙적인 맺음이 이루어질 경우, 이는 말하는 사람의 감정 즉, '의심, 초조함, 빈정댐, 놀람, 비난' 등의 감정을 역설적으로 나타낼 때 나타나는 현상임을 기억해 두기 바란다.

---

- 의문형 맺음 : 높임 ↗
- 서술형 맺음 : 낮춤 ↘
- 계속형 맺음 : 지속 →

---

**더 알아두기**

**억양곡선으로 보는 억양단위의 맺음**

사람의 이름(Amelia)을 하나의 억양단위로 발음할 경우 다양한 맺음으로 끝낼 수 있는데, 다음 그림의 파형과 억양곡선의 끝부분을 주의해서 보자. 첫째, 이름이 무엇이냐는 질문의 대답으로 서술문으로 발음할 경우 낮춤의 맺음을 이용할 수 있다. 둘째, 이름이 맞느냐는 의미로 물어볼 때에 높임의 맺음으로 말할 수도 있다. 셋째, 당신이 말할 차례라는 의미로 말할 때 지속의 맺음으로 말할 수도 있다. 이때는 맺음 부분이 높임보다는 낮지만, 낮음보다는 높은 것을 볼 수 있다.

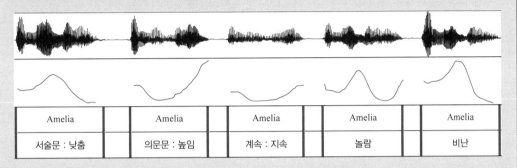

| Amelia | | Amelia | | Amelia | | Amelia | | Amelia |
|--------|--|--------|--|--------|--|--------|--|--------|
| 서술문 : 낮춤 | | 의문문 : 높임 | | 계속 : 지속 | | 놀람 | | 비난 |

넷째는 놀람의 감정을 담은 억양패턴인데, 서술문의 형식이지만 낮춤이 아니라 높임에 가까운 맺음을 보이고 있다. 마지막은 역시 서술문의 형식이지만 서술문의 낮춤뿐 아니라 제1강세가 서술문보다는 훨씬 높은 단계를 보이고 있음을 알 수 있다. 이렇듯 일상적인 맺음 유형을 벗어날 경우 말하는 사람의 다양한 감정을 나타내는 것을 알 수 있다.

# 제 5 편 실전예상문제

## 제2장 영어 강세 및 강세 음절의 특징

01 다음 중 초분절음에 속하지 않는 것은?

① 강세
② 성절자음
③ 억양
④ 성조

02 초분절음에 대한 설명으로 가장 적절하지 않은 것은?

① 기본 주파수는 피치에 해당한다.
② 강세의 필수요건은 강도와 길이이다.
③ 진폭은 음의 높낮이에 해당한다.
④ 피치는 억양과 성조를 만든다.

03 시간에 따른 피치의 변화가 각각 단어와 문장 안에서 있을 경우를 의미하는 말로 적절하게 짝지은 것은?

① 성조 – 억양
② 강세 – 운율
③ 이음새 – 휴지기
④ 강세 – 억양

01 성절자음은 자음의 일종으로, 음절의 핵음인 모음과 같은 역할을 하는 자음들이다. 자음과 모음은 분절음이다.

02 진폭은 음의 강도, 세기와 관련이 있다.

03 피치 변화가 단어 안에 있으면 성조, 문장 안에 있으면 억양이라고 부른다.

정답 01 ② 02 ③ 03 ①

**04** 강세 받은 음절에 대한 설명으로 가장 적절하지 <u>않은</u> 것은?

① 강도(세기)가 더 커야 한다.
② 길이가 더 길어야 한다.
③ 더 두드러져야 한다.
④ 피치가 더 높아야 한다.

**05** 음절, 단어, 구와 절의 구성에 대한 설명으로 가장 적절하지 <u>않은</u> 것은?

① 모든 단어는 고유한 강세를 갖고 있다.
② 구를 이루는 단어들의 강세는 각각 원래대로 유지된다.
③ 단어들의 강세패턴과 피치가 모여 억양패턴을 만든다.
④ 하나 이상의 음절이 모여 단어를 형성한다.

**06** 두 단어 animate – dictionary의 밑줄 친 모음의 강세표시로 옳게 짝지어진 것은?

① 제1강세 – 제3강세
② 제2강세 – 제3강세
③ 제3강세 – 제1강세
④ 제1강세 – 약세(제4강세)

---

**04** 피치는 의무사항이 아니고, 높을 수도 있고 낮을 수도 있다.

**05** 구를 이루는 단어들의 강세는 각각 그대로 유지되지 않고, 규칙에 의해 독특한 강세패턴을 만든다.

**06** 한 단어 안에서는 제1강세 · 제3강세 · 약세만 존재하며, 제2강세는 두 단어 이상의 경우에 나타난다. 단어 animate의 첫음절은 제1강세를 갖고, dictionary의 셋째 음절은 제3강세를 갖는다.

정답 04 ④ 05 ② 06 ①

07  형용사 + 명사의 명사구에서 형용
    사는 제2강세, 명사는 제1강세를 받
    는다.

**07** 형용사가 명사를 수식하는 **blue sky**에서 각 단어의 강세표시가
옳게 짝지어진 것은?

① 제3강세 - 제1강세

② 제1강세 - 제3강세

③ 제2강세 - 제1강세

④ 약세(제4강세) - 제2강세

08  휴지기(pause) 혹은 이음새(juncture)
    가 두 표현을 구분시켜 준다.

**08** **an aim**과 **a name**을 구분하게 해 주는 것은?

① 성조

② 이음새

③ 강세

④ 억양

## 제3장 영어의 강세패턴(Stress Patterns)

**01** 제1강세 – 제3강세 패턴을 갖지 <u>않는</u> 것은?

① boyfriend

② working hours

③ yellow flower

④ overtime

**02** 제2강세 – 제1강세(/ˆ + ´/)의 패턴을 갖지 <u>않는</u> 것은?

① middle school

② white house

③ blue sea

④ black bird

**03** 강세패턴 /ˆ + ´/에 해당하지 <u>않는</u> 것은?

① white board(흰색의 판)

② health service(건강 서비스)

③ English teacher(영국인인 선생님)

④ green house(녹색의 집)

**01** 형용사 + 명사인 명사구는 제2강세 – 제1강세 패턴을 갖는다.

**02** 다른 것들은 모두 형용사가 뒤의 명사를 수식하는 경우이지만, middle school은 형용사와 명사로 이루어졌지만 수식관계가 아닌 복합명사이므로, 한 단어처럼 취급하여 제1강세 – 제3강세의 패턴을 보인다.

**03** health service는 복합명사로 /´ + ˋ/(제1강세 + 제3강세)의 강세패턴을 갖고, 나머지는 모두 형용사 + 명사의 명사구로 /ˆ + ´/(제2강세 + 제1강세)의 강세패턴을 갖는다. 만일 whiteboard(판서용 흰 보드), English teacher(영어 선생님), greenhouse(온실)이면 복합명사로 /´ + ˋ/(제1강세 + 제3강세)의 강세패턴을 갖게 된다.

**정답** ( 01 ③  02 ①  03 ② )

**04** 형용사가 명사를 수식하는 경우에는 제2강세를 받는다.
① · ② 전치사(in)와 관사(the)는 약세를 받고, 명사(room, book)는 제1강세를 받는다.
③ 동사와 부사로 이루어진 동사구에서 동사(hurry)는 제3강세, 부사(up)는 제1강세를 받는다.

**04** 다음 중 밑줄 친 부분이 제2강세로 발음되는 것은?

① in the <u>room</u>
② the <u>book</u>
③ hurry <u>up</u>
④ <u>cold</u> weather

**05** 동사 + 부사로 이루어진 동사구의 경우 제3강세 + 제1강세(` + ´)의 강세패턴을 갖는다. 나머지는 복합명사로 제1강세 + 제3강세(´ + `)의 강세패턴을 갖는다.

**05** 앞 단어가 제1강세 /´/가 <u>아닌</u> 것은?

① bus stop
② parking lot
③ come across
④ underwear

**06** 동사 + 목적어로 이루어진 경우 /^ + ´/(제2강세 + 제1강세)의 강세패턴을 갖는다. 나머지는 모두 동명사 + 명사로 이루어진 복합명사로 /´ + `/(제1강세 + 제3강세)의 강세패턴을 갖는다.

**06** 다음 중 밑줄 친 부분이 /^ + ´/의 강세패턴을 갖고 있는 것은?

① The kids have a lot of <u>racing cars</u>.
② The guys are <u>playing cards</u> now.
③ We are playing with <u>jumping ropes</u>.
④ It is a new <u>washing machine</u>.

정답 ( 04 ④  05 ③  06 ② )

**07** **English teacher meetings**가 "영국인들의 교사모임"이라는 뜻이라면 올바른 강세패턴은?

① /′ + ` + ^/(제1강세 + 제3강세 + 제2강세)

② /` + ′ + ^/(제3강세 + 제1강세 + 제2강세)

③ /^ + ′ + `/(제2강세 + 제1강세 + 제3강세)

④ /′ + ^ + `/(제1강세 + 제2강세 + 제3강세)

**08** 다음 중 강세 표시가 <u>틀린</u> 것은?

① dârk róom(어두운 방)

② Koréan tèacher(한국어 선생님)

③ Whíte Hòuse(백악관)

④ gôld fĭsh bòwl(금붕어 어항)

**09** 다음 문장에서 밑줄 친 부분의 강세패턴으로 옳은 것은?

> The setup is <u>set up</u> well. (장치가 잘 설치되어 있다.)

① 제3강세 + 제1강세(/` + ′/)

② 제1강세 + 제3강세(/′ + `/)

③ 제2강세 + 제1강세(/^ + ′/)

④ 제1강세 + 제2강세(/′ + ^/)

---

**07** English(형용사) + teacher meetings(복합명사)이므로 제2강세 + [제1강세 + 제3강세]의 강세패턴을 가진다.

**08** "금붕어 어항"은 복합명사 + 명사의 형태로, 강세패턴은 제1강세 + 제3강세 + 제2강세(/′ + ` + ^/)이다.
① dark room은 형용사 + 명사로, 제2강세 + 제1강세의 패턴이다.
②·③ Korean teacher와 White House는 복합명사로, 제1강세 + 제3강세의 패턴이다.

**09** 동사 + 부사의 동사구인 경우 제3강세 + 제1강세(/` + ′/)의 강세패턴을 갖는다.

**정답** 07 ③ 08 ④ 09 ①

## 제4장 영어의 모음약화

**01** 영어는 이웃하는 강세 사이의 길이를 동일하게 유지하려는 강세박자언어이고, 한국어는 이웃하는 음절 사이의 길이를 동일하게 유지하려는 음절박자언어이다.

**01** 괄호 안에 들어갈 말이 옳게 짝지어진 것은?

> 영어는 ( ㉠ )박자언어이고, 한국어는 ( ㉡ )박자언어이다.

|  | ㉠ | ㉡ |
|---|---|---|
| ① | 음절 | 강세 |
| ② | 강세 | 음절 |
| ③ | 억양 | 성조 |
| ④ | 성조 | 억양 |

**02** 내용어에는 명사, 동사, 형용사, 부사가 속한다.

**02** 다음 중 내용어가 <u>아닌</u> 것은?

① 관사
② 형용사
③ 동사
④ 부사

**03** 형용사 happy는 내용어이다. 기능어에는 관사, 전치사, 대명사, 접속사, 조동사, 지시형용사 등이 속한다.

**03** 다음 중 기능어가 <u>아닌</u> 것은?

① our
② should
③ happy
④ from

정답 ( 01 ② 02 ① 03 ③ )

04 단어의 품사가 바뀌면서 말소리도 바뀌는데, 다음 밑줄 친 음들의 변화 현상을 무엇이라고 부르는가?

> • produce → product
> • condense → condensation

① 모음약화
② 단모음화
③ 모음동화
④ 모음첨가

04 강세 음절의 모음이 약세로 바뀌면서 [ə] 등으로 바뀌는 현상을 모음약화라고 한다.

05 조동사 will이 약세를 받아 발음될 경우에 해당하지 <u>않는</u> 것은?

① /wəl/      ② /wl̩/
③ /əl/      ④ /wɪl/

05 조동사 will이 강세를 받을 때 /wɪl/로 발음된다.

06 조동사 have가 약세를 받아 발음될 경우에 해당하지 <u>않는</u> 것은?

① /f/      ② /hæv/
③ /əv/      ④ /v/

06 조동사 have가 강세를 받을 때 /hæv/로 발음된다.

07 다음 문장을 세 박자로 읽는다고 할 때, 둘째 박자를 구성하는 단어들은?

> The boys would have made the toys.

① boys would have
② would have made
③ have made the
④ made the toys

07 문장의 내용어가 boys, made, toys의 세 개이므로 첫째 박자는 The boys, 둘째 박자는 would have made(축약하여 would've made), 셋째 박자는 the toys가 될 것이다.

정답 ( 04 ① 05 ④ 06 ② 07 ② )

## 제5장    말소리의 높낮이

**01** 예사 높음 /2/에서 시작하여 낮음 /1/로 떨어지기 전 마지막 내용어에 높음 /3/이 부여되는 것이 서술 억양패턴이다.

**01** 다음 중 서술 억양패턴은?

① /231↘/
② /241↘/
③ /233↗/
④ /232→/

**02** 밑줄 친 부분은 종속절로 문장이 아직 끝나지 않은 것이므로 문장이 계속될 것임을 표시하는 계속 억양패턴 /232→/가 적절하다.

**02** 다음 문장에서 밑줄 친 부분의 억양패턴으로 적절한 것은?

> When I came, he left.

① /231↘/
② /241↘/
③ /233↗/
④ /232→/

**03** 가능한 억양단위(호흡단위)는 ① 문장 전체, ③ 주부와 술부, ④ 문장성분이 있다. 이외에 종속절과 주절, 각 단어로 나누기도 한다.

**03** 문장을 억양단위로 / 기호로 나눌 때 옳지 <u>않은</u> 것은?

① He runs a shop.
② He runs / a shop.
③ He / runs a shop.
④ He / runs / a shop.

04 다음 문장의 억양단위를 / 기호로 표시할 때, 각 억양단위별로 제1강세를 갖는 단어들이 올바르게 짝지어진 것은?

> His little sister / who is a famous pianist / is from a small town.

① sister − famous − small
② little − pianist − town
③ sister − pianist − town
④ little − who − small

05 억양단위(/로 표시) 내에서 제1강세 단어를 밑줄로 표시할 때, 문맥상 적절하지 않은 것은?

① Not under the table, / but put it on the table
② I don't want him, / I need you to be here.
③ He is the one / who took my money.
④ When she came, we had dinner.

06 억양단위의 맺음은 높임(/3/) − 의문형, 낮춤(/1/) − 서술형, 지속(/2/) − 계속형으로 짝지어지는 경우가 일반적이다. 이러한 유형을 벗어날 경우에 나타내는 것이 아닌 것은?

① 의심
② 안심
③ 불안
④ 놀람

07 쉼표가 있는 경우 억양단위로 나누는 것이 자연스럽고, 전치사구도 하나의 억양단위가 되는 경우가 많다.

**07 억양단위가 적절하게 나누어진 것은?**

① The big guy, whom / I saw the other day, / is going to come / for the graduation party.

② The big guy, / whom I saw the other day, / is going to come for / the graduation party.

③ The big guy, / whom I saw the other day, / is going to come / for the graduation party.

④ The big guy, whom / I saw the other day, / is going to / come for the graduation party.

정답 07 ③

# 제 6 편

# 영어의 음절
## (Syllables)

음절은 언어가 말소리로 표현되는 가장 간단하면서도 쉽게 파악할 수 있는 단위이다. 여기서는 영어의 음절 구조가 어떻게 표현될 수 있으며, 각 구성요소들이 무엇인지 구체적인 단어 사례들을 통해 배우게 된다. 특히, 음절 내에서의 말소리 분포 양상인 음소배열론에 대하여 영어 단어 사례를 통해 자세히 배우게 된다.

| 출제 경향 및 수험 대책 |

우리말과 매우 다른 영어의 음절 구조에 대한 이해를 바탕으로, 영어 단어를 이루고 있는 음절 구조를 파악하는 연습을 해야 한다. 특히, 영어 철자에 속지 말고 실제 단어 발음을 이루고 있는 자모음 분절음을 바탕으로 음절 구조를 파악하는 연습을 해야 한다.

# 제 1 장 | 음절 내부 구조 표시

음절 내부 구조를 체계적으로 처음 제시한 사람은 칸(Daniel Kahn, 1976)이다. 그는 음절이라는 것을 공명도(sonority)가 제일 높은 말소리를 중심으로 그 주변에 공명도가 낮은 말소리들이 모여 있는 집합체라고 보았다. **공명도**(제4편 제7장 속 [더 알아두기] '개구도, 공명도에 따른 소리 분류' 참조)는 음향 에너지라고 볼 수 있고, 이 에너지가 제일 높은 경우는 성도를 통해 공기가 방해받지 않고 통과하는 경우이다. 따라서 공명도가 가장 높은 말소리는 모음이다. 이에 반해 자음은 공기 흐름이 방해를 받으므로 공명도는 모음보다 낮다. 따라서 음절은 모음 주변으로 자음이 모여 있는 것으로 볼 수 있다. 여러 음절로 이루어진 한 단어에서 음절마다 공명도의 최고 높이는 다를 수 있지만, 높이는 다르더라도 공명도의 절정을 이루는 부분을 하나의 음절을 이룬다고 본다.

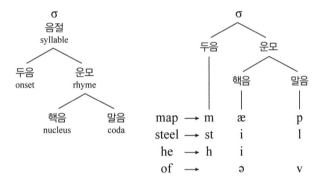

음절을 구성하는 요소들을 위 그림처럼 나무 모양으로 표현하기도 하는데, 이를 수형도(tree diagram)라 부른다. 수형도 제일 위는 음절 기호로 그리스어 시그마 σ를 이용하여 표현한다.

## 제1절 핵음(nucleus)

음절 구성요소의 가장 핵심적인 부분으로, 공명도가 가장 높은 말소리를 핵음(핵, nucleus)이라고 부른다(위 그림 참조). 대부분 공명도가 최고인 모음이 핵음이 되지만 영어의 경우, prism[...zm], little[...ɾl], water[...ɾr]의 둘째 음절에서처럼 모음이 없어도 모음 다음으로 공명도가 높은 자음인 비음(/m, n, ŋ/)이나 유음(/l, r/)이 핵음이 되기도 한다. 이 경우 이러한 자음을 그 음절에서 성절자음(음절성 자음, syllabic consonants)이라고 부르기도 한다. 물론 성절자음도 모음이 있는 음절의 경우에는 그 모음이 그 음절의 핵음이 되고, 성절자음은 일반 자음처럼 역할을 한다. 우리말 용어로 비교한다면 초중종성의 중성에 해당한다고 볼 수 있다. 핵음을 차지하는 모음은 단모음(monophthongs)일 수도 있고, 또 복모음(이중모음, diphthongs)일 수도 있다. 이처럼 영어에서 핵음은 단모음, 이중모음, 성절자음이 될 수 있다.

## 제2절 　 두음(onset)

음절에서 핵음 바로 앞에 오는 말소리를 두음(초음, onset)이라고 부른다. 음절에서 핵음은 필수요소이지만, am, ill, oat, of에서처럼 두음은 음절에 따라 존재하지 않을 수도 있다. 두음을 구성하는 자음이 하나일 경우도 있지만 둘 이상일 경우도 존재하는데, 이 경우 이러한 자음들을 자음군(consonant cluster)이라고 부르며, 영어에서는 여러 개의 자음들로 이루어진 자음군이 두음 자리를 차지할 수도 있다. 우리말과 비교한다면 두음은 초성으로 볼 수 있다.

## 제3절 　 말음(coda)

음절에서 핵음 바로 뒤에 오는 말소리를 말음(coda)이라고 부른다. pea, sea, he에서처럼 말음은 음절의 필수요소는 아니어서 음절에 따라 존재하지 않을 수도 있다. 두음에서와 마찬가지로 말음을 구성하는 자음이 하나인 경우도 있지만, 둘 이상의 자음군일 수도 있다. 우리말의 종성 혹은 받침으로 볼 수 있다.

## 제4절 　 운모(rhyme)

음절에서 두음을 제외한 나머지인 핵음과 말음을 합쳐서 운모(운, rhyme)라고 부른다. 운모는 시나 노래에서 음절들의 유사성을 심리적으로 느끼게 해 주며, 시적 감흥이나 리듬감, 시적 감정 혹은 분위기를 느끼게 해 주고, 암송할 때에 기억력을 증가시켜 주기도 한다. 또한, 운모는 어린이가 모국어를 습득할 때에 단어의 유사성이나 패턴을 포착하게 해 주어 모국어 습득에 도움을 주기도 한다.

# 제 2 장 | 음절 속에서 음소배열규칙

## 제1절  음소배열론(phonotactics)

하나의 언어 안에서 그 언어를 구성하는 음소들이 음절 등을 이루면서 보이는 배열상의 특징들을 연구하는 분야이다. 예를 들어, 한국어에서는 음절 초성으로 /ㅅㅌ/ 같은 연속 자음이 올 수 없으나, 영어에서는 가능하다 (stay의 /st/). 또 영어에서는 유음(/l, r/), 비음(/m, n, ŋ/) 같은 성절자음이 음절의 핵음으로 쓰일 수 있으나, 우리말에서는 불가능하다. 이처럼 주로 음절 내에서 음소(들)의 배열에 제약을 가하는 형태로 나타나기 때문에 음소배열론을 음소배열제약(phonotactic constraints)이나 음절구조제약(syllable structure constraints)이라고 부르기도 한다. 언어마다 다소 다른 음소배열제약 때문에 차용어나 외래어가 생길 때 원래 언어 음소의 음가가 변하거나 탈락되는 등의 변화를 겪는 현지화가 생기기도 한다.

## 1  자음군의 연속  중요

영어의 경우 24개의 자음 중에서 /ŋ/과 /ʒ/는 음절의 두음으로 올 수 없으며(프랑스어 차용어인 genre[ʒ...]에서는 가능), 두음에 자음군이 3개까지 올 수 있고, 말음에는 4개, 지역 방언에 따라서는 무려 5개까지 올 수 있다 (예 strengths /streŋ(k)θs/, angsts /æŋ(k)sts/ → 여기서 /k/는 삽입 가능한 무성 파열음). 이러한 영어의 음절 구조를 자음(C), 모음(V)으로 표시하여 CCCVCCCC(C)로 표시하기도 한다. 이에 반해 한국어의 음절 구조는 CVC이다. 우리말에는 '값'이나 '삶'처럼 겹받침이 존재하지만 이는 표기할 때만 적용되고, 실제 발화를 할 때에는 겹받침이 그대로 발화되지 않고 홑받침으로 변화된다. 음절 구조는 실제 발화에서 나타나는 구조를 기반으로 하기 때문에 한국어 음절 구조는 CVCC가 아니라 CVC가 되는 것이다.

영어 음절 구조에서 어두나 두음에 세 자음이 연속해서 올 때에는 첫째 음은 반드시 /s/여야 하며, 둘째 음은 무성 파열음 /p, t, k/ 중 하나이며, 셋째 음은 접근음(유음과 활음) /l, r, w, y/ 중 한 음이어야만 한다. 이러한 큰 틀 내에서 세부적으로도 규칙이 존재하는데, 다음 그림에서처럼 /sp/ 다음에는 /l, r, y/ 중 하나가 와야 하고, /st/ 다음에는 /r, y/ 중 하나가 와야 하며, /sk/ 다음에는 /r, w, y/ 중 하나가 와야 한다.

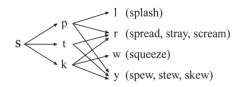

영어에서 가능한 음절 구조를 사례별로 표시해 보면 다음 그림과 같다. 두음에 올 수 있는 자음의 개수는 3개이 지만 말음에는 자음이 대체로 4개까지 올 수 있고, angsts에서처럼 지역 방언에 따라 5개까지 가능한 경우도 있다.

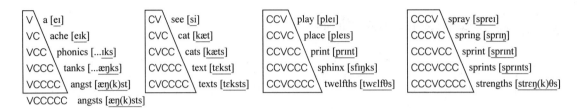

## 2 그 밖의 자음군

어두 자음군의 경우 파열음 /p, b, t, d, k, g/와 유음 /l, r/이 결합하는 경우가 있으나, 모든 조합이 가능한 것이 아니라, /pl-, pr-, bl-, br-, tr-, dr-, kl-, kr-, gl-, gr-/은 가능하나 /*tl-, *dl-/은 존재하지 않는다(* 표시는 불가능한 조합이라는 표시). 또한 영어에서는 어두에서 비음과 파열음은 연속적인 자음군으로 존재하지 않는다. 즉, /*mb-, *nd-, *ŋg-/로 시작하는 영어 단어는 없다. 또한 어두에 연속하여 파열음 두 개가 나타나지 않으며, 유음이나 파찰음 /ʧ, ʤ/ 뒤에는 반드시 모음이 온다. 단어 train, dry 등에서 발음상 /ʧ, ʤ/ 뒤에 자음이 온 것처럼 들리지만, 이는 /t, d/가 /r/ 때문에 파찰음처럼 다소 변한 것이지 완전히 파찰음으로 바뀐 것은 아님을 유의해야 한다.

## 제2절 　우연한 공백

한 언어에서 그 언어 규칙이 허용함에도 불구하고 우연히 나타나지 않는 형태를 우연한 공백이라고 부른다. 이는 언어 규칙이 허용하지 않아서 생기는 체계적 공백(systematic gaps)과는 다르다. 영어에서 /pfzk/와 같은 음절은 절대 존재할 수 없는데, 이는 모음이나 성절자음이 없기 때문이다. 이러한 경우는 체계적 공백의 예라고 할 수 있다. 이에 반해 어두 혹은 두음 자음으로 가능한 /spr/와 라임으로 가능한 /ɪk/은 영어에서 모두 허용되지만 우연히도 */sprɪk/라는 단어는 존재하지 않는다. 이러한 경우를 우연한 공백이라 할 수 있다. 예를 들어 영어에서 creck, cruke, cruk, crike 등은 음운 배열상 가능한 단어이나 실제로 존재하지 않는 무의미한 단어(nonsense words)이다.

일상 대화 속에서는 문장 속에 여러 단어들이 있게 되고, 단어들은 여러 음절들로 이루어져 있는 다음절(multi-syllabic) 단어들이 대부분이다. 음절 구조를 지닌 하나의 음절이 이웃한 앞과 뒤의 여러 음절들과 접촉할 때에는 서로 상호작용이 일어나게 되는데, 칸(Daniel Kahn, 1976)이 제시한 이론을 살펴보자.

## 제1절    음절 구조 형성 규칙

칸은 자모음들이 모여 실제로 음절을 형성할 경우, 음들이 두음 · 핵음 · 말음의 어디에 어떤 방식으로 속하게 되는지를 수형도와 음들을 연결하는 방식으로 제시하였다. 칸의 음절 구조 이론 중에서 '보편적으로 가능한 음절 구조'(universally possible syllable structure, 일명 '칸의 일반 규약')에 따르면 핵음은 정확히 한 개의 음절과 연결되어야 하고, 두음 혹은 말음은 최소 한 개의 음절과 연결되어야 하며(다음 왼쪽 그림 참조), 연결선들(association lines)은 서로 교차되면, 즉 가로지르면 안 된다(다음 오른쪽 그림 참조). 단어 father를 연결선을 이용하여 음절 구조를 나타내면 다음과 같은데, 오른쪽은 연결선이 서로 교차된 틀린 사례를 보여준다.

**(O)**                      **(X)**

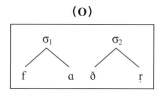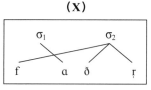

칸은 음절 구조를 확정하기 위한 나름의 음절 구조 할당 규칙(syllable-structure assignment rules)도 제시했는데, 다음의 두 가지(I, II)로 나누어져 있다. 여기에서 중요한 것은 말음보다 두음의 연결이 우선한다는 것이다. 규칙들을 적용한 actress, construct 단어의 예를 다음 그림에 제시하였다.

> I. 핵음은 하나의 음절과 연결한다.
> IIa. 두음이 허용하는 한도 내에서 최대한 음절과 연결한다.
> IIb. 말음이 허용하는 한도 내에서 최대한 음절과 연결한다.

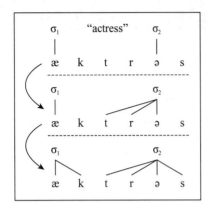 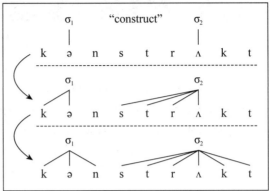

## 제2절 양음절성 규칙(ambisyllabic rule)

이 규칙은 어떤 자음이 강세 음절과 비강세 음절 사이에 존재할 때, 그 자음이 비록 이미 뒤 음절의 두음으로 연결되어 있더라도, 그 자음을 앞 음절의 말음으로 연결시키라는 규칙이다. 즉, 다음 그림에서 앞 음절과 C1을 연결시키는 것이고(점선 부분), 이때 C1을 양음절성 음이라고 부른다.

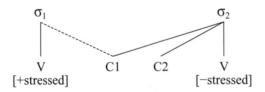

앞서 배운 칸의 음절 구조 형성 규칙이 '느리고 또박또박한' 말투를 설명하는 규칙이라면, 양음절성 규칙은 '빠르고 정상 속도의' 말투를 포착하기 위하여 제시하였다. 단어 Haskins, April에서의 음절 구조를 표현하면 다음과 같다.

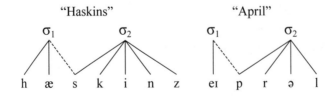

## 제1장 │ 음절 내부 구조 표시

**01** 칸(Daniel Kahn)이 정의한 음절에 대한 설명으로 가장 적절하지 <u>않은</u> 것은?

① 핵음은 주로 모음이지만, 영어에서는 성절자음도 가능하다.
② 가장 높은 공명도를 지닌 음을 중심으로 모인 집합체이다.
③ 성절자음을 중심으로 모인 음들의 집합체이다.
④ 두음과 말음은 있어도 되고 없어도 된다.

**01** 칸에 의하면 음절은 최고 공명도를 지닌 음을 중심으로 모인 집합체로서, 핵음 좌우로 두음과 말음이 존재한다.

**02** 음절 구조의 특징으로 옳은 것은?

① 필수요소는 핵음이며, 선택요소는 두음과 말음이다.
② 공명도 정점을 이루는 소리는 음절의 두음이다.
③ 영어에서 핵음은 모음으로만 구성된다.
④ 핵음 뒤에 두음이 오며, 모든 자음이 가능하다.

**02** ② 공명도 정점은 핵음이 갖고 있다.
③ 영어에서 핵음은 모음뿐 아니라 성절자음도 가능하다.
④ 핵음 뒤에는 말음이 온다.

**03** 다음 중 말음이 자음군인 것은?

① late
② paste
③ ache
④ choke

**03** 핵음 뒤의 음이 말음이며, 우리말의 종성으로 볼 수 있다. 철자가 아니라 발음 기준으로 보면 /leɪt/, /peɪst/, /eɪk/, /ʧoʊk/이다.

정답 ( 01 ③  02 ①  03 ② )

**04** 핵음 + 말음, 즉 음절에서 두음을 제외한 나머지를 가리킨다. 발음을 살펴보면 /koʊst/, /boʊst/, /koʊt/, /hoʊst/이다.

**04 다음 중 운모가 <u>다른</u> 하나는?**

① coast

② boast

③ coat

④ host

**05** 공명도는 소리의 낭랑함, 진폭(세기) 과 관련이 있고, 개구도가 클수록 크다. 따라서 파열음보다 마찰음이, 마찰음보다 비음이 더 크다.

**05 공명도를 올바르게 비교한 것은?**

① 비음 < 파열음 < 마찰음

② 마찰음 < 파열음 < 비음

③ 비음 < 마찰음 < 파열음

④ 파열음 < 마찰음 < 비음

**06** 공명도는 개구도와 관련이 있어서, 자음보다는 모음이, 모음 중에서도 저모음으로 갈수록 커진다.

**06 자음과 모음의 공명도를 올바르게 비교한 것은?**

① 고모음 < 저모음 < 유음

② 고모음 < 유음 < 저모음

③ 유음 < 고모음 < 저모음

④ 유음 < 저모음 < 고모음

**정답** ( 04 ③  05 ④  06 ③ )

## 제2장 음절 속에서 음소배열규칙

**01 음소배열규칙에 대한 설명으로 가장 적절하지 <u>않은</u> 것은?**

① 음소와 이음의 상호작용 규칙을 연구하는 분야이다.

② 음소배열론 혹은 음절구조제약이라고도 불린다.

③ 언어별로 음절 내 음소들의 배열상의 특징을 연구한다.

④ 음절 내 음소들의 배열에 제약을 가하는 형태로 나타난다.

**02 음절 내 영어 자음군에 대한 설명으로 가장 적절한 것은?**

① 말음에는 최대 세 개까지 가능하다.

② 두음에는 최대 두 개까지 가능하다.

③ 두음에는 /ŋ/이 절대로 올 수 없다.

④ 핵음에는 자음이 절대로 올 수 없다.

**03 한국어와 영어의 음절 내 음소배열에 대한 설명으로 가장 적절한 것은?**

① 한국어와 영어의 핵음에는 모두 모음만이 올 수 있다.

② 한국어 말음은 철자는 두 개, 발음은 한 개의 자음만이 가능하다.

③ 한국어와 영어의 두음에는 같은 개수의 자음이 가능하다.

④ 한국어와 영어의 두음에는 모든 자음이 가능하다.

---

**01** 음소와 이음 사이의 규칙 연구는 음운론에서 음소론(phonemics)에 해당한다.

**02** ① · ② 영어 음절의 두음에는 최대 세 개, 말음에는 최대 다섯 개까지 자음군이 올 수 있다.
④ 핵음에는 모음 말고도 비음과 유음의 성절자음이 올 수 있다.

**03** 한국어 말음은 글자로는 두 개, 발음으로는 자음이 하나만 가능하다.
① 영어의 핵음에는 성절자음도 올 수 있다.
③ 한국어와 달리 영어의 두음에는 자음이 세 개까지 올 수 있다.
④ 한국어의 두음에는 /ŋ/이, 영어의 두음에는 /ŋ/과 /ʒ/가 쓰일 수 없다.

**정답** ( 01 ① 02 ③ 03 ② )

**04** CCCV...의 경우 /s/ 다음에는 무성 파열음인 /p, t, k/만 가능하다.

**04 영어 두음에 세 개의 자음군이 올 때, 배열규칙으로 틀린 것은?**

① 둘째 자음은 /p, t, k/만 가능하다.

② 첫째 자음은 반드시 /s/여야만 한다.

③ 셋째 자음은 접근음만 가능하다.

④ /s/ 다음에 모든 파열음이 가능하다.

**05** 음절구조제약에 의해 허용되지 않아서, 절대 생길 수 없는 없는 공백을 체계적 공백이라고 부른다. 제시된 음절에는 모음이나 성절자음이 없다.

**05 영어에서 /pfzk/와 같은 음절은 존재하지 않는데, 이를 가리키는 명칭은?**

① 변별 자질

② 음절 두음

③ 체계적 공백

④ 대조 분포

**06** 음소배열규칙에 의하면 가능한 조합이지만 그 언어에서 우연히 나타나지 않는 단어 형태를 우연한 공백이라고 부른다.

**06 다음 중 영어에서 sprik, cruke, crike와 같은 단어들이 갖고 있는 공통점은?**

① 최소 대립어

② 우연한 공백

③ 변이음

④ 이항대립

**07** 자음 두 개가 연이어 올 때 파열음 + 유음의 결합이 가능하나, 모든 조합이 가능한 것은 아니라서 *tl-, *dl-은 불가능하다.

**07 다음 중 영어의 어두 자음군에 대한 설명으로 가장 적절하지 않은 것은?**

① 파열음 + 유음의 결합이 가능하다.

② pl-, dr- 조합은 가능하다.

③ mb-, nd- 조합은 불가능하다.

④ tl-, dl- 조합은 가능하다.

**정답** 04 ④ 05 ③ 06 ② 07 ④

## 제3장 　대화 속에서 음절 구분

**01** 칸이 제시한 음절 구조 형성 규칙에 대한 설명으로 가장 적절하지 **않은** 것은?

① 음들이 두음 · 핵음 · 말음의 어디에 어떤 식으로 속하는지를 제시한 규칙이다.

② 칸의 일반 규약에 따르면, 핵음은 정확히 한 개의 음절과 연결되어야 한다.

③ 두음 혹은 말음은 양쪽의 두 개의 음절과 동시에 연결되어야 한다.

④ 두음, 말음의 연결선들은 서로 교차되거나 가로지르면 안된다.

**02** 음절 구조 할당 규칙에 대한 설명으로 가장 적절하지 **않은** 것은?

① 음절 구조를 확정하기 위한 칸의 규칙이다.

② 핵음은 하나의 음절과 연결된다.

③ 핵음 규칙과 두음/말음 규칙, 이렇게 두 가지로 구성된다.

④ 두음보다 말음에 대한 연결 규칙이 우선한다.

**01** 칸의 일반 규약에 따르면, 두음 혹은 말음은 최소 한 개의 음절과 연결되어야 한다.

**02** 칸의 음절 구조 할당 규칙에 의하면, 말음보다 두음에 대한 연결 규칙이 우선한다.

**정답** ( 01 ③ 02 ④ )

03 칸의 음절 구조 할당 규칙에 의하면 핵음 연결 이후, 두음/말음 중에서 두음이 우선적으로 연결되어야 하므로, 허용 가능한 t, r 음들이 $\sigma_2$와 연결되어야 한다.

03 다음 그림에서 이음절어 **actress**에 대하여 두 개의 핵음이 각각 음절과 연결되었다. 그다음 단계는?

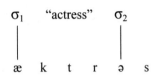

① k 음은 $\sigma_1$과, s 음은 $\sigma_2$와 연결된다.
② t, r 음들이 $\sigma_2$와 연결된다.
③ k, t, r 음들이 $\sigma_1$과 연결된다.
④ k, t 음들이 $\sigma_1$과 연결된다.

04 느리고 또박또박한 말투를 설명하는 규칙은 칸의 음절 구조 형성 규칙이다.

04 칸의 양음절성 규칙에 대한 설명으로 가장 적절하지 <u>않은</u> 것은?

① 느리고 또박또박한 말투를 설명하는 규칙이다.
② 자음이 강세 음절과 비강세 음절 사이에 존재할 때의 규칙이다.
③ 빠르고 정상 속도의 말투를 포착하기 위하여 제시되었다.
④ 자음이 앞 음절의 말음과 뒤 음절의 두음으로 동시에 연결된다.

05 뒤 음절의 두음으로 연결되어 있더라도 앞 음절의 말음으로 연결시킬 수 있는 /s/ 음이 양음절성 음이다.

05 다음 그림처럼 이음절어 **Haskins**에 대하여 음절 구조가 표시되었다. 칸의 양음절성 음은 무엇인가?

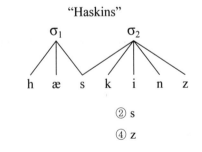

① æ          ② s
③ n          ④ z

정답 03 ② 04 ① 05 ②

# 제 7 편

# 변별적 자질
## (Distinctive Features)

| 단원 개요 |

물질의 기본단위를 분자에서 원소, 원자로 나누어 가듯이, 말소리도 마찬가지로 나누어 가다 보면 변별적 자질이라는 개념을 만나게 된다. 변별 자질이라는 개념을 왜 생각해 냈는지, 이들이 말소리 분류나 말소리 변동에 어떤 도움을 줄 수 있는지 소개한다. 변별 자질은 말소리의 개념과 실체를 이해하는 데 유용한 도구임을 배우게 된다.

| 출제 경향 및 수험 대책 |

상대적으로 암기할 양이 많은 단원이다. 변별 자질이 어떠한 기준에 의해서 생겨났는지, 또 그 변별 자질로 구분할 수 있는 소리 집단이 무엇이고, 어떠한 소리들이 어떤 변별 자질을 갖고 있는지 파악할 수 있는 능력을 길러야 한다. 개념 이해를 바탕으로 실제 사례에 대한 반복이 중요하다.

# 제 1 장 | 변별적 자질의 개념

자연과학 분야에서 어떤 물질을 구성하는 분자를 더 작게 쪼개면, 그 물질의 성질은 더 이상 지니고 있지 않지만 분자를 구성하는 더 작은 원자들을 찾아낼 수 있듯이, 마찬가지로 음소를 더 작게 쪼개면 소리 낼 수는 없지만 그 음소를 구성하는 더 작고 세밀한 구성요소 혹은 성질들을 발견할 수 있다. 이들을 괄호 안에 하나씩 넣어서 표시하면 그 음소를 구성하는 구성요소로 생각할 수 있는데, 이들 개별요소를 **변별 자질**(distinctive features)이라고 부른다. 이름 그대로, 말소리들을 미세하게 구분(혹은 변별)시켜 줄 수 있거나 말소리를 구성하고 있는 조음적·음향적인 특성들인 것이다. 예를 들어, 영어의 음소 /n/을 구성하고 있는 조음적·음향적 성질을 잘게 나누어 생각해 보면, 자음이면서 유성음이고 성절자음이며, 비음이면서 공명음이고 또 비지속음이다. 각 성질들에 대하여 대표적인 명칭을 선택하고, 이들에 +(플러스) 혹은 −(마이너스) 부호를 붙이면, 그 성질이 '있다' 혹은 '없다'라고 표시할 수 있다. 이런 식으로 비음 /n/을 구성하고 있는 변별 자질들을 표시해 보면, /n/ = [+consonantal] [+voiced] [+syllabic] [+nasal] [−obstruent] [−continuant]가 된다.

음소를 구성한다고 볼 수 있는 소리 성질들을 변별 자질이라는 개념을 이용하여 표시하면, 음소를 구분하거나 분류하거나 혹은 어떤 음운 현상에 관여하는 소리 집단을 기술하는 데 편리하다. 예를 들어 /p, b/는 유일한 차이점이 유무성음 여부인데, 이때 [voiced]라는 변별 자질을 **이항대립**(binary opposition)시켜 +와 −로 표시하여 /p/는 [−voiced]로, /b/는 [+voiced]로 구분할 수 있다. 또한, 같은 자질을 이용하여 파열음 /p, t, k, b, d, g/ 집단을 [−voiced] 집단인 /p, t, k/와 [+voiced] 집단인 /b, d, g/로 나눌 수 있다. 이렇게 말소리를 집단별로 분류할 때에 자질들을 이용하면, 말소리 변화 양상(즉, 음운 현상)을 기호를 이용하여 기술하는 데 유용하게 쓸 수 있다. 때때로 이항대립 부호를 합쳐서 ±로 표시하기도 한다. 즉, 영어 p̲in과 b̲in을 구별시켜 주는 것은 무성과 유성의 차이인 [±voiced]이고, b̲e와 m̲e를 구별시켜 주는 것은 구강음과 비음의 차이인 [±nasal]이며, bi̲d와 ba̲d를 구별시켜 주는 것은 고모음과 저모음의 차이인 [±high]이다.

> **더 알아두기**
>
> **이항대립**
>
> 두 개의 반대 성질이 서로 대립한다는 의미인데, 말 그대로 +(플러스) 혹은 −(마이너스) 부호를 이용하여 표시한다는 의미이다. 특정 변별 자질 성질을 갖고 있다면 [+변별 자질 이름], 갖고 있지 않다면 [−변별 자질 이름]으로 표시하면 된다. 예를 들어, 어떤 말소리(들)가 성대 진동 자질 [voiced]를 갖고 있다면(유성음이라면) 간단히 [+voiced], 없다면(무성음이라면) [−voiced]로 표시하면 된다.

# 제 2 장 | 음성 자질의 필요성

어떤 말소리 혹은 말소리들이 앞뒤의 주변 말소리에 의해 자신의 일부 혹은 전체 성질이 바뀌는 음운 현상을 기술할 때, 개별 말소리를 나열하기보다 말소리(들)가 공유하고 있는 변별 자질을 중심으로 규칙을 기술하게 되면 해당 음운 현상을 보다 근본적이고 통찰력 있게 이해할 수 있다. 예를 들어 cap, sat, kit의 모음 음소들 /æ, ɪ/는 can, Sam, king에서처럼 주변 말소리(뒤의 비음)의 영향에 따라 비음화된 이음으로 발화되는데, 사실 이러한 현상은 영어 모음 음소 전체에서 일어나는 일이다. 이 경우 모음 음소들과 비음들을 일일이 모두 나열하여 서술하는 것보다는 비음성을 나타내는 변별 자질 [nasal]을 이용하여, '모든 모음(V)이 [+nasal]을 띤 비음 자음(C) 앞에서 [+nasal] 성질을 띤 모음으로 변한다(→)'라고 다음과 같이 표시할 수 있다.

$$\begin{array}{cc} \text{V} & \text{C} \\ & [+\text{nasal}] \end{array} \rightarrow \begin{array}{cc} \text{V} & \text{C} \\ [+\text{nasal}] & [+\text{nasal}] \end{array}$$

그러나 이 음운 규칙을 좀 더 효율적으로 표시하려면, 변화(→)의 조건이 되는 부분을 '/' 기호 우측에 표시하고, 변화를 겪는 말소리(여기서는 모음)를 좌측에 표시하면 좋을 것이다. 또 변화가 발생하는 위치를 '____'로 표시할 수 있다. 따라서 다음과 같이 변별 자질과 '/' 기호 및 '→' 기호를 표시하여 음운 변화를 일목요연하게 표시할 수 있다.

| 변화 전 소리 → 변화 후 소리 / ____ 조건 | $\text{V} \rightarrow \begin{array}{c} \text{V} \\ [+\text{nasal}] \end{array} / \underline{\quad} \begin{array}{c} \text{C} \\ [+\text{nasal}] \end{array}$ |
|---|---|

물론, 다음과 같이 관여하는 자모음을 나열하여 표시하는 방법도 있다.

$$/æ, ɪ/ \rightarrow [æ̃, ɪ̃] / \underline{\quad} [m, n, ŋ]$$

하지만 단순 나열보다 관여하고 있는 자질 위주로 규칙을 표시하면 훨씬 명료하고 이해가 쉽게 된다. 즉, 이 규칙은 모음이 자음의 [nasal]이라는 자질을 닮아가는 것으로 볼 수 있고, 인접한 말소리들이 서로 닮아가는 **동화 현상**(assimilation)의 일종임을 금방 파악할 수 있는 것이다. 또 다른 경우를 생각해 보자. 영어에서 /s, z, t, d/는 /y/ 앞에서 각각 /ʃ, ʒ, ʧ, ʤ/로 변한다. 이를 다음과 같이 단순하게 나열을 할 수도 있다.

$$/s, z, t, d/ \rightarrow [ʃ, ʒ, ʧ, ʤ] / \underline{\quad} [y]$$

하지만 이 규칙은 왜 이러한 현상이 발생하는지에 대한 보다 깊이 있는 설명을 제시하지 못한 채 소리만을 나열하고 있다. 깊이 들여다보면, 변화의 대상인 /s, z, t, d/는 모두 치경음이고, 변화의 결과인 /ʃ, ʒ, ʧ, ʤ/는 경구개치경음이며, 변화의 원인인 활음 /y/는 경구개음이다. 이렇듯 조음위치 자질이 핵심적인 역할을 하고 있으며, 이는 다음과 같은 자질을 이용하여 표시하면 매우 명확하다.

$$[+\text{alveolar}] \longrightarrow [+\text{alveo-palatal}] / \underline{\quad\quad} [+\text{palatal}]$$

이렇게 말소리 변화를 표시하면, 여러 개의 단순 나열로 표시된 규칙 표현보다는 음성학적·음운론적인 동기나 원인을 잘 파악할 수 있어 현상의 본질에 대해 더 잘 설명할 수 있다. 또한, 자질로 표현되는 소리 집단이 해당 규칙에 있어서 동일한 행동을 보이는 소리 모임임을 알 수 있으며, 영어뿐 아니라 다른 언어에서도 같은 성격을 지닌 규칙을 동일한 방식으로 표현할 수 있어 일반화시키기 좋다.

> **더 알아두기**
>
> **조음위치를 나타내는 변별 자질**
>
> 실제로 조음위치를 나타내기 위한 자질로 [alveolar], [palatal], [alveo-palatal]은 존재하지 않고 다른 자질들을 이용하지만, 자질의 유용성을 강조하기 위해 이들을 이용하였음을 이해하기 바란다. 뒤에서 배우겠지만, 조음위치 자질들에는 [labial], [anterior], [coronal], [dorsal], [radical], [glottal] 등이 있다.

# 제 **3** 장 | 음성 자질의 분류

야콥슨(Roman Jakobson)이 1941년 최초로 변별자질이론(distinctive feature theory)을 제시한 이후, 1968년 촘스키(Noam Chomsky)와 할레(Morris Halle)가 "The Sound Pattern of English"(영어음의 모형)에서 발전시켰다. 야콥슨은 해당 성질이 있고 없음을 +와 −로 표시한다는 이항대립(binary opposition) 개념을 사용하여 영어의 모음과 자음을 변별 자질들로 분석하여 목록표를 처음으로 만들었다. 변별 자질은 크게 4개의 부분으로 나누어, 주요 집단 자질(major class features), 후두 자질(laryngeal features), 조음방법 자질(manner features), 조음위치 자질(place features)이 있다.

## 제1절  주요 집단 자질 중요

주요 소리 집단을 구분하는 자질들로 [syllabic], [consonantal], [approximant], [sonorant]의 4가지가 있다. 음절의 핵음이 될 수 있는 모음 전체와 성절자음을 [+syllabic]으로 나타내며, 활음을 포함한 모든 자음은 [−syllabic]으로 표시한다. 성도에서 공기 흐름이 방해받아 생성되는 대부분의 자음은 [+consonantal]이고, 모든 모음과 활음(/w, y/)은 [−consonantal]로 표시한다. 활음이 자음이지만 때때로 반모음이라고 불리는 이유도 이 때문이다. 상하 조음기관 중 아래 조음기관이 접근하여 만들어지는 접근음인 활음과 유음 및 모든 모음은 [+approximant]이고, 저해음과 비음은 [−approximant]로 표시한다. 구강 및 비강 성도에서 낭랑하게 공명하는 소리인 공명음(비음, 활음, 유음)과 모든 모음은 [+sonorant]이고, 그렇지 않은 저해음은 [−sonorant]로 표기한다. 주요 부류로 구분할 때에 모음이나 활음은 [+approximant], [+sonorant], [−consonantal]이며, 활음은 [−syllabic]임을 잘 알아두자.

## 제2절  후두 자질

성문의 상태를 나타내는 자질로 3가지가 있다. 성대 진동이 수반되면 [+voiced], 아니면 [−voiced]로 표기한다. 기식음(대기음, aspiration)의 유무를 표기하기 위한 자질로 [spread glottis]가 있으며, 성문이 닫힌 채로 발화되는 방출음이나 내파음 및 성문 폐쇄음을 나타내기 위한 [constricted glottis] 자질이 있다.

## 제3절 | 조음방법 자질

조음방법을 나타내는 자질로 [continuant], [nasal], [strident], [lateral], [delayed release]의 5가지가 있다. 파열음(비강 파열음 포함), 파찰음 같은 비지속음은 [−continuant]로 표기하고, 마찰음, 유음, 활음 등 지속음은 [+continuant]로 표기한다. 비교적 조용한 /θ, ð, h/를 제외한 모든 마찰음과 파찰음은 마찰로 인해 만들어지는 소음 때문에 [+strident]의 소음음으로 표기하고, 나머지 자음은 [−strident]로 표기한다. 파열음과 파찰음을 구분하기 위하여 [delayed release] 자질을 이용하며 파찰음은 [+delayed release]로 표기한다. 나머지 [nasal]과 [lateral]은 각각 비음과 설측음을 표기하기 위해 사용한다. 특히 [nasal]은 자음에서는 변별적으로 분류하는 기능을 갖고 있지만, 모음에서는 변별적 분류 기능이 없다.

## 제4절 | 조음위치 자질 중요

조음위치를 나타내는 자질로 [labial], [coronal], [anterior] 등이 있다. 양순음과 순치음은 [+labial]로, 나머지 자음은 [−labial]로 나타낸다. 양순음부터 치경음까지는 [+anterior]인 전방음(입의 앞쪽에서 발음되는 음들)으로, 경구개치경음부터 성문음까지는 [−anterior]로 표기한다. 치간음부터 경구개음까지는 [+coronal]인 설정음(혀끝이 위로 올라가서 발음되는 음들)으로, 나머지 양순음, 순치음, 연구개음은 [−coronal]로 표기한다. 추가적으로 모음을 구분하기 위한 자질로는 혀의 위치나 입술의 모양을 반영한 [high], [low], [back], [tense], [round] 등이 있다.

전술한 자질들을 요약해 보면 다음 그림과 같다.

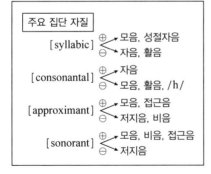
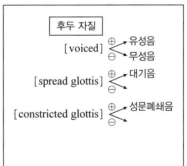

**조음방법 자질**

- [continuant] ⊕→ 마찰음, 접근음
  ⊖→ 파열음(둘 다), 파찰음
- [nasal]
- [strident] ⊕→ 마찰음(/θ, ð, h/ 제외), 파찰음
  ⊖→
- [lateral]
- [delayed release] ⊕→ 파찰음
  ⊖→

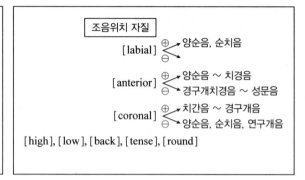

이러한 변별 자질을 이용하여 영어의 자음과 모음을 구분한 목록을 표로 만들어 보면 다음과 같다.

| 조음방법 | 파열음 | | | | | | 파찰음 | | 마찰음 | | | | | | | | | 비음 | | | 유음 | | 활음 | |
|---|---|---|---|---|---|---|---|---|---|---|---|---|---|---|---|---|---|---|---|---|---|---|---|---|
| 자음 | p | t | k | b | d | g | tʃ | dʒ | f | θ | s | ʃ | v | ð | z | ʒ | h | m | n | ŋ | l | r | w | y |
| syllabic | − | − | − | − | − | − | − | − | − | − | − | − | − | − | − | − | − | ± | ± | ± | ± | ± | − | − |
| consonantal | + | + | + | + | + | + | + | + | + | + | + | + | + | + | + | + | + | + | + | + | + | + | − | − |
| voiced | − | − | − | + | + | + | − | + | − | − | − | − | + | + | + | + | − | + | + | + | + | + | + | + |
| continuant | − | − | − | − | − | − | − | − | + | + | + | + | + | + | + | + | + | − | − | − | + | + | + | + |
| nasal | − | − | − | − | − | − | − | − | − | − | − | − | − | − | − | − | − | + | + | + | − | − | − | − |
| lateral | − | − | − | − | − | − | − | − | − | − | − | − | − | − | − | − | − | − | − | − | + | − | − | − |
| strident | − | − | − | − | − | − | + | + | + | − | + | + | + | − | + | + | − | − | − | − | − | − | − | − |
| anterior | + | + | − | + | + | − | − | − | + | + | + | − | + | + | + | − | | + | + | − | + | + | − | − |
| coronal | − | + | − | − | + | − | + | + | − | + | + | + | − | + | + | + | | − | + | − | + | + | − | + |

| 허 전후 위치 | 전설모음 | | | | | 후설모음 | | | | | 중설모음 | |
|---|---|---|---|---|---|---|---|---|---|---|---|---|
| 모음 | i | ɪ | e | ɛ | æ | u | ʊ | o | ɔ | ɑ | ʌ | ə |
| 허 높이 | 고모음 | | 중모음 | | 저모음 | 고모음 | | 중모음 | | 저모음 | 중모음 | |
| syllabic | + | + | + | + | + | + | + | + | + | + | + | + |
| consonantal | − | − | − | − | − | − | − | − | − | − | − | − |
| high | + | + | − | − | − | + | + | − | − | − | − | − |
| low | − | − | − | − | + | − | − | − | − | + | − | − |
| back | − | − | − | − | − | + | + | + | + | + | + | + |
| round | − | − | − | − | − | + | + | + | + | − | − | − |
| tense | + | − | + | − | − | + | − | + | + | + | | |

# 제 4 장 | 자연집단

하나 이상의 변별 자질을 공유하는 음소 집합을 **자연집단**(자연부류, natural classes)이라고 부른다. 예를 들어, [+nasal] 자질을 공유하는 자음들의 자연집단은 /m, n, ŋ/이라고 볼 수 있으며, 이 자연집단을 구성하는 각 음소들은 공유하는 자질 말고도 다른 자질들을 갖고 있으므로, 자연집단을 정의하기 위한 자질의 수는 그 집단의 개별 음을 나타내는 데 필요한 자질의 수보다 대부분의 경우 적다. 다음 그림에서 보면, 집단을 구성하는 성질을 나타내는 변별 자질의 수가 증가할수록 자연집단을 구성하는 음소의 개수는 감소하는 것을 볼 수 있다.

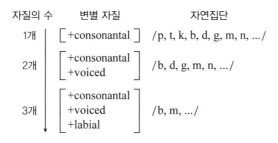

또 /p, t, k/는 조음음성학적으로는 영어의 무성 파열음이지만, 자연집단의 관점에서 보면 [+consonantal, −continuant, −delayed release, −voiced]의 네 변별 자질을 공유한 자연집단이고, 한 음을 자질로 표시하려면 네 개보다 더 많은 자질이 필요하다. 예를 들어, /p/ 홀로 구성된 자연집단을 자질로 표시하려면 네 개의 변별 자질에 조음위치 자질인 [labial]을 추가해야만 /p/ 자연집단을 만들 수 있는 것이다. 또는 [anterior], [coronal] 자질을 이용하여 다음 그림처럼 구분하기도 한다.

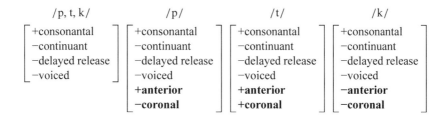

어떤 음운 변화를 자질들을 이용하여 표시할 경우, 요구되는 자질의 수가 적으면 해당 음소 집합에 속한 음소들의 수가 증가하므로, 그 규칙의 일반성은 증가되고 적용 범위가 확대된다. 하지만 자질의 수가 많아질수록 음소들의 수가 감소하므로, 규칙의 일반성이 감소되어 적용 범위가 좁혀진다고 볼 수 있다. 이는 공유하는 자질의 수가 늘어날수록 자연집단을 구성하는 음의 개수가 줄어들며, 반대로 자질의 수가 줄어들수록 음의 개수가 늘어나는 경향에서 비롯된 것이다. 예를 들어, 공유하는 자질이 [+consonantal]뿐일 경우 자연집단의 음의 개수는 모든 자음이 될 것이지만, 공유 자질들이 [+consonantal, +continuant]라면 자음들 중에서 지속성이 없는 파열음과 파찰음은 제외되므로, 마찰과 접근음만으로 그 수가 줄어들 것이다. 공유 자질들이 [+consonantal, +continuant, +syllabic]라면 성절성이 없는 마찰음도 제외되고, 접근음 중에서도 성절성이 없는 활음이 제외되어 유음만 남게 될 것이어서 해당 규칙은 유음에만 적용되는 적용 범위가 좁은 규칙이 될 것이다.

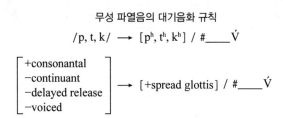

무성 파열음 음소 /p, t, k/가 어두 강세 음절의 두음으로 올 경우 대기음화 이음으로 발음된다는 음운 변화를 위 그림처럼 개별 음소와 이음들을 나열해서 규칙으로 표현할 수도 있지만, 변별 자질만을 이용하여 표현할 수도 있다. 이 경우 대기음을 표현하기 위한 자질로 후두 자질 중의 하나인 [+spread glottis]를 이용할 수도 있고, 편의상 [+aspirated]라고 표현할 수도 있을 것이다.

# 제 5 장 | 잉여 자질

어떤 변별 자질로 인해 자동적으로 예측될 수 있는 중복된 정보를 나타내는 자질을 **잉여 자질**(redundant features)이라고 한다. 예를 들면, 어떤 음이 [+syllabic]이라면 음절의 핵음이 될 수 있다는 말이므로 모음이나 성절자음일 것이다. 이들은 당연히 [+voiced]일 것이므로 [+voiced]는 이 경우 잉여 자질로 볼 수 있어 굳이 표시할 필요가 없다. 또 어떤 음이 [−sonorant]이면 저해음일 것이므로 파열음, 마찰음, 파찰음과 같이 당연히 [+consonantal]일 것이고, [−continuant]이면 파열음과 파찰음일 것이므로 반드시 [+consonantal]일 것이다. 잉여 자질이 여러 개일 수도 있는데, 어떤 음이 [+nasal]이면 두말할 필요 없이 [+consonantal, +voiced, +sonorant, −continuant, −strident, −lateral]일 것이다. 다음 그림은 비음 /n/의 음성 자질을 잉여 자질과 함께 혹은 없이 나타낸 것이다. 대체로 잉여 자질은 생략하는 경우가 많다.

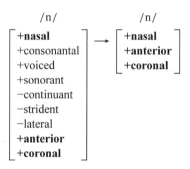

영어에서 어떤 음이 기식음(aspiration)을 지닌 대기음(aspirated sounds)이라면 /p, t, k/를 말하는데, 잉여 자질을 제외한 자질들만으로 표시하면 [+consonantal, −continuant, −voiced, −delayed release]가 된다. 영어 모음에 있어서도 잉여 자질을 생각할 수 있다. 영어 /i/ 모음처럼 [+high]이면 당연히 [−low]일 것이다. 반대로 [+low]이면 당연히 [−high]일 것이며, [−back]이면 [−round]일 것이다. 또 /u/ 모음처럼 [+round]이면 [+back]이면서 동시에 [−low]일 것이다.

# 제 7 편 │ 실전예상문제

## 제1장　변별적 자질의 개념

**01** 음을 구성한다고 볼 수 있는 다양한 소리 성질들을 변별 자질로 설정하여, 이항대립 방식을 이용하여 음소를 구분하거나 음운 현상을 기술하는 데 유용하게 사용할 수 있다. 단어의 의미 차이가 생기게 하는 것은 음소의 정의이다.

**01** 변별적 자질에 대한 설명으로 가장 적절하지 <u>않은</u> 것은?

① 음의 다양한 성질을 나타내는 개념이다.
② 자질이 달라지면 단어의 의미 차이가 생긴다.
③ 음소를 구분하고, 음운 현상을 기술하는 데 유용하다.
④ 이항대립을 이용하여 기술한다.

**02** [±mid]는 [±high]와 [±low]를 사용하여 나타낼 수 있으므로, 별도의 변별 자질로 사용되지 않는다. peal과 pool의 [i, u] 모음을 구분해 주는 자질은 [±back]을 이용한다.

**02** 변별 자질에 대한 설명으로 가장 적절하지 <u>않은</u> 것은?

① pin과 bin을 구별시켜 주는 자질은 [±voiced]이다.
② peal과 pool을 구별시켜 주는 자질은 [±mid]이다.
③ be와 me를 구별시켜 주는 자질은 [±nasal]이다.
④ bid와 bad를 구별시켜 주는 자질은 [±high]이다.

**03** 변별적 자질이란 음소들을 구분시켜 주므로, 영어 자음의 변별 자질은 [voiced]가 된다.

**03** 영어 자음에서 변별적 자질로 가장 적절한 것은?

① [aspirated]
② [round]
③ [voiced]
④ [high]

정답 ( 01 ② 02 ② 03 ③ )

04 단어 **prism**에 쓰인 비음 /m/을 구성하는 변별 자질이 <u>아닌</u> 것은?

① [+voiced]

② [+nasal]

③ [+syllabic]

④ [+high]

05 파열음 /p, b, t, d, k, g/를 /p, t, k/와 /b, d, g/로 나누는 변별 자질은?

① [±voiced]

② [±syllabic]

③ [±consonantal]

④ [±continuant]

## 제2장　음성 자질의 필요성

01　음운 현상 설명 시 개별 말소리로 표현하는 것보다 음성 자질로 표현하는 것이 현상의 본질 설명에 더 유리하다.

**01　음성 자질에 대한 설명으로 가장 적절하지 않은 것은?**

① 음운 규칙 표현에 있어서 개별 말소리를 나열할 필요를 줄여 준다.

② 음운 규칙의 음성학적·음운론적 동기나 원인을 더 잘 파악할 수 있다.

③ 음운 현상 설명 시 개별 말소리로 표현하는 것이 본질 설명에 더 유리하다.

④ 여러 언어에 대한 동일한 음운 현상을 일반화시킬 수 있게 해 준다.

02　빗금(/) 우측 부분이 규칙 발생의 조건으로, 비음(C, [+nasal]) 바로 앞에서 모음이 비모음으로 변하는 조음방법 동화 현상이다.

**02　다음 음운 규칙에 대한 설명으로 가장 적절한 것은?**

$$V \rightarrow \underset{[+nasal]}{V} / \underline{\quad} \underset{[+nasal]}{C}$$

① 자음의 비음화 현상이다.

② 규칙 발생의 조건은 비음 바로 앞이다.

③ 비음 뒤의 모음의 자질이 변한다.

④ 유성음으로 변하는 동화 현상이다.

**정답**　01 ③　02 ②

**03** 다음 음운 규칙에 대한 설명으로 가장 적절하지 <u>않은</u> 것은?

$$/s, z, t, d/ \rightarrow [\int, ʒ, \text{ʧ}, \text{ʤ}] / \underline{\hspace{2cm}} [y]$$

① 치경음이 변화의 대상이다.
② 변화의 결과는 경구개치경음이다.
③ 변화의 원인은 경구개음이다.
④ 규칙의 본질이 잘 설명되어 있다.

**04** 연속된 음 ABCD가 AECD로 변하였을 경우, 이를 음운 규칙으로 표현하면 무엇인가?

① B → E / A____C
② A → B / B____C
③ B → C / B____D
④ A → E / B____C

**05** 다음 음운 규칙 중 본질을 가장 잘 나타낸 것은?

① vowels get nasalized before /n/
② e → ẽ / ____n
③ V → Ṽ / ____N
④ V → V [+nasal] / ____C [+nasal]

**03** 규칙 발생 원인에 대한 본질이 잘 설명되어 있지 않고, 규칙에 관여하는 소리들이 단순 나열되어 있어서, 규칙을 보는 사람이 직접 본질(조음 위치 동화 현상)을 알아내야 한다.

**04** B가 E로 바뀌었고, 바뀐 조건이 되는 전후의 음들은 A와 C이다.

**05** 말로 설명하거나 음을 나열하는 것보다는 자질을 이용하여 규칙을 표시하는 것이 본질을 가장 간결하고 명료하게 나타낼 수 있다.

정답 ( 03 ④  04 ①  05 ④ )

01 이항대립(binary opposition)은 상
반된 부호를 대조시켜서 사용한다
는 의미이다.

02 유무성 자질은 [voiced]인데, 이것
은 후두 자질 중의 하나이다. 음성
자질은 크게 주요 집단 자질, 후두
자질, 조음방법 자질, 조음위치 자질
의 네 가지 자질로 구분된다.

03 [continuant]는 지속성을 나타내
는 자질로, 파열음과 파찰음을 다
른 자음과 구분하는 자질이며, 조음
방법 자질에 속한다. 주요 집단 자
질에는 [syllabic], [consonantal],
[approximant], [sonorant]의 네 가
지가 있다.

**정답** ( 01 ③  02 ①  03 ② )

## 제3장  음성 자질의 분류

**01** 변별 자질의 성질이 있고 없음을 +와 − 부호로 표시하는 것을 무엇이라고 하나?

① 음성 자질
② 최소 대립어
③ 이항대립
④ 자유 변이

**02** 변별 자질을 크게 네 가지로 분류할 때, 그 분류에 해당하지 않는 것은?

① 유무성 자질
② 주요 집단 자질
③ 후두 자질
④ 조음방법 자질

**03** 주요 집단 자질에 속하지 않는 것은?

① [consonantal]
② [continuant]
③ [syllabic]
④ [approximant]

**04** 후두 자질에 속하지 <u>않는</u> 것은?

① [voiced]
② [spread glottis]
③ [constricted glottis]
④ [delayed release]

**05** 조음방법 자질에 속하지 <u>않는</u> 것은?

① [continuant]
② [nasal]
③ [coronal]
④ [delayed release]

**06** 조음위치 자질에 속하지 <u>않는</u> 것은?

① [nasal]
② [labial]
③ [anterior]
④ [coronal]

**07** 다음 중 [+syllabic] 자질을 공유하는 음들을 올바르게 나타낸 것은?

① 유음, 마찰음
② 모음, 성절자음
③ 유성음, 활음
④ 성절자음, 파찰음

---

**04** [delayed release]는 개방 파열이 나중에 이루어지는 파찰음과 즉시 이루어지는 파열음을 구분하는 자질로, 조음방법 자질에 속한다. 후두 자질에는 [voiced], [spread glottis], [constricted glottis]의 세 가지가 있다.

**05** [coronal]은 혀끝이 위로 올라가서 발음되는 설정음을 구분하는 자질인데, 조음위치 자질에 속한다. 조음방법 자질에는 [continuant], [nasal], [strident], [lateral], [delayed release]의 다섯 가지가 있다.

**06** [nasal]은 비음을 구분하는 자질로, 조음방법 자질에 속한다. 조음위치 자질에는 [labial], [anterior], [coronal]이 있고, 모음에 대하여는 [high], [low], [back], [tense], [round]가 있다.

**07** [+syllabic]은 음절의 핵음이 될 수 있음을 나타내므로, 영어에서 모음과 성절자음에 해당한다.

**정답** ( 04 ④  05 ③  06 ①  07 ② )

08 대부분의 자음은 [+consonantal] 자질을 공유하고, 모음과 활음은 [−consonantal] 자질을 공유한다.

**08** 다음 중 [−consonantal] 자질을 공유하는 음들을 올바르게 나타낸 것은?

① 활음, 유음
② 성절자음, 활음
③ 파찰음, 마찰음
④ 모음, 활음

09 모음, 활음, 유음이 [+approximant] 자질을 공유하고, 저해음과 비음(비강 파열음)은 [−approximant] 자질을 공유한다.

**09** 다음 중 [+approximant] 자질을 공유하는 음들을 올바르게 나타낸 것은?

① 비음, 저해음
② 모음, 활음, 유음
③ 유성음, 비음
④ 마찰음, 파찰음

10 저해음(저지음)은 [−sonorant] 자질을 갖고 있다. [+sonorant] 자질을 공유하는 음은 비음, 활음, 유음, 모든 모음이다.

**10** 다음 중 [+sonorant] 자질을 공유하는 음이 <u>아닌</u> 것은?

① 모든 모음
② 비음
③ 저해음
④ 활음

11 활음은 음절의 핵음이 될 수 없기 때문에 [−syllabic]이다.

**11** 다음 중 활음이 갖고 있는 자질이 <u>아닌</u> 것은?

① [+syllabic]
② [−consonantal]
③ [+approximant]
④ [+sonorant]

**정답** 08 ④ 09 ② 10 ③ 11 ①

## 제4장   자연집단

**01** 자연집단(natural classes)을 정의한 말로 가장 적절한 것은?

① 의미의 차이를 유발하는 서로 다른 말소리들의 집합
② 하나 이상의 변별 자질을 공유하는 음소 집합
③ 상보적 분포를 이루는 물리적으로 유사한 소리들의 집합
④ 성대 진동을 유발하는 자음들의 집합

**01** 하나 이상의 변별 자질을 공유하는 음소 집합을 자연집단이라 한다. ①은 음소, ③은 한 음소의 변이음들, ④는 유성음 자음을 가리킨다.

**02** 자연집단을 정의하기 위한 자질의 수가 증가하면 나타나는 현상은?

① 음소의 수는 감소한다.
② 음소의 수는 증가한다.
③ 음소의 수는 변함없다.
④ 음소의 수는 예측불가하다.

**02** 자연집단을 정의하기 위한 자질의 수가 증가할수록, 자연집단을 구성하는 음소의 수는 감소한다.

**03** 자연집단 /p, t, k/에 대한 설명으로 가장 적절하지 <u>않은</u> 것은?

① [+consonantal, −continuant, −delayed release, −voiced] 자질들을 공유한다.
② /p/를 자질로 표시하려면 네 개보다 더 많은 자질들이 필요하다.
③ 조음음성학적으로 영어의 무성 파열음이다.
④ [−delayed release] 자질은 유성 파열음을 제외하기 위해 필요하다.

**03** 유성 파열음을 제외하기 위해 필요한 자질은 [−voiced]이다.

**정답** ( 01 ② 02 ① 03 ④ )

04 지속음은 마찰음과 접근음(유음, 활음)이고, 접근음은 모두 유성음이니, 무성음은 마찰음 /f, v, θ, ð, s, z, ʃ, ʒ, h/ 중에 무성음을 찾는 것과 마찬가지다.

04 지속음 집단 중에서 무성음인 것들은?

① /p, t, k, s, ʃ/
② /p, t, k, f, θ/
③ /f, θ, s, ʃ, h/
④ /ʧ, s, ʃ/

05 [approximant] 자질을 갖고 있는 음은 모음과 접근음이고, [continuant] 자질을 갖고 있는 음은 마찰음과 접근음이다. 따라서 두 자질을 모두 갖고 있는 것은 접근음이다.

05 [approximant] 자질과 [continuant] 자질을 동시에 갖고 있는 음들은?

① /f, θ, s, ʃ, h, l, r/
② /l, r, j, w/
③ /p, t, k, j, w/
④ /s, ʃ, ʧ, ʤ/

06 모두 전설모음인데, 자질에는 [front]가 없으므로 [back]에다가 - 부호를 붙인 [-back]을 이용한다.

06 영어 모음 /i, e, æ/의 공통 자질은?

① [-back]
② [+back]
③ [-high]
④ [+high]

정답 04 ③ 05 ② 06 ①

**07** [+delayed release] 자질이 만드는 자연집단은?

① 유음
② 파열음
③ 파찰음
④ 활음

**07** [+delayed release] 자질은 [−con tinuant] 자질로 만들 수 있는 자연 집단(파열음, 파찰음)에서 파찰음 만을 선별할 수 있게 해 주는 자질 이다.

**08** /t/의 조음점을 정의하기 위한 변별 자질들로 옳은 것은?

① [+anterior] [−coronal]
② [+anterior] [+coronal]
③ [−anterior] [−coronal]
④ [−anterior] [+coronal]

**08** [+anterior]는 양순음부터 치경음까 지이고, [+coronal]은 치간음부터 경구개음까지인데, 치경 파열음은 이 둘의 교집합으로 볼 수 있다.

**09** /k/의 조음점을 정의하기 위한 변별 자질들로 옳은 것은?

① [+anterior] [−coronal]
② [+anterior] [+coronal]
③ [−anterior] [−coronal]
④ [−anterior] [+coronal]

**09** [−anterior]는 경구개치경음부터 성 문음까지이고, [−coronal]은 양순 음, 순치음, 연구개음인데, 연구개 파열음은 이 둘의 교집합으로 볼 수 있다.

**정답** 07 ③ 08 ② 09 ③

10 [+anterior]는 양순음부터 치경음까지이고, [−coronal]은 양순음, 순치음, 연구개음인데, 양순 파열음은 이 둘의 교집합으로 볼 수 있다.

10 /p/의 조음점을 정의하기 위한 변별 자질들로 옳은 것은?

① [+anterior] [−coronal]

② [+anterior] [+coronal]

③ [−anterior] [−coronal]

④ [−anterior] [+coronal]

11 자음이 아닌 음은 모음과 반모음인 활음이며 [−consonantal] 자질로 표시한다. 이들이 비음 [+nasal] 앞에서 비음 자질을 닮아가는 규칙이다.

11 영어의 모음과 반모음(활음)이 비음 앞에서 비음화하는 현상을 변별 자질을 이용한 음운 규칙으로 만들면?

① [+consonantal] → [+nasal] / _____ [+nasal]

② [+consonantal] → [−nasal] / _____ [−nasal]

③ [−consonantal] → [+nasal] / _____ [+nasal]

④ [−consonantal] → [−nasal] / _____ [−nasal]

**정답** 10 ① 11 ③

## 제5장　잉여 자질

**01** 영어의 잉여 자질 관계로 옳은 것은?

① [−back] → [−round]

② [+consonantal] → [+spread glottis]

③ [+syllabic] → [+nasal]

④ [+high] → [+tense]

**02** 다음 관계가 의미하는 것으로 가장 적절한 것은?

$$C \atop [+\text{spread glottis}] \longrightarrow \begin{bmatrix} C \\ +\text{consonantal} \\ -\text{continuant} \\ -\text{voiced} \\ -\text{delayed release} \end{bmatrix}$$

① 자음이 무성음화되면 대기음이다.

② 자음이 파열음이면 무성자음이다.

③ 어떤 자음이 대기음이면 /p, t, k/이다.

④ 대기음 앞의 모음은 비모음이다.

**03** 다음 잉여 자질 규칙이 나타내는 것은?

$$C \atop [+\text{spread glottis}] \longrightarrow \begin{bmatrix} C \\ -\text{continuant} \\ -\text{voiced} \\ -\text{delayed release} \end{bmatrix}$$

① 어떤 자음이 대기음이면 /m, n, ŋ/이다.

② 어떤 자음이 대기음이면 /p, t, k/이다.

③ 어떤 자음이 공명음이면 /m, n, ŋ/이다.

④ 어떤 자음이 공명음이면 /p, t, k/이다.

---

**01** 후설모음에만 원순모음이 있으므로, 후설모음이 아니면 자동적으로 평순모음이다.

**02** 자음이 대기음을 갖고 있다면, 그 음소는 /p, t, k/일 것이라는 잉여 자질 관계를 나타낸다.

**03** [+spread glottis]는 대기음(기식음)을 나타내는 자질이고, [−continuant, −voiced, −delayed release] 자질들은 무성 파열음인 /p, t, k/를 나타낸다.

**정답** ( 01 ① 　02 ③ 　03 ② )

04 [−sonorant]이면 저해음인 파열음, 마찰음, 파찰음일 것이므로 [+consonantal]일 것이다.

**04 잉여 자질 관계에 대한 설명으로 틀린 것은?**

① [+syllabic]이면 [+voiced]일 것이다.

② [−sonorant]이면 [−consonantal]일 것이다.

③ [−continuant]이면 [+consonantal]일 것이다.

④ [+nasal]이면 [+voiced]일 것이다.

05 /ŋ/ : [+nasal, −anterior, −coronal]이 옳다. ④의 무성 파열음과 무성 파찰음은 [−continuant, −voiced] 자질로 표현된다.

**05 영어 자음의 자질 표시가 틀린 것은?**

① /n/ : [+nasal, +anterior, +coronal]

② /m/ : [+nasal, +anterior, −coronal]

③ /ŋ/ : [+nasal, −anterior, +coronal]

④ /p, t, k, ʧ/ : [−continuant, −voiced]

정답  04 ② 05 ③

# 말소리의 변동과
# 말소리의 규칙
# (Phonological Changes & Rules)

분절음과 초분절음을 배우는 목적 중의 하나는 결국 영어를 구성하고 있는 말소리들이 실제 대화 속에서 어떠한 말소리 변화를 겪는지 파악하여 발음과 청취를 원활하게 하려는 것이다. 다양한 기준에 의해 많은 말소리 변동 현상을 분류할 수 있는데, 개별 변동 현상을 자세히 소개한다. 음소와 이음을 이용하여 변화 현상을 표현하는 방법과 변별적 자질을 이용하여 표현하는 방법을 배우게 된다.

| 출제 경향 및 수험 대책 |

앞서 배운 분절음, 초분절음, 음소, 이음, 변별 자질 등 모든 개념들이 총출동하여 말소리 변동 현상을 배우게 되므로, 문제 풀이도 단순 암기만으로는 힘들 수 있다. 문제 해결이 막히는 경우 단순히 암기하려 하지 말고, 해당 개념에 대한 부분으로 되돌아가서 개념과 실제 사례를 다시 공부하는 것이 오히려 시간을 절약할 수 있다.

# 제 1 장 | 말소리의 변동

원어민의 머릿속에 존재하는 심리적 말소리인 음소는 조음기관을 통해 발음되면서 여러 음성환경에 노출되고 규칙적으로 말소리가 변하여 이음들로 실현된다. 음성환경에서 말소리 변동에 영향을 끼치는 가장 큰 요인 중 하나는 바로 영어가 강세박자언어라는 점인데, 강세가 부여된 음절과 그렇지 못한 음절 사이에 자음과 모음의 발음이 큰 영향을 받을 수 있다. 강세를 받으면 분절음이 자신의 음가를 충분히 나타내지만, 강세를 받지 못하면 분절음은 약화되거나 심지어 탈락되기도 한다. 또 하나의 말소리 변동 요인은 바로 앞과 뒤의 말소리들의 영향을 받는다는 점인데, 서로 영향을 주고받으면서 닮아가기도 하고 달라지기도 하는 등 다양한 말소리 변동이 생길 수 있다. 다음에서는 이러한 말소리 변동 규칙 혹은 음운 규칙들을 살펴보자.

## 제1절 | 동화작용(assimilation)

말소리가 이웃하거나 가까운 거리에 있는 다른 말소리의 영향을 받아 서로 비슷하게 변화하는 현상으로, 변별 자질의 관점에서 보면 어떤 말소리가 주위의 변별 자질을 취하여 비슷하게 변하는 현상으로 볼 수 있다. 동화작용은 영향이 미치는 거리에 따라 두 가지로 나뉘는데, 앞과 뒤 바로 이웃한 소리의 영향을 받는 경우 국지적 동화(local assimilation)라고 하고, 모음조화나 자음조화처럼 바로 이웃이 아닌 조금 먼 소리의 영향을 받는 경우 장거리 동화(long-distance assimilation)라고 한다. 동화작용은 한 소리가 다른 소리에 영향을 미치는 방향에 따라 또 세 가지로 나뉘는데, 앞의 소리가 뒤의 소리에 영향을 주면 순행동화(left-to-right, progressive assimilation)라고 하고, 뒤의 소리가 앞의 소리에 영향을 주어 변하게 하면 역행동화(right-to-left, regressive, anticipatory assimilation)라고 하며, 두 소리가 서로 영향을 미쳐 제3의 다른 소리로 변하게 되면 상호동화(reciprocal, mutual, coalescent, fusional assimilation)라고 한다. 또 영향을 받은 소리가 영향을 주는 소리의 일부 자질만 취하는 부분동화(partial assimilation)와 영향을 주는 소리로 완전히 통째로 변하는 완전동화(complete, total assimilation)로도 나뉜다.

## 1 순행동화 (중요)

앞의 소리가 뒤의 소리에 영향을 주어 뒤의 소리가 변화를 겪는 동화를 말한다. 영어에서 무성자음이 바로 뒤에 오는 비음, 유음, 활음 등의 유성음에 영향을 주어 이들 유성음인 공명음이 부분적으로 **무성음화**(devoiced, 즉 [−voiced])된다. 유성음이 무성음화되는 것은 기호 아래에 조그만 동그라미 부호로 표시한다.

| | | | | | |
|---|---|---|---|---|---|
| /pr/ | → | [pʰr̥] pray | /sm/ | → | [sm̥] small |
| /kl/ | → | [kʰl̥] clay | /fr/ | → | [fr̥] fries |
| /tw/ | → | [tʰw̥] twin | /θw/ | → | [θw̥] thwart |
| /ky/ | → | [kʰy̥] cute | /ʃr/ | → | [ʃr̥] shrink |

명사의 복수형이나 소유격을 표시할 때에도 앞 소리의 유무성 여부가 뒤의 소리에 영향을 주게 되는데, 철자로 는 -'s로 표시하지만 실제 발음형은 직전의 소리가 유성음이냐 무성음이냐에 따라 유무성 여부가 닮도록 [s, z] 둘 중에 하나로 발음하게 된다.

| | | | | | |
|---|---|---|---|---|---|
| dog's | → | [...gz] | books | → | [...ks] |
| people's | → | [...lz] | Kate's | → | [...ts] |
| cars | → | [...rz] | caps | → | [...ps] |
| Tom's | → | [...mz] | safes | → | [...fs] |

위의 두 가지 순행동화 사례는 모두 바로 이웃한 음들 사이에 발생하므로 국지적 동화이며, 영향을 주는 소리의 일부 자질(유무성)을 닮아가므로 부분동화라고 볼 수 있다.

## 2 역행동화 종요

뒤의 소리에 영향을 받아 앞의 소리가 뒤의 소리를 닮는 쪽으로 변하는 동화를 말한다. 영어의 부정 접두어인 'in-'은 뒤에 오는 소리의 조음위치를 닮는 쪽으로 동화하여 발음이 [ɪm-, ɪn-, ɪŋ-]과 같이 세 가지로 실현된다. 워낙 규칙적이고 다량으로 발생하므로 역사적으로 철자도 'im-/in-'으로 분화하게 되었다. 또한 이는 국지적 동화이고, 조음점 자질을 닮아가는 부분동화이다.

$$
\begin{aligned}
&\text{'in-': [ɪm-]} &&\text{in-} + possible &&\longrightarrow &&\text{impossible} &&\text{양순} \\
&\text{'in-': [ɪn-]} &&\text{in-} + definite &&\longrightarrow &&\text{indefinite} &&\text{치경} \\
&\text{'in-': [ɪŋ-]} &&\text{in-} + complete &&\longrightarrow &&\text{incomplete} &&\text{연구개}
\end{aligned}
$$

인접한 두 소리 사이에서 발생하기도 하고, 다른 음운 변동이 생긴 후에 역행동화가 일어나기도 한다. 또한 단어와 단어 사이의 경계에서 발생하기도 한다. 단어 grandpa에서는 [d]가 탈락한 후 [n]이 양순음 [p]의 영향을 받아 조음위치가 바뀐 [m]으로 변한다. this sheep에서는 [s]가 경구개치경음 [ʃ]의 영향을 받아 조음위치가 바뀐 [ʃ]로 변한다. 특히 이 경우는 영향을 주는 소리와 동일하게 바뀌었으므로 완전동화라고 볼 수 있다(혹은 원래 두 소리가 무성 마찰음이었으므로 조음위치 자질만 같아져도 같은 소리로 변할 수 있는 특수한 경우이다).

$$
\begin{aligned}
&\text{pancake} &&/...\text{ŋk}.../ &&\longrightarrow &&[...\text{ŋk}...] \\
&\text{grandpa} &&/...\text{ndp}.../ &&\longrightarrow &&[...\text{np}...] \longrightarrow [...\text{mp}...] \\
&\text{this sheep} &&/...\text{s} \# ʃ.../ &&\longrightarrow &&[...ʃ \# ʃ...]
\end{aligned}
$$

## 3 상호동화 종요

인접한 두 말소리가 서로 영향을 주어 새로운 말소리가 생성되는 경우로, 동화에 참여한 두 소리(A, B)가 아닌 다른 소리(C)로 바뀐다는 점이 순행동화나 역행동화와 다른 점이다. 이때 생성되는 새로운 말소리는 동화에 참여한 두 말소리의 조음위치나 조음방법 등의 속성 일부를 동시에 가진 닮은 소리이다. 따라서 국지적 동화이고, 부분동화이다.

$$
\begin{aligned}
&\text{this young man} &&/...\text{s} \# \text{y}.../ &&\longrightarrow &&[...ʃ...] \\
&\text{is your mother} &&/...\text{z} \# \text{y}.../ &&\longrightarrow &&[...ʒ...] \\
&\text{could you} &&/...\text{d} \# \text{y}.../ &&\longrightarrow &&[...dʒ...] \\
&\text{can't you} &&/...\text{t} \# \text{y}.../ &&\longrightarrow &&[...tʃ...]
\end{aligned}
$$

## 제2절　유성음화(voicing)

영어에서 무성음 /t/ 음소가 모음 사이에 있고, 앞의 모음이 뒤의 모음보다 더 강세가 있을 경우 탄설음(혹은 탄음) 이음 [ɾ]로 발음되는 현상을 **탄설음화**(설탄음화, flapping, tapping, alveolar flapping, intervocalic flapping) 현상이라고 부른다. 탄설음은 유성음으로 보기 때문에 유성음화로 불리기도 한다. 다음 그림에서 water는 유성음화 조건에 맞아 탄설음으로 바뀌지만, attend는 뒤에 있는 모음의 강세가 더 크기 때문에 조건에 맞지 않고, 대기음 이음 [tʰ]로 발음된다.

$$/t/ \rightarrow [ɾ] / \acute{V}\_\_\_\_V$$

wáter /wɔtəɹ/ → [wɔɾɪ]
atténd /ətend/ → [ətʰɛnd]

> **더 알아두기**
>
> **탄설음화**
> 탄설음은 혀끝을 치경 위치에 가볍게 한 번만 튕기듯 두들기면서 공기 흐름을 막는 순간적인 폐쇄를 만들어서 내는 소리로, 유성음으로 본다. 영어 유성음 음소 /d/도 같은 환경에서 탄설음 이음 [ɾ]로 발음된다. 따라서 ladder /lædəɹ/ → [læɾɪ]로 발음된다.

## 제3절　무성음화(devoicing)

영어에서 유성음이 주변 음성환경의 영향을 받아 무성음으로 변하는 현상을 무성음화라고 한다. 앞서 배운 동화작용에서 단어 내의 비음과 접근음이 무성음화되는 것(다음 왼쪽과 중간 부분 참조) 말고도, 일상 대화나 비교적 빠른 대화(casual or fast speech)에서 문장 끝이나(Yes, she is̥, …improv̥e) 어말을 포함한 단어 경계 부분에서(hav̥e to, Prov̥e two…) 바로 뒤에 무성음이 오는 경우에 발생하는 무성음화도 있다(다음 오른쪽 부분 참조). 문장 끝은 아무 소리도 없는 묵음이고, 이는 무성음과 동일하기 때문에, 유성음이 뒤에 오는 소리의 무성성을 닮아가는 동화작용(방향으로 보면 역행동화)의 일종으로 볼 수 있다.

| 접근음(유음, 활음)과 비음의 무성음화 | | 빠른 대화에서의 어말 무성음화 |
|---|---|---|
| /pr/ → [pʰɹ̥] pray | /sm/ → [sm̥] small | /iz/ → [is] Yes, she is. |
| /kl/ → [kʰl̥] clay | /fr/ → [fɹ̥] fries | /hæv/ → [hæf] …have to… |
| /tw/ → [tʰw̥] twin | /θw/ → [θw̥] thwart | /…v/ → […f] …improve. |
| /ky/ → [kʰy̥] cute | /ʃr/ → [ʃɹ̥] shrink | /…v/ → […f] Prove 2×2. |

**더 알아두기**

**어말 무성음화**

어말이나 문장 끝에서, 즉 무성음이나 묵음 앞에서 유성음이 무성음화되는 경우를 스펙트로그램을 통해 살펴보면 다음 그림과 같다. Prove it, Prove 2 × 2, Try to improve에서 음소 /v/는 환경에 따라 자신의 유성성을 그대로 발휘하기도 하고, 뒤에 오는 무성음이나 묵음의 무성성을 역행동화로 닮아가기도 한다. 첫째, Prove it의 경우, 음소 /v/는 앞뒤가 모두 모음으로 둘러싸여 있고 특히 뒤에 모음 /ɪ/가 있어 자신의 음가를 그대로 유지하여 이음 [v]로 발음된다. 세모로 표시된 마찰음 부분을 보면, 자잘한 세로줄이 표시되어 있고, 이는 성대의 개폐운동(즉, 진동)을 나타내므로 유성음인 것을 알 수 있다. 둘째, Prove two times two를 말할 때 음소 /v/ 뒤에 무성음 [t]가 오므로 무성성을 닮아가 무성음화하여 이음 [f]로 발음된다. 세모로 표시된 마찰음 부분을 보면, 첫 번째와는 완전히 다르게 자잘한 세로줄이 전혀 보이지 않아 무성음인 것을 알 수 있다. 셋째, Try to improve에서도 음소 /v/가 문장 끝의 묵음을 닮아가 무성음 이음 [f]로 발음된 것을 알 수 있고, 역시 성대 진동이 전혀 보이지 않는 것을 볼 수 있다.

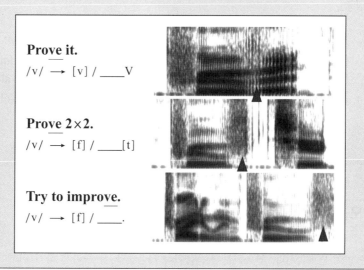

**Prove it.**
/v/ ⟶ [v] / ＿＿＿V

**Prove 2×2.**
/v/ ⟶ [f] / ＿＿＿[t]

**Try to improve.**
/v/ ⟶ [f] / ＿＿＿.

## 제4절 　이화작용(dissimilation)

모음이나 자음 할 것 없이 같거나 비슷한 종류의 말소리가 거리의 정도는 다르지만 서로 인접하였을 경우, 하나를 다르게 바꾸거나 탈락시키는 등 두 소리를 서로 다르게 변화시켜 발음을 용이하게 만드는 것을 가리킨다. 예를 들어, diphthong이란 단어에서 두 개의 마찰음 /f, θ/가 연속으로 나오는데, 발음도 힘들고 듣기도 쉽지 않으므로 앞의 마찰음을 파열음 /p/로 바꾸어 서로 다른 음으로 바꾸어 발음하기도 한다. 또 government란 단어에서는 연속한 비음 /n, m/ 중 앞의 /n/을 탈락시켜 발음하기도 한다(/r/은 하나밖에 없으므로 탈락하지는 않는다). 그리고 미국 영어 surprise, library, February, governor에서 다소 떨어져서 인접한 연속된 /r, r/ 중 앞의 /r/을 탈락시켜 발음하기도 한다. 또 recognize에서 유무성성은 다르지만 /k/가 있으므로 /g/가 탈락하기도 한다. 추가적인 예를 들면, 다음 왼쪽 부분과 같다. 인접한 모음 중 하나 이상이 탈락하기도 하며(다음 중간 부분 참조), 명사를 형용사로 만드는 접미사인 -al도 어간(stem)에 같은 유음 /l/이 있으면 -ar의 형태로 이화된다(다음 오른쪽 부분 참조).

| thermometer | [θə_mɑmətər] | /r/ | difficult | [dɪf_k_lt] | /ɪ, ə/ | '-al' | '-ar' |
|---|---|---|---|---|---|---|---|
| particular | [pə_tɪkjələr] | /r/ | preferable | [prɛf_rəbl] | /ə/ | anecdot-al | angul-ar |
| fulfill | [fu_fɪl] | /l/ | camera | [kæm_rə] | /ə/ | annu-al | annul-ar |
| environment | [ɪnvɑɪrə_mənt] | /n/ | | | | ment-al | column-ar |

## 제5절 　모음첨가(vowel insertion)

발음하기 어려운 음이 연속하거나, 연속되는 자음들이나 자음군을 잘 들리게 하기 위하여 모음을 삽입하거나(insertion) 추가하는(addition) 것을 첨가라고 부른다. 성절자음 앞에 약모음 /ə/를 삽입하여 비성절자음처럼 바꾸기도 하고(다음 왼쪽 부분 참조), 연속되는 치찰음을 잘 들리게 하기 위하여 약모음 /ɪ/를 삽입하기도 하는데(다음 오른쪽 부분 참조), 이러한 현상을 모음첨가(epenthesis)라고 부른다.

| | | /ə/ | | | /ɪ/ |
|---|---|---|---|---|---|
| film | [fɪlm̩] | → [fɪləm] | buses | [bʌsɪz] | |
| cycle | [saɪkl̩] | → [saɪkəl] | bushes | [buʃɪz] | |
| spasm | [spæsm̩] | → [spæsəm] | churches | [tʃərtʃɪz] | |
| brave | [breɪv] | → [bəreɪv] | | | |
| athlete | [æθlit] | → [æθəlit] | | | |

## 제6절 | 자음첨가(consonant insertion)

연속되는 모음을 잘 들리게 하기 위하여 /r/을 첨가하거나, 비음 /m, n, ŋ/ 발음 후 구강 무성음 발음을 하려다 타이밍이 안 맞아 연구개가 미리 닫히는 바람에, 비음과 조음위치가 같은 무성 파열음 /p, t, k/가 의도치 않게 추가되기도 하는 경우가 있는데, 이러한 현상을 자음첨가(excrescence)라고 부른다.

### 1 삽입 /r/(intrusive-r)

모음이 연이어 있을 때 잘 들리고 발음을 부드럽게 해 주기 위하여 그 사이에 /r/이 삽입되는 경우이다. 예를 들어 idea(/r/) of나 law(/r/) of, America(/r/) and, He saw(/r/) it이 있다.

### 2 연결 /r/(linking-r)

영국 영어에서 원래 묵음인 /r/이 뒤에 모음으로 시작하는 단어가 올 때 발음되는 경우가 있는데, 이 경우를 가리킨다. 예를 들어 take care(/r/) of, here(/r/) and there, The door(/r/) opened 등이 있다.

### 3 무성 파열음 삽입(voiceless stop insertion) 중요

무성 파열음 /p, t, k/와 비강 파열음 /m, n, ŋ/은 비강 통로가 열려 있느냐에 따라 구분되는 음들인데, 비음 바로 뒤에 무성음이 올 경우 비강 통로를 제때에 닫고 구강음인 무성음을 발음해야 한다. 그런데 가끔 무성음을 발음하기 전에 비강 통로가 미리 닫혀서 비강 파열음이 무성 파열음으로 약하게 발음되어 원래 발음에는 없는 무성 파열음이 삽입되기도 한다. 발음상 파열음만 삽입되기도 하고, 또 철자로도 반영되기도 한다. 이렇게 발음될 경우 tense/tents, chance/chants, prince/prints는 발음상 동음이의어가 되어 버린다. 하지만 무성 파열음 삽입은 항상 반드시 발생하는 의무적인 음운 현상이 아님을 주의해야 한다.

| | | | | |
|---|---|---|---|---|
| something | [ səmθɪŋ ] | → [ səmpθɪŋ ] | 철자로 반영된 경우 | |
| tense | [ tɛns ] | → [ tɛnts ] | assume → | assumption |
| chance | [ ʧæns ] | → [ ʧænts ] | redeem → | redemption |
| prince | [ prɪns ] | → [ prɪnts ] | consume → | consumption |
| length | [ lɛŋθ ] | → [ lɛŋkθ ] | 중세 영어 emty → | empty |
| cream cups | [ krim kʌps ] | → [ krimp kʌps ] | | |

> **더 알아두기**
>
> **치경 파찰음의 존재와 지위**
>
> 영어에서 파찰음 음소는 경구개치경음인 /ʃ, dʒ/ 두 개가 있다. tense/tents, chance/chants, prince/prints 에서와 같은 무성 파열음 삽입이나 cats, pots, pods, goods에서처럼 명사의 복수형이 만들어지는 경우, 치경에서 [ts, dz] 파찰음이 만들어지기도 한다. 그러나 영어에서 치경 파찰음 음소를 증명할 수 있는 최소 대립어는 존재하지 않는다. 따라서 음소로서의 치경 파찰음 /ts, dz/는 존재하지 않지만, 음성환경에 따라 음성학적으로 치경 파찰음 이음 [ts, dz]는 존재한다고 말할 수 있다.

## 제7절　모음탈락(vowel deletion)

탈락은 말 그대로 어떤 환경에서 한 음소가 없어지는 경우를 말하는데, 자음 혹은 모음이 탈락되는 경우로 나누어 볼 수 있다. 모음탈락의 경우, 강세를 지닌 음절의 모음이 탈락하는 경우는 없으며, 대부분 강세를 받지 못한 약세 음절의 모음이 탈락한다. 모음이 탈락하여 성절자음이 생기는 경우가 생기거나(다음 오른쪽 부분 참조), 모음이 포함된 음절이 없어지기도 한다(다음 왼쪽 부분 참조).

| | 음절 수 감소 | | | | 성절자음화 | |
|---|---|---|---|---|---|---|
| políce | [pəlis] | → | [p_lis] | phýsical | [fɪzɪkəl] | → [fɪzɪk l̩] |
| terrífic | [tərɪfɪc] | → | [t_rɪfɪc] | vócal | [voʊkəl] | → [voʊk l̩] |
| corréct | [kərɛkt] | → | [k_rɛkt] | cámel | [kæməl] | → [kæm l̩] |
| diréction | [dɪrɛkʃn] | → | [d_rɛkʃn] | tótal | [toʊtəl] | → [toʊt l̩] |
| suppóse | [səpoʊz] | → | [s_poʊz] | dígital | [dɪdʒətəl] | → [dɪdʒət l̩] |
| fámily | [fæməli] | → | [fæm_li] | | | |
| báchelor | [bætʃələr] | → | [bætʃ_lər] | | | |
| fátalist | [feɪtəlɪst] | → | [feɪt_lɪst] | | | |

어두음탈락(aphesis)은 about > 'bout, because > 'cause와 같은 경우를 말한다. 어중음탈락(syncope)은 nursery > nurs'ry, chocolate > choc'late, evening > ev'ning 등의 경우를 말한다. 어말음탈락(apocope)은 love, receive의 경우를 말한다.

말의 속도가 빨라지는 경우에 모음탈락은 축약형(contractions)으로 나타나기도 하는데, he is > he's, she is > she's의 경우가 그것이다. 이러한 모음탈락은 연속하는(충돌하는) 모음 중 하나가 사라졌기 때문에 모음충돌 회피 현상(vowel clash avoidance)이라고도 부른다.

## 제8절 자음탈락(consonant deletion)

어떤 환경에서 자음 음소가 탈락하는 것을 말한다. 영국 영어에서 father, mother에서 어말 /r/이 탈락하는 것, grandfather, landlord에서 /d/가 탈락하는 것, Christmas, mortgage, castle, epistle, often, bustle, mustn't 등의 단어에서 /t/가 탈락하는 것처럼, 조음위치가 같은 두 개의 음이 연이어 올 때 공명도가 낮은 /t, d/가 탈락한다. 자음의 어말음탈락의 경우, first[fərs], next[nɛks], land[læn]처럼 영어 강세로 인해서 어말 자음 중에서 주로 /t/나 /d/가 탈락하는 경향이 많다. 이러한 현상은 단어와 단어 사이 경계에서도 일어난다. 예컨대, 조음점이 같은 중복 자음으로 끝난 단어 뒤에 다시 자음으로 시작하는 단어가 오는 경우인 blind man에서는 /d/가 탈락하고, last chance, finished now, sit down 등에서는 /t/가 탈락하기도 한다. 때로는 consists[kənsıs]에서처럼 자음군에서 자음을 탈락시켜서 자음군을 간소화시키기도 한다. 어말음탈락이 극단적으로 될 경우 단축어(abbreviations)를 형성하기도 하는데, gym(nasium), gas(soline), pro(fessional), photo(graph), sync(hronization), Alex(ander) 등의 예가 있다.

## 제9절 말소리 자리바꿈(음위전환, metathesis)

음의 위치가 바뀌는 것으로, 주로 말을 빠르게 발음하는 경우나 말실수에 의해 발생한다(다음 왼쪽 부분 참조). 인접한 음 사이에 발생하기도 하며, 단어 경계를 넘어 단어들의 첫소리가 자리바꿈을 하는 경우는 특별히 **두음전환**(첫소리 자리바꿈, spoonerism)이라고 부른다(다음 오른쪽 부분 참조). 두음전환은 때로로 재미삼아 만들어 내기도 한다. 이러한 음위전환이나 두음전환이 언어학에서 중요한 이유는 바로 화자의 머릿속에 음소가 실재한다는 증거가 되기 때문이다. 음소단위가 실재하지 않으면 음소단위로의 위치 전환 자체가 불가능할 것이기 때문이다.

| | | 첫소리 자리바꿈, 두음전환 |
|---|---|---|
| ask | [æks] | bad salad → sad ballad |
| tragedy | [trædədʒı] | hope in your soul → soap in your hole |
| relevant | [rɛvələnt] | keen as mustard → mean as custard |
| animal | [æmınəl] | master plan → plaster man |
| spaghetti | [pəsgɛtı] | do the chores → chew the doors |
| cavalry | [kælvəri] | dear old queen → queer old dean |
| introduce | [intərdjus] | fighting a liar → lighting a fire |
| foliage | [fɔılıʤ] | |

이러한 음위전환은 같은 시대에 발생하기도 하고, 또 다음 예시처럼 여러 시대를 거쳐서 역사적으로(통시적으로, diachronically) 고대 영어(Old English), 중세 영어(Middle English), 현대 영어(Modern English)에 걸쳐 발생하기도 한다.

| 고대 영어 | 중세 영어 | 현대 영어 |
|:---:|:---:|:---:|
| brid | bird | bird |
| hros → | hors → | horse |
| pridda | pirde | third |

# 제 2 장 말소리 규칙 (음운 규칙, Phonological Rules)

말소리 규칙은 모국어 화자들의 머릿속에 들어 있는 모국어 말소리에 관한 지식으로서, 추상적 음소가 실제 단어의 음성환경에서 어떤 이음으로 발화되는지를 규칙의 형태로 표현한 것을 말한다. 화자들이 말소리를 내거나 들을 때 두뇌에서 일어나는 음운 규칙은 주로 기호를 통하여 표시한다.

말소리의 변화에는 주로 말소리의 '(음성)환경'이라 불리는 직전 · 직후의 음이 영향을 미치므로, 예를 들어 ABC가 ADC로 바뀔 때 어떤 음(B)이 어떤 환경(A와 C 사이)에서 어떤 소리(D)로 바뀌는지를 표시한다(다음 그림 [1] 참조). 이를 B → D / A_____C로 표시하는데, 음의 변화는 화살표 기호(→)로, 변화를 일으키는 환경 조건의 표시는 빗금(/)의 우측에, 변하는 소리를 또 쓸 필요 없이 빈칸의 비어 있는 밑줄(_____)로 표시하고, 그 좌우에 직전 · 직후의 소리를 글자 기호로 표시한다. 음의 변화가 좌측(직전) 음에만 영향을 받았을 경우(다음 그림 [2] 참조), 혹은 우측(직후) 음에만 영향을 받았을 경우(다음 그림 [3] 참조), 상황에 따라 좌측(A_____) 혹은 우측(_____C) 둘 중에 하나만 쓸 수도 있다.

음운 규칙을 기호로 표현할 때 필요한 경우에 단어, 음절, 형태소 경계는 각각 #, $, + 기호로 표시하고(다음 그림 [4] 어두, [5] 어말), 음소는 / / 안에, 이음은 [ ] 안에 표시한다. 또 대괄호 [ ]의 경우는 변별 자질을 표시하고(다음 그림 맨 오른쪽 참조), 중괄호 { }는 여러 가지를 묶어서 하나의 집합으로 나타낼 때 반드시 하나를 선택하여야 할 경우에 사용하며, 소괄호 ( )는 있어도 되고 없어도 되는 선택사항을 나타낸다.

자질의 부호(+, −)를 구체적으로 쓰지 않고 이들을 함께 나타내는 변수로 쓰고 싶을 경우 α, β, γ 등으로 알파 표기(alpha notation)를 할 수 있다. 이렇게 하면 다음 그림 맨 오른쪽 부분처럼 두 개의 규칙을 하나로 표시할 수 있어 편리하다. 즉, [−sonorant]를 지닌 음이 바로 뒤에 오는 (_____ [±voiced]) 음의 유무성 성질을 닮아가서 같은 유무성 성질을 지닌 ([±voiced]) 음으로 변하는 동화작용을 하나의 규칙으로 표현한 것이다.

| 기호 표시 | 음성환경 | 알파 표기 |
|---|---|---|
| [1] B → D / A_____C | ABC → ADC | [−sonorant] → [+voiced] / _____[+voiced] |
| [2] B → D / A_____ | AB... → AD... | [−sonorant] → [−voiced] / _____[−voiced] |
| [3] B → D / _____C | ...BC → ...DC | ↓ |
| [4] B → D / #_____ | #B... → #D... | [−sonorant] → [α voiced] / _____[α voiced] |
| [5] B → D / _____# | ...B# → ...D# | |

영어 원어민의 머릿속에 음소로 내재화된 **기저형**(underlying representation) 음운 지식이 여러 가지 형태의 규칙을 통해서 이음 형태의 **표면형**(surface representation)으로 나타나게 되는데, 변별 자질과 기호로 표시된 음운 규칙을 뒤에 종류별로 나누어 설명한다.

## 제1절   자질 변화 규칙(feature-changing rules) 중요

머릿속 음소 기저형에서 표시된 변별 자질이 표면형인 이음에서 변화하는 것을 말한다. 영어 모음의 **비음화 현상**(vowel nasalization)의 예를 들면, 영어 모음은 기저형인 음소 수준에서는 비음이 아니므로 [−nasal]의 변별 자질 값을 갖고 있지만, 주변에(예를 들어 바로 뒤에) 비음이 있을 경우 표면형인 이음(혹은 음성) 표시에서는 [+nasal]로 그 값이 변화한다. 따라서 자질 변화 규칙이라고 볼 수 있다.

$$\underset{[-nasal]}{V} \longrightarrow \underset{[+nasal]}{V} \ / \ \underline{\quad}[+nasal]$$

또 다른 예를 들면, 비음 /n/이 양순음 /p/ 앞에서 /p/와 조음점이 같은 [m]으로 바뀌는 **조음위치 동화작용**(place assimilation)을, 기저형 음소와 표면형 이음으로 표시하면 /n/ → [m] / _____ /p/와 같이 된다. 이를 변별 자질을 이용하여 규칙으로 표현하면 다음과 같다. 우선 양순, 치경, 연구개 조음점을 변별 자질을 이용하여 표시하면 다음 왼쪽 부분과 같다. 이를 참고하여 오른쪽 규칙 부분을 보면, 치경 비음인 /n/이 바로 뒤의 양순 조음점을 닮아 양순 비음인 [m]으로 변하는 것을 표시하고 있다. 비음 /n/의 자질 [+anterior, +coronal] 중에서 [+coronal]이 [−coronal]로 변화되었기 때문에, 이 음운 현상은 자질 변화 규칙이 된다.

부정 접두사 in-은 음소 기저형을 /ɪn-, ɪm, ɪŋ/ 중 어떤 비음으로 설정을 하든, 바로 뒤에 오는 파열음의 조음위치와 같은 비음으로 바뀌게 된다(다음 왼쪽 부분 참조). 이같이 여러 가지 경우의 음운 현상을 간략하고 일관된 규칙으로 표시하려면, 다음 오른쪽 부분과 같이 α, β와 같은 변수 표기를 이용하여 변화와 관련된 최소의 자질들만을 이용하여 표기하면 된다. α, β는 각각 같은 부호의 자질을 나타낸다. 즉, 비음이 어떤 음 앞에서 그 음의 조음점을 닮아 비음의 조음점 자질이 변화된다는 규칙을 나타낸다.

in- [ɪm-] + *possible* → i<u>m</u>possible   양순
in- [ɪn-] + *definite* → i<u>n</u>definite   치경
in- [ɪŋ-] + *complete* → i<u>n</u>complete   연구개

$$[+nasal] \longrightarrow \begin{bmatrix} \alpha \ anterior \\ \beta \ coronal \end{bmatrix} \ / \ \underline{\quad} \begin{bmatrix} \alpha \ anterior \\ \beta \ coronal \end{bmatrix}$$

## 제2절  자질 첨가 규칙(feature addition rules) 종요

목표음(target sound) 주변의 음들인 음성환경으로부터 예측 가능한 변별 자질이 첨가되는 규칙을 자질 첨가 규칙이라고 부른다. 예를 들어 peace[pʰis], talk[tʰɔk], keep[kʰip]에서와 같이 영어의 대기음화(기식음화, aspiration)는 어두 강세 음절의 두음으로 무성 파열음이 올 때 발생하는 규칙이다(다음 그림 [1] 참조). 첨가되는 자질은 [aspirated]([ʰ], 엄밀히 말하면 [aspirated]라는 자질은 존재하지 않고 편의상 쓰인 것이며, 실제 변별 자질은 [spread glottis]임)인데, 자질 첨가 규칙으로 표시하면 다음 그림 [2]와 같다. 사실 이 현상은 어두의 강세 받은 음절의 두음일 때뿐만 아니라, 어중의 강세 받은 음절 두음일 때도 발생한다. 즉, 어두이건 어중이건 강세 받은 음절의 두음($_____)일 때 발생하는 현상인 것이다(다음 그림 [3] 참조). 무성 파열음의 변별 자질은 보통 [+consonantal, −continuant, −voiced]로 표현하지만, 이렇게 되면 무성 파열음과 무성 파찰음이 모두 포함된다. 따라서 엄밀히 말하면 무성 파찰음을 제외하기 위해 [−delayed release] 자질이 추가로 필요하다(다음 그림 [3], [4] 참조). [4]를 보면, 규칙이 적용되는 음성환경으로(/ 기호 오른쪽 부분) 음절 경계인 $ 기호 바로 다음 빈칸이 목표음 자리인 두음을 나타내고, 직후의 핵음인 모음에는 [+stressed]로 강세가 있어야 한다. [−consonantal]은 모음과 활음을 나타내므로 활음을 제외하기 위해 [+syllabic]이 있어야 한다. 다음 그림 [1]~[4]는 무성 파열음의 대기음화 규칙을 상황이나 필요에 따라 여러 방식으로 표현한 것이다. 특히 어두(#_____) 기호와 음절 두음($_____) 기호를 주의해서 보자.

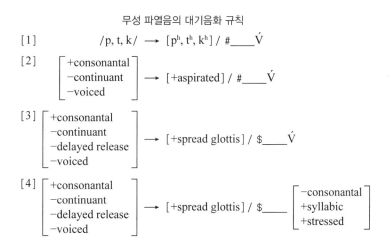

무성 파열음의 대기음화 규칙

[1]  /p, t, k/ ⟶ [pʰ, tʰ, kʰ] / #_____V́

[2]  ⎡ +consonantal
      −continuant
      −voiced ⎤ ⟶ [+aspirated] / #_____V́

[3]  ⎡ +consonantal
      −continuant
      −delayed release
      −voiced ⎤ ⟶ [+spread glottis] / $_____V́

[4]  ⎡ +consonantal
      −continuant
      −delayed release
      −voiced ⎤ ⟶ [+spread glottis] / $_____ ⎡ −consonantal
                                              +syllabic
                                              +stressed ⎤

영어 모음이 바로 뒤에 오는 비음의 [nasal] 자질을 닮아가는 모음의 비음화 규칙도, 음성환경(바로 뒤 비음)에서 예측 가능한 [nasal] 자질이 추가적으로 원래의 음에 첨가된 것으로, 다음과 같이 여러 가지로 표시할 수 있다.

V                    V
[−nasal] ⟶ [+nasal] / _____[+nasal]

⎡ −consonantal
   +syllabic ⎤ ⟶ V                    C
                 [+nasal] / _____[+nasal]

## 제3절 분절음 추가 규칙(segment addition rules)

이번에는 자질 첨가가 아니라 분절음이 추가되는 규칙을 살펴보자. 분절음 추가 규칙은 음운 변화 중에 없었던 분절음이 첨가되는 규칙으로, 자음이 추가되는 경우와 모음이 추가되는 경우로 나눌 수 있다. 음이 없는 것은 화살표의 왼쪽에 기호 ø로 표시하고, 삽입되는 분절음(혹은 분절음의 자질)은 화살표의 오른쪽에 표시한다. 영어 단어 buses, churches처럼 [sibilant] 자질을 갖고 있는 치찰음으로 끝나는 명사의 복수형을 만들 때 삽입되는 모음 [ə]는 다음과 같이 규칙으로 표시할 수 있다.

$$ø \rightarrow [ə] \ / \ [+sibilant] \ \_\_\_\_ \ [+sibilant]$$

영어 단어 something[...mpθ...], dance[...nts], strength[...ŋkθ]에서처럼 비음과 무성 마찰음 사이에 비음의 조음점과 같은 무성 파열음이 삽입되는 무성 파열음 삽입 규칙은 음소와 이음 기호를 이용하면 표시하면 다음 그림 [1]과 같다. [2]에서와 같이 파열음은 [−continuant, −nasal]로 표현하기도 하는데, [−continuant]는 파열음(비강 파열음 포함)과 파찰음이므로, 비강 파열음을 제외하기 위해서 [−nasal] 자질이 필요하고, 엄밀히 말하면 파찰음을 제외하기 위해서 [−delayed release]가 필요하다. 또한 무성 파열음을 지칭하려면 [−voiced]도 필요하다. [3]에서처럼 첨가되는 음은 직전 비음([+nasal])과 같은 조음점 자질([α anterior, β coronal])을 갖고 있는 무성 파열음인데, 조음점 자질을 하나로 표현할 때에는 [4]에서처럼 [PLACE]라고 쓰기도 한다. 목표음 우측에 있는 무성 마찰음은 [+continuant, −sonorant]로 표시하는데, [+continuant]는 마찰음과 접근음을 포함하고, 여기에서 접근음을 제외하려면 [−sonorant]가 필요하다. 규칙을 자질로 표현할 때 모든 자질을 다 쓸 수도 있지만, 필요한 자질만 선택적으로 쓰기도 한다는 사실을 알아두자.

[1] $ø \rightarrow [p, t, k] \ / \ [m, n, ŋ] \ \_\_\_\_ \ [θ, s]$

[2] $ø \rightarrow \begin{bmatrix} -continuant \\ -nasal \\ -delayed\ release \\ -voiced \\ \boldsymbol{α\ PLACE} \end{bmatrix} / \begin{bmatrix} +nasal \\ \boldsymbol{α\ PLACE} \end{bmatrix} \_\_\_\_ \begin{bmatrix} +continuant \\ -sonorant \end{bmatrix}$

[3] $ø \rightarrow \begin{bmatrix} -continuant \\ -nasal \\ \boldsymbol{α\ anterior} \\ \boldsymbol{β\ coronal} \end{bmatrix} / \begin{bmatrix} +nasal \\ \boldsymbol{α\ anterior} \\ \boldsymbol{β\ coronal} \end{bmatrix} \_\_\_\_ \begin{bmatrix} +continuant \\ -sonorant \end{bmatrix}$

[4] $ø \rightarrow \begin{bmatrix} -continuant \\ -nasal \\ \boldsymbol{α\ PLACE} \end{bmatrix} / \begin{bmatrix} +nasal \\ \boldsymbol{α\ PLACE} \end{bmatrix} \_\_\_\_ \begin{bmatrix} +continuant \\ -sonorant \end{bmatrix}$

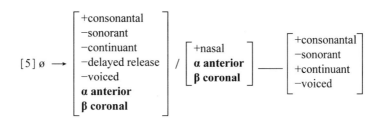

그리고 같은 현상을 [5]와 같이 표현할 수도 있다. 삽입되는 자음을 표현한 자질들을 살펴보자. 자음 중 저해음은 [+consonantal, −sonorant]이고, 그중 지속음이 아니면([−continuant]) 파열음과 파찰음이고, 파열음만을 선택하려면 [−delayed release]가 있어야 한다. 마지막으로 파열음 중 무성음만을 선택하려면 [−voiced]가 필요하다. 뒤에 오는 무성 마찰음의 자질 표현도 [+continuant, −sonorant] 외에 [+consonantal, −voiced]를 추가할 수도 있다.

## 제4절  분절음 탈락 규칙(segment deletion rules)

어떤 음성환경에서 음소적 분절음이 없어지는 규칙이다. sign, paradigm에서처럼 비음 앞에서 유성 연구개 파열음 /g/([−anterior, −coronal, +voiced])가 탈락하거나(다음 그림 [2] 참조), love, receive에서처럼 강세를 받지 못한 모음(V, [−stressed])의 어말음이 탈락(혹은 어말음 소실, apocope)하는 것을 예로 들 수 있다(다음 그림 [3] 참조). 조음점에 대한 자질 표시는 [1]과 같고, 연구개 조음점은 두 자질([anterior, coronal]) 모두 마이너스 값을 가진다. 이를 음운 규칙으로 표시하면 다음과 같다.

$$[1] \quad \text{양순} \qquad \text{치경} \qquad \text{연구개}$$

$$\begin{bmatrix} +\text{anterior} \\ -\text{coronal} \end{bmatrix} \quad \begin{bmatrix} +\text{anterior} \\ +\text{coronal} \end{bmatrix} \quad \begin{bmatrix} -\text{anterior} \\ -\text{coronal} \end{bmatrix}$$

$$[2] \quad \begin{bmatrix} -\text{anterior} \\ -\text{coronal} \\ +\text{voiced} \end{bmatrix} \longrightarrow \varnothing \ / \ \underline{\quad\quad} \ [+\text{nasal}]$$

$$[3] \quad \begin{matrix} \text{V} \\ [-\text{stressed}] \end{matrix} \longrightarrow \varnothing \ / \ \underline{\quad\quad} \ \#$$

## 제5절    재배열 규칙(reordering rules)

규칙에 관여하는 분절음에 일련번호 숫자를 붙여 표시하는 방법으로, 분절음의 위치 변화를 나타내는 재배열 규칙을 다음과 같이 표기하기도 한다.

$$V\ C\ C\ V \longrightarrow 1\ 3\ 2\ 4$$
$$1\ 2\ 3\ 4$$

이러한 방식은 구개음화와 같이 둘 이상의 분절음이 하나의 분절음으로 변하는 융합(coalescence) 현상을 표기하거나, 음위전환을 기술하는 데 좋다.

## 제6절    음운 규칙의 순서(orders for multiple rules)

어떤 어휘의 기저형 음소 발음이 표면형 음성 발음으로 변화될 때에, 둘 이상의 음운 규칙이 적용되는 경우가 있다. 이때 어떤 규칙을 먼저 적용하느냐에 따라 표면형의 차이가 나기도 한다. 예를 들어, writer와 rider를 발음할 때 적용되는 규칙은 두 가지로 볼 수 있는데, 하나는 모음 뒤에 유성음이 오면 무성음일 때보다 모음의 길이가 길어진다는 **장모음화 규칙(vowel lengthening)**이고, 다른 하나는 강세 있는 모음과 강세 없는 모음 사이에서 치경 파열음 /t, d/가 설탄음(탄설음) [ɾ]으로 바뀌는 **설탄음화(탄설음화, flapping)** 규칙이다.

| | writer | rider | | | writer | rider |
|---|---|---|---|---|---|---|
| | /ɹaɪtər/ | /ɹaɪdər/ | | | /ɹaɪtər/ | /ɹaɪdər/ |
| 1. 장모음화 | [ɹaɪtər] | [ɹaɪːdər] | | 2. 설탄음화 | [ɹáɪɾər] | [ɹáɪɾər] |
| 2. 설탄음화 | [ɹáɪɾər] | [ɹáɪːɾər] | | 1. 장모음 | — | — |
| | [ɹáɪɾər] | [ɹáɪːɾər] | | | [ɹáɪɾər] | [ɹáɪɾər] |

두 가지 경우에서 볼 수 있듯이, 위 오른쪽 그림의 경우처럼 순서가 바뀌어 장모음화가 적용되지 않으면 두 단어의 발음은 차이가 없이 같아지게 되고, 위 왼쪽 그림의 경우처럼 두 규칙이 모두 적용되면 두 단어 사이에 발음의 차이가 생기게 된다. 따라서 여러 규칙이 적용될 경우 순서가 중요하다는 사실을 알 수 있다.

여러 규칙이 순서에 따라 적용되는 예는 접미사 -ion의 결합에서도 찾아볼 수 있는데, 우선 /ɪən/의 비강세 모음 /ɪ/는 다음과 같이 자음 뒤에서 구개 활음 /y/(혹은 IPA 기호로 /j/)로 바뀐다.

$$\text{rebel} + \text{ion} \longrightarrow \text{rebellion} \qquad \text{domain} + \text{ion} \longrightarrow \text{dominion}$$
$$/\text{rɪbél} + \text{ɪən}/ \longrightarrow [\text{rɪbélyən}] \qquad /\text{dəmín} + \text{ɪən}/ \longrightarrow [\text{dəmínyən}]$$

그런데 다음과 같이 어간이 치경 마찰음 /s, z/로 끝나는 어휘와 이 접미사가 결합하는 경우, 조음점이 구개인 활음 /y/의 조음점 영향에 의해 역행동화인 구개음화 규칙이 추가적으로 발생하여 치경 마찰음 [s, z]가 경구개 치경음인 [ʃ, ʒ]로 바뀌게 된다. 즉, 두 소리 [s + y](혹은 [z + y])가 융합작용에 의해 하나의 소리 [ʃ](혹은 [ʒ]) 로 변한다.

confess + ion　→　confession
/kənfés + ɪən/　→　[kənfés + yən]　→　[kənféʃən]

confuse + ion　→　confusion
/kənfyúz + ɪən/　→　[kənfyúz + yən]　→　[kənfyúʒən]

만일 어간이 파열음 /t, d/로 끝나는 donate, evade의 경우에는, 제일 먼저 마찰음화 규칙에 의해 [s, z]로 바뀌고, 두 번째로 모음 /ɪ/가 활음 [y]로 바뀐 다음, 마지막으로 융합작용인 구개음화에 의해 [ʃ, ʒ]로 바뀌게 된다. 규칙을 순서대로 적용하면 다음과 같다.

donate + ion　→　donation　　　　evade + ion　→　evasion

| /doʊnéɪt + ɪən/ | | /ɪvéɪd + ɪən/ |
| [doʊnéɪs + ɪən] | 마찰음화 | [ɪvéɪz + ɪən] |
| [doʊnéɪs + yən] | 활음화 | [ɪvéɪz + yən] |
| [doʊnéɪʃən] | 구개음화 | [ɪvéɪʒən] |

## 제1장 말소리의 변동

**01** 영어는 강세박자언어이므로 강세에 영향을 받으며, 음성환경인 이전의 소리와 이후의 소리에 영향을 받아 말소리가 변화할 수 있다.

**01** 다음 중 말소리가 변화하는 원인과 가장 거리가 <u>먼</u> 것은?

① 음절 강세
② 앞의 소리
③ 뒤의 소리
④ 단어 길이

**02** 음의 일부 자질이 변하면 부분동화, 통째로 변하면 완전동화로 나뉜다.

**02** 동화작용에 대한 설명으로 가장 적절하지 <u>않은</u> 것은?

① 이웃하거나 가까운 음의 영향을 받아 서로 비슷한 음으로 변하는 현상이다.
② 영향이 미치는 거리에 따라 국지적 동화와 장거리 동화로 나뉜다.
③ 음 변화의 정도에 따라 하위동화와 상위동화로 나뉜다.
④ 한 소리가 다른 소리에 영향을 미치는 방향에 따라 세 가지로 나뉜다.

**03** 순행동화는 left-to-right, progressive assimilation이라고 한다. 반면, 역행동화는 right-to-left, regressive, anticipatory assimilation이라고 한다.

**03** 동화작용의 방향에 대한 설명으로 가장 적절하지 <u>않은</u> 것은?

① 앞의 소리가 뒤의 소리에 영향을 주면 순행동화라고 한다.
② 뒤의 소리가 앞의 소리에 영향을 주면 역행동화라고 한다.
③ 두 소리가 서로 영향을 미쳐 다른 소리로 변하면 상호동화라고 한다.
④ 순행동화는 right-to-left, 역행동화는 left-to-right 방향이다.

**정답** ( 01 ④ 02 ③ 03 ④ )

04 pray, twin, small, fries, thwart에서 밑줄 친 부분이 부분적으로 무성음화(devoiced)된다면, 다음 중 이를 의미하는 현상으로 가장 적절한 것은?

① 이화작용
② 동화작용
③ 음위전환
④ 유성음화

04 무성자음이 바로 뒤에 오는 비음, 유음, 활음을 무성음화시키는 것은 무성성이 서로 닮아가는 것으로 볼 수 있다.

05 다음 중 영어 명사 dogs, cars, pads, books, caps, safes의 복수형 발음은 어떤 동화작용인가?

① 상호동화
② 역행동화
③ 순행동화
④ 무성음화

05 단수형 명사 끝소리의 유무성 여부가 뒤의 소리에 영향을 주어 닮아가기 때문에, 동화작용 중에서 left-to-right 즉, 순행동화이다.

06 부정 접두어 'im-/in-'을 포함한 impossible, indefinite, incomplete의 밑줄 친 부분에서 볼 수 있는 현상은?

① 역행동화
② 유성음화
③ 이화작용
④ 자음첨가

06 접두어 바로 뒤에 오는 자음의 조음 위치를 닮아가므로 동화작용 중 역행동화이다.

**정답** ( 04 ② 05 ③ 06 ① )

07 자음 /d/가 탈락한 후 /n/이 양순음 /p/의 영향을 받아 조음점이 바뀐 /m/으로 변한다. 뒤의 소리에 영향을 받아 앞의 소리의 조음점이 바뀌었으므로 역행동화이며, 조음점동화이다.

**07** 영어 단어 **grandpa**의 밑줄 친 부분과 가장 거리가 먼 설명은?

① 자음탈락

② 역행동화

③ 조음점동화

④ 이화작용

08 인접한 두 소리 /s#j/, /z#j/가 서로 영향을 주어 각각 새로운 음 /ʃ/, /ʒ/가 생성되므로 상호동화 현상이다.

**08** 영어 표현 **this young man, is your mother**의 밑줄 친 부분에서 발생하는 현상은?

① 역행동화

② 상호동화

③ 순행동화

④ 모음탈락

09 /t/가 모음을 포함한 유성음 사이에 있고, 앞에 더 강한 강세가 있을 때 탄설음 [ɾ]로 바뀌는 현상으로, 탄설음이 유성음이므로 유성음화라고도 불린다.

**09** 다음 중 밑줄 친 부분에서 탄설음화가 발생하지 <u>않는</u> 것은?

① attend

② water

③ heater

④ hotter

**정답** 07 ④ 08 ② 09 ①

10 **Try to improve**에서 밑줄 친 부분에 대한 설명으로 가장 적절하지 **않은** 것은?

① 문장 끝의 휴지기는 무성음 역할을 하게 된다.

② 어말 무성음화 현상이 발생한다.

③ 음소 /v/가 충분한 유성음 이음으로 발음된다.

④ 휴지기의 무성성을 닮는 동화작용으로 볼 수 있다.

11 영어 단어 **diphthong, government, library**에서 밑줄 친 부분에서 나타나는 현상은?

① 동화작용

② 무성음화

③ 모음첨가

④ 이화작용

12 다음 중 /t/가 유성음화하지 않고 대기음 이음으로 발음되는 경우는?

① butter

② attest

③ writer

④ quality

10 어말 무성음화 현상에 의해 /v/가 무성음화되어 [f] 이음으로 발음된다.

11 연속으로 나오는 음 중에서 하나를 다른 음으로 바꾸거나 탈락시켜 발음과 청취를 용이하게 하는 이화작용이 발생한다.

12 앞뒤 모음 중 앞 모음 강세가 더 강해야 /t/의 탄설음화 혹은 유성음화가 발생한다.

**정답** ( 10 ③ 11 ④ 12 ② )

13 government에서 /nm/이 이화작용에 의해서 /m/으로 변하게 되며, /r/은 하나이므로 탈락하지 않는다.

**13** 다음 밑줄 친 부분 중 이화작용에 의해 탈락하지 <u>않는</u> 것은?

① gove<u>r</u>nment
② pa<u>r</u>ticular
③ Feb<u>r</u>uary
④ reco<u>g</u>nize

14 ②는 모음첨가 현상이고, 나머지는 모음탈락 현상이다.

**14** 다음 중 밑줄 친 부분에서의 말소리 변동이 <u>다른</u> 하나는?

① p<u>o</u>lice
② <u>ath</u>lete
③ comp<u>a</u>ny
④ fam<u>i</u>ly

15 ④는 모음탈락 현상이고, 나머지는 자음탈락 현상이다.

**15** 다음 중 밑줄 친 부분에서의 말소리 변동이 <u>다른</u> 하나는?

① lan<u>d</u>lord
② mor<u>t</u>gage
③ las<u>t</u> chance
④ bach<u>e</u>lor

16 ③은 자음탈락 현상이고, 나머지는 음위전환 현상이다.

**16** 다음 중 음위전환(말소리 자리바꿈)의 사례가 <u>아닌</u> 것은?

① spaghetti → pasghetti
② master plan → plaster man
③ finished now → finish now
④ fighting a liar → lighting a fire

정답 13 ① 14 ② 15 ④ 16 ③

## 제2장    말소리 규칙(음운 규칙, Phonological Rules)

**01** 말소리 변동을 음운 규칙으로 나타낼 때, 기호 설명이 올바른 것은?

① #는 음절 경계이다.
② $는 형태소 경계이다.
③ +는 단어 경계이다.
④ ( )는 선택사항이다.

**02** 어떤 음이 바로 뒤에 오는 소리만의 영향으로 변할 때, 올바른 음운 규칙은?

① A → B / C_____D
② A → B / C_____
③ A → B / _____C
④ A → B / _____

**03** 다음 규칙이 적용된 사례로 옳은 것은?

$$[+\text{nasal}] \rightarrow \begin{bmatrix} -\text{anterior} \\ -\text{coronal} \end{bmatrix} / \underline{\quad\quad} \begin{bmatrix} -\text{anterior} \\ -\text{coronal} \end{bmatrix}$$

① imbalance
② incoherent
③ indecisive
④ ignoble

**04** 어말(____#)에서 강세 받지 못한 모음(V, [−stressed])이 사라지는(ø) 경우이다.

**04** 다음 규칙이 적용된 사례로 옳은 것은?

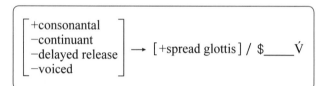

① love

② something

③ strength

④ talk

**05** [+consonantal, −continuant, −delayed release, −voiced]는 무성 파열음 /p, t, k/이며, 이들이 강세 음절의 두음($____ V[+stressed]) 이면 대기음([+spread glottis])으로 발음된다는 규칙이다. determine의 경우 강세 음절 -ter-의 두음이 /t/이다.

**05** 다음 규칙이 적용된 사례로 옳은 것은?

$$\begin{bmatrix} +\text{consonantal} \\ -\text{continuant} \\ -\text{delayed release} \\ -\text{voiced} \end{bmatrix} \rightarrow [+\text{spread glottis}] \ / \ \$\underline{\quad}\acute{V}$$

① water

② determine

③ inspire

④ drop

**06** 유성([+voiced]) 연구개음([−anterior, −coronal])이 비음([+nasal]) 앞에서 탈락(ø)하는 경우를 나타낸다.

**06** 다음 규칙이 적용된 사례로 옳은 것은?

$$\begin{bmatrix} -\text{anterior} \\ -\text{coronal} \\ +\text{voiced} \end{bmatrix} \rightarrow ø \ / \ \underline{\quad}[+\text{nasal}]$$

① sign

② bomb

③ mystery

④ incoherent

정답 ( 04 ① 05 ② 06 ① )

**07** 다음 사례에서 적용된 음운 규칙의 이름으로 가장 적절한 것은?

> president [t] → presidency [s] → presidential [ʃ]

① 구개음화, 설탄음화
② 동화작용, 이화작용
③ 마찰음화, 구개음화
④ 마찰음화, 이화작용

**07** 파열음이 마찰음으로 변한 다음, 구개음화 현상이 발생했다.

**08** 음운 규칙 ø → [ə] / [+sibilant] _____ [+sibilant]에 해당하는 사례는?

① dogs
② cats
③ feet
④ buses

**08** 명사의 복수형 변화 중 치찰음 사이에 모음이 삽입되는 경우이다.

**09** 다음 규칙이 적용된 사례가 아닌 것은?

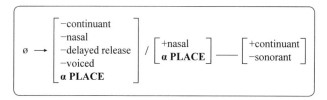

① something
② camper
③ hamster
④ strength

**09** 제시된 음운 규칙은 비음([+nasal, α PLACE])과 마찰음([+continuant, −sonorant]) 사이에서 비음과 조음위치([α PLACE])가 동일한 무성 파열음([−continuant, −nasal, −delayed release, −voiced, α PLACE])이 삽입되는 경우이다.

**정답** 07 ③  08 ④  09 ②

10  음위전환을 음들의 재배열 규칙으
    로 표시한 경우이다.

10  다음 규칙이 적용된 사례로 옳은 것은?

$$\begin{array}{c} V\ C\ C \longrightarrow 1\ 3\ 2 \\ 1\ 2\ 3 \end{array}$$

① ask → aks

② im + possible → impossible

③ family → famly

④ police → plice

# 부록

# 최종모의고사

교육이란 사람이 학교에서 배운 것을 잊어버린 후에 남은 것을 말한다.

– 알버트 아인슈타인 –

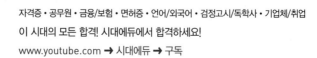

# 제1회 최종모의고사 | 영어음성학

제한시간 : 50분 | 시작 ____시 ____분 - 종료 ____시 ____분

정답 및 해설 260p

01 음성을 주된 기반으로 하는 의사소통 시스템으로, 조직적이고 기호적이며 관습적인 수단이고, 인간의 마음과 두뇌작용을 알게 해 주는 도구는 무엇인가?

① 수화
② 언어
③ 논리
④ 화용

02 규칙의 지배를 받는 체계인 언어를 과학적으로 연구하는 학문은 무엇인가?

① phonetics
② phonology
③ prosody
④ linguistics

03 스펙트로그램에 대한 설명으로 가장 적절한 것은?

① 수직축에 진폭이 나타난다.
② 수평축에 주파수 정보가 나타난다.
③ 말소리의 실제 시간이 잘 나타난다.
④ 말소리의 상대적 세기가 표시되지 않는다.

**04** 다음 중 초분절음에 속하지 <u>않는</u> 것은?

① 모음
② 억양
③ 강세
④ 길이

**05** 말소리의 진폭을 주파수 분포에 따라 표시한 그래프는?

① 파형
② 스펙트로그램
③ 히스토그램
④ 스펙트럼

**06** 음파의 일정 구간마다 스펙트럼 분석을 가능하게 해 준 인물은?

① 뉴턴
② 푸리에
③ 베르누이
④ 다빈치

**07** 다음 중 올바른 설명은?

① 음절 형성을 위해서 반드시 자음이 있어야 한다.
② 인간의 말소리는 공기를 들이마시면서 만들어진다.
③ 모든 언어의 말소리는 자음과 모음으로 구분된다.
④ 인간 언어의 자음에는 성절자음이 반드시 존재한다.

08 한국어와 영어에 대한 설명으로 가장 적절하지 <u>않은</u> 것은?

① 한국어의 음절 구조는 CVCC이다.

② 영어 음절 두음에는 자음이 세 개까지 올 수 있다.

③ 한국어 음절 두음에는 자음이 하나까지 올 수 있다.

④ 영어 음절 두음에 올 수 없는 자음도 있다.

09 음소와 이음의 관계가 <u>틀린</u> 것은?

① keep : /k/ → [kʰ]

② cat : /t/ → [t˺]

③ skill : /k/ → [k⁼]

④ speak : /p/ → [pʰ]

10 다음 중 성절자음을 갖고 있지 <u>않은</u> 것은?

① chasm

② health

③ cattle

④ table

11 다음 중 밑줄 친 음소 /k/ 부분이 변이음 [k⁼]와 [kʰ]의 순서대로 발음되는 것은?

① <u>c</u>are – see<u>k</u>

② <u>c</u>actus – s<u>q</u>uid

③ s<u>q</u>uirt – <u>c</u>ushion

④ <u>c</u>oke – soa<u>k</u>

**12** 음소와 이음에 대한 설명으로 가장 적절하지 <u>않은</u> 것은?

① 음소들은 서로 상보적 분포를 이룬다.
② 음소를 찾는 가장 쉬운 방법은 최소 대립어를 찾는 것이다.
③ 한 음소가 음성환경에 따라 여러 이음들로 발음될 수 있다.
④ 한 음소의 이음들은 각자 고유한 환경에서 실현된다.

**13** 다음 중 세 단어들 모두가 최소 대립어가 <u>아닌</u> 것은?

① pin − bin − chin
② soak − soap − hope
③ leap − keep − cheap
④ bat − back − badge

**14** 고대 영어에서 순치 마찰음은 /f/ 하나밖에 없었으나, 이음이었던 [f, v]가 중세 영어에서 두 개의 음소 /f, v/로 변화하였다. 이러한 현상의 이름은?

① 음소 분열
② 음소 분석
③ 음소 변이
④ 음소 합병

**15** 다음 중 경구개치경음이 <u>아닌</u> 것은?

① /ʃ/
② /ʒ/
③ /j/
④ /ʧ/

16 다음 중 설정음에 속하지 <u>않는</u> 것은?

① 순치음
② 치간음
③ 치경음
④ 경구개음

17 영어 자음에 대한 설명으로 가장 적절하지 <u>않은</u> 것은?

① 조음 시 공기 흐름이 방해받는 지점이 조음점이다.
② 치간음, 연구개음은 조음위치에 따라 분류한 것이다.
③ 성도에서 방해받아 조음되는 소리를 자음이라고 한다.
④ 비음에는 유무성 대립이 있다.

18 /ð/에 대한 설명으로 옳은 것은?

① 유성음, 순치음, 마찰음
② 유성음, 치간음, 마찰음
③ 무성음, 순치음, 파찰음
④ 무성음, 치간음, 파찰음

19 다음 중 비지속음이 <u>아닌</u> 것은?

① 마찰음
② 파찰음
③ 비음
④ 파열음

**20** 다음 음들을 올바르게 구분한 것은?

/k, g/ – /y, w/ – /m, n, ŋ/

① 연구개 파열음 – 유음 – 비음
② 경구개 파열음 – 유음 – 비강 파열음
③ 연구개 파열음 – 활음 – 비강 파열음
④ 경구개 파열음 – 활음 – 유성 파열음

**21** 다음 중 설측(면) 파열음 이음으로 발음되지 <u>않는</u> 것은?

① class
② uncle
③ pickle
④ cooler

**22** 다음 중 밑줄 친 음소 /p/가 약한 대기음 이음 [p']로 발음되지 <u>않는</u> 경우는?

① perhaps
② poetry
③ particular
④ prepare

**23** 다음 중 조음점이 치경음인 것들만 모아 놓은 것은?

① /t, d, n, s, z, l, r/
② /f, v/
③ /p, b, m, w/
④ /θ, ð/

**24** teacher라는 단어에 대한 설명으로 가장 적절하지 <u>않은</u> 것은?

① 음절 두 개로 이루어졌다.
② 두 음절은 각각 고유의 강세와 피치를 갖고 있다.
③ 두 음절이 합쳐져도 원래의 강세와 피치가 그대로 유지된다.
④ 첫음절에 제1강세를 갖고 있다.

**25** 영어의 동화작용을 분류하는 기준이 <u>아닌</u> 것은?

① 동화의 방향
② 동화의 정도
③ 영향을 미치는 거리
④ 단어의 품사

**26** dear old <u>qu</u>een을 <u>qu</u>eer old <u>d</u>ean으로 발음하는 것을 부르는 명칭은?

① devoicing
② spoonerism
③ assimilation
④ consonant deletion

**27** 다음 중 음소 /p/가 비강 파열음으로 발음되는 경우는?

① cope
② chaple
③ topmost
④ keeper

**28** 다음 중 모음에 대한 설명으로 가장 적절하지 <u>않은</u> 것은?

① 모음은 모두 유음이다.
② 모음은 홀로 음절의 핵음을 이룬다.
③ 성도 공기 흐름의 방해가 거의 없다.
④ 모음은 [+approximant] 자질을 갖는다.

**29** 다음 중 /t/가 유성음화되지 않고 대기음 이음으로 발음되는 경우는?

① butter
② notice
③ water
④ eternal

**30** 모음 /u, o, ɔ, ɑ, ɒ/에 대한 설명으로 옳은 것은?

① 후설 고모음
② 후설 긴장음
③ 중설 평순음
④ 중설 원순음

**31** 음소 /p/의 변별 자질들로 옳은 것은?

① [+consonantal], [−sonorant], [+continuant], [+anterior], [−coronal]
② [+consonantal], [−sonorant], [−continuant], [+anterior], [−coronal]
③ [+consonantal], [+sonorant], [+continuant], [−anterior], [+coronal]
④ [−consonantal], [−sonorant], [−continuant], [−anterior], [+coronal]

**32** 다음 중 공명도가 가장 큰 것은?

① 마찰음
② 파열음
③ 유음
④ 비음

**33** 다음 중 내용어와 기능어가 올바르게 짝지어진 것은?

① go - 내용어, very - 기능어
② our - 내용어, always - 기능어
③ this - 내용어, but - 기능어
④ high - 내용어, from - 기능어

**34** 다음 중 강세패턴이 다른 하나는?

① white bird
② high school
③ blackboard
④ greenhouse

**35** 다음 중 /´ + `/(제1강세 + 제3강세)의 강세패턴을 갖지 <u>않는</u> 경우는?

① girlfriend

② bookshelf

③ kickoff

④ come across

**36** 영어 표현 public telephone booths는 두 가지 의미로 해석될 수 있다. public이 형용사이고 telephone booths가 복합명사인 경우, 올바른 강세패턴은?

① /´ + ^ + `/(제1강세 + 제2강세 + 제3강세)

② /^ + ´ + `/(제2강세 + 제1강세 + 제3강세)

③ /` + ´ + ^/(제3강세 + 제1강세 + 제2강세)

④ /´ + ` + ^/(제1강세 + 제3강세 + 제2강세)

**37** 음 집합 /p, b, t, d, k, g, ʧ, ʤ/에서 파찰음만을 선별하기 위해 사용하는 자질은?

① [voiced]

② [spread glottis]

③ [delayed release]

④ [approximant]

38 다음 중 주요 집단 자질에 속하지 <u>않는</u> 것은?

① [voiced]

② [sonorant]

③ [approximant]

④ [syllabic]

39 비음 뒤 무성 파열음의 삽입 현상에 대한 설명으로 가장 적절한 것은?

① /ŋ/ 뒤에는 /k/가 삽입된다.

② /n/ 뒤에는 /p/가 삽입된다.

③ /m/ 뒤에는 /t/가 삽입된다.

④ /n/ 뒤에는 /k/가 삽입된다.

40 무성 파열음이 강세 음절의 두음에서 대기음화될 때, 첨가되는 자질로 가장 적절한 것은?

① [+aspirated]

② [+spread glottis]

③ [−continuant]

④ [−coronal]

제한시간 : 50분 | 시작 _____시 _____분 – 종료 _____시 _____분

정답 및 해설 263p

**01** 언어를 표현하는 가장 일차적인 수단은?

① 입모양
② 말소리
③ 몸짓
④ 얼굴표정

**02** 다음 중 일반음성학에 대한 내용으로 가장 적절한 것은?

① 어떤 언어는 전설모음만으로 구성되어 있다.
② 어떤 언어에 /m/ 음이 있으면 당연히 /n/, /ŋ/ 음도 있다.
③ 자음에서 유무성음의 구별은 접근음에서 존재한다.
④ 어떤 언어에 /k/ 음이 있으면 당연히 /p/, /t/ 음도 있다.

**03** 어떤 음이 [pʰ], [p˺], [p˭] 등의 이음들을 갖고 있고, 다른 음으로 교체되면 단어 뜻의 차이를 가져온다면, 이 음들을 대표하는 추상적 음 /p/를 무엇이라고 하는가?

① 음성
② 음운
③ 음소
④ 이음

04  한 음소의 이음들이 음소와 유사한 음성환경에 위치해도 뜻의 차이를 유발하지 않을 때, 이들을 무엇이라고 부르는가?

① 자유 변이
② 변별 자질
③ 음위 전환
④ 최소 대립어

05  두 음 /θ/와 /ʃ/가 서로 다른 음소라는 것을 증명할 수 있는 단어들은?

① think － cash
② thigh － shy
③ path － ship
④ thing － national

06  다음 중 치경음이 <u>아닌</u> 것은?

① /n/
② /z/
③ /l/
④ /ʒ/

07  다음 중 밑줄 친 부분의 이음이 나머지와 <u>다른</u> 하나는?

① <u>o</u>ccur
② c<u>ou</u>sin
③ <u>s</u>kate
④ ac<u>u</u>te

08 영어 음절의 핵음으로만 이루어진 것은?

① /i, e, o, l, r, m/

② /u, o, ə, j, w, r/

③ /l, r, m, n, w, y/

④ /d, n, z, l, r, æ/

09 음소 집합 /m, n, ŋ, l, r, w, j/의 공통점이 아닌 것은?

① 자음

② 접근음

③ 유성음

④ 공명음

10 영어의 자음 중 조음점을 두 개로 볼 수 있는 것은?

① /p/

② /n/

③ /l/

④ /w/

11  다음과 같은 말소리 변동이 나타나지 <u>않는</u> 것은?

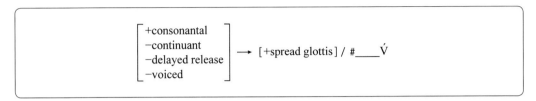

① peace
② ticket
③ repeat
④ curve

12  다음 중 [**+anterior, +coronal**] 자질로 표현할 수 있는 파열음들로만 구성된 것은?

① /t, d, n/
② /p, b, m/
③ /k, g, ŋ/
④ /m, n, ŋ/

13  다음 중 모음 분류의 기준과 사례가 적절하지 <u>않은</u> 것은?

① 혀의 전후 : /ɛ, ɔ/
② 혀의 고저 : /i, u/
③ 입술 둥글기 : /u, æ/
④ 근육 긴장도 : /i, ɪ/

**14** 다음 중 제1강세를 <u>틀리게</u> 표시한 것은?

① gréen stick(녹색의 막대)

② red shírt(붉은 셔츠)

③ tíghtrope(밧줄)

④ Whíte House(백악관)

**15** 억양단위가 바르게 표시된 것은?

① You can leave when / she says so.

② Her sister who / is a flight attendant is / coming to visit us.

③ He is the guy / whom I told you about / yesterday morning.

④ I think / she is a lot more diligent than / he is

**16** 음소 /v/가 무성음 이음 [f]로 발음되는 경우가 <u>아닌</u> 것은?

① have to

② have been

③ love to

④ please behave

**17** 음소 /l/이 치음화된 설측음 이음으로 발음되는 경우는?

① health

② feel

③ milk

④ little

**18** 음소 /m/이 순치 비음 이음 [ɱ]으로 발음되는 경우는?

① prism

② coming

③ hamster

④ emphasis

**19** 영어의 음소배열제약에 대한 설명으로 가장 적절한 것은?

① 어두 자음군에서 파열음 + 마찰음의 연속은 불가능하다.

② 어두 자음군에서 파열음 + 파열음의 연속이 가능하다.

③ 어두 자음으로 /ŋ, ʒ/가 가능하다.

④ 어두 자음군으로 최대 네 개까지 자음이 올 수 있다.

**20** 음소 /b/가 부분적으로 무성음화한(partially devoiced) 이음 [b̥]로 발음되는 경우가 아닌 것은?

① beast

② harbor

③ tab

④ lobster

**21** 다음 중 두 자질 [+continuant, +coronal]을 만족하는 음들을 모두 고르면?

① /θ, ð, s, z, l, r/

② /s, z, ʃ, ʒ, j, l, r/

③ /θ, ð, s, z, ʃ, ʒ, j, l, r/

④ /θ, ð, ʃ, ʒ, j, l, r/

**22** 다음 모음 중 음절의 말음이 없어도 되는 것은?

① /æ/

② /ɛ/

③ /ʊ/

④ /i/

**23** 다음 중 밑줄 친 단어 속 모음이 이완모음 /ʊ/가 아닌 것은?

> They put some cookies beside the cushion in the pool.

① put

② cookies

③ cushion

④ pool

**24** 영어 무성 파열음 /p, t, k/에 대한 설명으로 옳은 것은?

① [−voiced]

② [+anterior]

③ [−coronal]

④ [+sonorant]

**25** 다음 밑줄 친 부분에서 나타나는 말소리 변동은?

> Don't bet on the last round.

① metathesis
② assimilation
③ spoonerism
④ aphesis

**26** 다음 밑줄 친 부분에서 나타나는 음운 현상은?

> Could you open the door?

① 자음탈락
② 음위전환
③ 상호동화
④ 탄설음화

**27** 다음 밑줄 친 부분에서 나타나는 말소리 변동은?

> I want his shoes. /hɪz ʃuz/ → [hɪʒ ʃuz]

① 순행동화
② 이화작용
③ 상호동화
④ 역행동화

28  억양단위에 대한 설명으로 가장 적절하지 <u>않은</u> 것은?

① 한 억양단위에 둘 이상의 내용어가 있으면 맨 처음 내용어가 제1강세를 받는다.

② 특별한 경우를 제외하면, 기능어인 관사, 접속사, 조동사 등은 제1강세를 안 받는다.

③ 내용어는 명사, 동사, 형용사, 부사이다.

④ 한 문장을 여러 억양단위로 나눌 때 각 억양단위는 문법적 구성요소에 따른다.

29  다음 중 올바른 설명은?

① center, twenty에서 어중 /t/는 미국 영어에서 탈락되지 않는다.

② ten girls에서 /n/은 연구개음화한다.

③ butter에서 /t/는 미국 영어에서 무성음으로 발음된다.

④ summer의 중복된 /m/은 두 번 다 발음해야 한다.

30  영어 모음의 특징으로 가장 적절하지 <u>않은</u> 것은?

① 모음은 공명음이다.

② 턱의 벌어짐 정도에 따라 구분된다.

③ 입술 둥글기에 따라 구분된다.

④ 모음은 성대 진동에 따라 구분된다.

31  다음 중 밑줄 친 부분이 유성음화하지 않고 강한 대기음으로 발음되는 것은?

① crea<u>t</u>or

② ci<u>t</u>y

③ pre<u>t</u>end

④ puri<u>t</u>y

**32** 다음 중 올바른 설명은?

① clean에서 /k/는 설측 파열음으로 발음된다.

② kept에서 /p/는 대기음으로 발음된다.

③ have to에서 /v/는 무성음화할 수 없다.

④ still에서 /t/는 비개방음으로 발음된다.

**33** 다음과 같은 현상은 무엇인가?

company /kəmpənɪ/ → [kəmpnɪ]

① 단어축약

② 동화작용

③ 이화작용

④ 어중음탈락

**34** 용어의 의미가 <u>다른</u> 하나는?

① 운율단위

② 강세단위

③ 억양단위

④ 호흡단위

**35** 음운 변동의 이름과 그 사례가 옳은 것은?

① aphesis : love > /lʌv/

② syncope : nursery > nurs'ry

③ apocope : about > 'bout

④ metathesis : she is > she's

**36** 다음 문장에서 밑줄 친 부분의 강세패턴으로 올바른 것은?

> They are jumping ropes. (해석 : 그것은 줄넘기이다.)

① 제1강세 + 제2강세(/ ′ + ˆ/)

② 제3강세 + 제1강세(/ ` + ′/)

③ 제1강세 + 제3강세(/ ′ + `/)

④ 제2강세 + 제1강세(/ ˆ + ′/)

**37** 다음 말소리 변동에서 음운 규칙 [1], [2], [3]을 올바르게 나열한 것은?

> donate + ion  ⟶  donation
> /doʊnéɪt + ɪən/
> [doʊnéɪs + ɪən]    [1]
> [doʊnéɪs + yən]    [2]
> [doʊnéɪʃən]        [3]

① [1] 마찰음화, [2] 활음화, [3] 구개음화

② [1] 공명음화, [2] 모음축약, [3] 역행동화

③ [1] 음위전환, [2] 활음화, [3] 순행동화

④ [1] 자음축약, [2] 모음축약, [3] 상호동화

**38** 여러 규칙이 말소리 변동을 일으킬 때 [1]과 [2]에 들어갈 올바른 음운 규칙은?

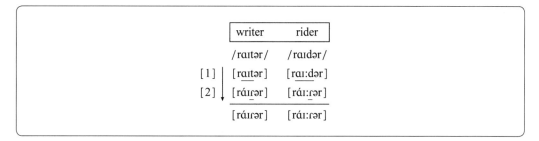

① [1] 설탄음화, [2] 장모음화
② [1] 유성음화, [2] 모음축약
③ [1] 모음축약, [2] 유성음화
④ [1] 장모음화, [2] 설탄음화

**39** 구강 내에서 방해를 받아 만들어지지만 경우에 따라 음절의 핵음이 될 수 있는 음들은?

① /i, e, u, o/
② /w, y/
③ /m, n, ŋ, l, r/
④ /b, d, g/

**40** 다음 음운 현상이 나타내는 것은?

recognize /ɹɛkəgnaɪz/ → [ɹɛkə_naɪz]

① 자음군 간소화
② 이화작용
③ 어중음탈락
④ 자음축약

| 01 | 02 | 03 | 04 | 05 | 06 | 07 | 08 | 09 | 10 | 11 | 12 | 13 | 14 | 15 | 16 | 17 | 18 | 19 | 20 |
|----|----|----|----|----|----|----|----|----|----|----|----|----|----|----|----|----|----|----|----|
| ② | ④ | ③ | ① | ④ | ② | ③ | ① | ④ | ② | ③ | ① | ② | ① | ③ | ① | ④ | ② | ① | ③ |

| 21 | 22 | 23 | 24 | 25 | 26 | 27 | 28 | 29 | 30 | 31 | 32 | 33 | 34 | 35 | 36 | 37 | 38 | 39 | 40 |
|----|----|----|----|----|----|----|----|----|----|----|----|----|----|----|----|----|----|----|----|
| ④ | ② | ① | ③ | ④ | ② | ① | ① | ④ | ② | ② | ③ | ④ | ① | ④ | ② | ③ | ① | ① | ② |

**01** 정답 ②

인간의 언어는 음성을 기반으로 한 의사소통 시스템이다.

**02** 정답 ④

언어를 과학적으로 연구하는 학문은 언어학(linguistics)이다.

**03** 정답 ③

①·② 수직축에는 주파수가, 수평축에는 시간이 나타난다.

④ 명암은 진폭(세기)을 나타낸다.

**04** 정답 ①

모음과 자음은 분절음에 속한다.

**05** 정답 ④

수평축이 주파수, 수직축이 진폭인 그래프는 스펙트럼이다.

**06** 정답 ②

'복합파는 단순파의 합'이라는 푸리에 정리로 인해서 스펙트럼 분석이 가능하다.

**07** 정답 ③

① 음절 형성에 반드시 필요한 핵음은 거의 대부분 모음이다.

② 말소리는 날숨으로 만들어진다.

④ 성절자음이 없는 한국어와 같은 언어도 존재한다.

**08** 정답 ①

한국어 음절 구조는 CVC이다. 쌍받침은 표기상 나타날 뿐, 발음 시에는 하나로 발음된다.

**09** 정답 ④

무성 파열음 음소 /p/는 음소 /s/ 다음에 비대기음 이음인 [p⁼]로 발음된다.

**10** 정답 ②

비음과 유음이 성절자음인데, ①·③·④는 둘째 음절에 성절자음이 있다.

**11** 정답 ③

음소 /k/가 비대기음 [k⁼]와 대기음 [kʰ]로 발음되는 경우는, 각각 음소 /s/ 뒤와 강세 음절의 두음인 경우이다.

**12 정답 ①**

음소들은 서로 대조적 분포를 이룬다.

**13 정답 ②**

단어를 구성하는 음의 개수가 같아야 하고, 바뀌는 음의 위치도 동일해야 한다. ②는 음의 개수는 같지만, 바뀌는 음의 위치가 동일하지 않다.

**14 정답 ①**

음소의 이음들이 음소들로 지위가 변화하는 현상을 음소 분열(phonemic split)이라고 한다.

**15 정답 ③**

/j/ 혹은 /y/의 조음점은 경구개이고, 조음방식은 활음이다.

**16 정답 ①**

치간음부터 경구개음까지가 설정음(coronals)에 속한다.

**17 정답 ④**

영어의 비음 /m, n, ŋ/은 모두 유성음이므로 유무성 대립이 없다.

**18 정답 ②**

/ð/는 유성음이고, 조음점은 치간음이며, 조음방법은 마찰음이다.

**19 정답 ①**

비지속음은 파열음(비음 포함)과 파찰음이고, 지속음은 마찰음과 접근음(유음, 활음)이다.

**20 정답 ③**

/k, g/는 연구개 파열음이고, /y, w/는 접근음 중 활음이며, /m, n, ŋ/은 비음(비강 파열음)이다.

**21 정답 ④**

음소 /k/의 개방 단계가 바로 뒤에 오는 설측음 /l/ 때문에 설측(면)으로 이루어지는 경우를 말한다.

**22 정답 ②**

② 제1강세 음절의 두음일 경우 강한 대기음 이음 [pʰ]로 발음된다.
①·③·④ 제3강세나 약세 음절의 두음일 경우 약한 대기음 이음 [p']로 발음된다.

**23 정답 ①**

/f, v/는 순치음, /p, b, m, w/는 양순음, /θ, ð/는 치간음이다.

**24 정답 ③**

두 음절의 고유한 강세와 피치가 합쳐지면 새로운 강세패턴을 갖게 된다.

**25 정답 ④**

① 방향에 따라 순행동화, 역행동화, 상호동화로 나뉜다.
② 정도에 따라 부분동화, 완전동화로 나뉜다.
③ 거리에 따라 국지적 동화, 장거리 동화로 나뉜다.

**26 정답 ②**

두음전환(첫소리 자리바꿈)의 사례이다.

**27** 정답 ③

음소 /p/ 뒤에 비음이 올 경우, 파열음의 개방 단계가 비강으로 이루어지게 된다.

**28** 정답 ①

모음은 모두 유성음이지, 유음(/l, r/)은 아니다.

**29** 정답 ④

butter, notice, water와 같이 /t/가 모음을 포함한 유성음 사이에 있고, 앞 모음의 강세가 클 경우 유성음화(탄설음화)한다.

**30** 정답 ②

제시된 모음은 후설 긴장모음이다.

**31** 정답 ②

음소 /p/는 자음이며, 저해음이고, 비지속음이며, 전방음이고, 설정음은 아니다.

**32** 정답 ③

공명도는 자음의 경우 파열음 < 마찰음 < 비음 < 유음의 순서로 커진다. 모음의 경우 고모음 < 중모음 < 저모음의 순서로 커진다.

**33** 정답 ④

내용어에는 명사, 동사, 형용사, 부사가 속하고, 기능어에는 관사, 전치사, 대명사, 접속사, 조동사, 지시형용사 등이 속한다.

**34** 정답 ①

형용사 + 명사의 경우는 /ˆ + ´/(제2강세 + 제1강세)의 강세패턴을 갖고, 복합명사의 경우는 /´ + ˋ/(제1강세 + 제3강세)의 강세패턴을 갖는다. ①은 '흰 새'를 의미하며, 형용사 + 명사의 경우이다. ②는 '고등학교', ③은 '칠판', ④는 '온실'을 의미하며, 복합명사의 경우이다.

**35** 정답 ④

/´ + ˋ/(제1강세 + 제3강세)는 복합명사의 강세패턴인데, ④의 come across는 동사 + 부사의 동사구로서 제3강세 + 제1강세의 강세패턴을 갖는다.

**36** 정답 ②

형용사는 제2강세, 복합명사는 제1강세 + 제3강세의 패턴을 갖는다.

**37** 정답 ③

조음방법 자질인 [delayed release]에 + 부호를 붙이면 /ʃ, ʤ/를 선별할 수 있다.

**38** 정답 ①

[voiced]는 후두 자질로, 유무성을 구분하기 위해 사용된다.

**39** 정답 ①

비음과 조음점이 같은 무성 파열음이 삽입된다.

**40** 정답 ②

엄밀히 말하면 대기음 자질은 [aspirated]가 아니라 [spread glottis]이다.

| 01 | 02 | 03 | 04 | 05 | 06 | 07 | 08 | 09 | 10 | 11 | 12 | 13 | 14 | 15 | 16 | 17 | 18 | 19 | 20 |
|----|----|----|----|----|----|----|----|----|----|----|----|----|----|----|----|----|----|----|----|
| ② | ④ | ③ | ① | ② | ④ | ③ | ① | ② | ④ | ③ | ① | ② | ① | ③ | ② | ① | ④ | ① | ② |
| 21 | 22 | 23 | 24 | 25 | 26 | 27 | 28 | 29 | 30 | 31 | 32 | 33 | 34 | 35 | 36 | 37 | 38 | 39 | 40 |
| ③ | ④ | ④ | ① | ② | ③ | ④ | ① | ② | ④ | ③ | ① | ④ | ② | ② | ③ | ① | ④ | ③ | ② |

**01** 정답 ②

언어 표현의 가장 일차적인 수단은 음성, 즉 말소리이다.

**02** 정답 ④

조음적으로 어려운 음이 있다면 이보다 쉬운 음도 당연히 존재한다. 조음점이 성문 쪽으로 깊어지면 조음 난도가 증가하는 것으로 보기 때문에, 연구개음이 있으면 양순음과 치경음도 당연히 존재하는 것으로 볼 수 있다. 자음의 유무성은 진자음(파열음, 마찰음, 파찰음)에서 존재한다.

**03** 정답 ③

단어 뜻의 차이를 가져오는 최소 음의 단위를 음소라고 하며, 여러 이음들로 발음될 수 있다.

**04** 정답 ①

자유 변이는 음소와 유사한 행동양식을 보이지만 단어 뜻의 차이를 가져오지 않을 경우를 뜻한다.

**05** 정답 ②

최소 대립어를 찾는 문제이다. 최소 대립어는 뜻이 다른 둘 이상의 단어를 구성하는 음의 개수와 대립되는 음의 위치가 모두 똑같아야 한다.
① think[θɪŋk] − cash[kæʃ]
② thigh[θaɪ] − shy[ʃaɪ]
③ path[pæθ] − ship[ʃɪp]
④ thing[θɪŋ] − national[næʃənl]

**06** 정답 ④

치경음은 /t, d, n, s, z, l, ɹ/이고, /ʃ, ʒ, ʧ, ʤ/는 경구개치경음이다.

**07** 정답 ③

③ 음소 /k/는 /s/ 다음에 비대기음 이음 [k⁼]로 발음된다.
①·②·④ 음소 /k/가 강세 음절의 두음인 경우로, 강한 대기음 이음 [kʰ]로 발음된다.

**08** 정답 ①

영어 음절의 핵음은 모음과 비음 /m, n, ŋ/, 유음 /l, r/이 가능하다.

**09** 정답 ②

접근음은 유음 /l, r/과 활음 /w, j/이며, 비음은 접근음이 아니다.

**10** 정답 ④

활음 /w/는 조음점이 양순과 연구개의 두 개이다.

**11** 정답 ③

무성 파열음 /p, t, k/가 어두 강세 음절의 두음 (#＿＿＿V[+stressed])에서 대기음화 현상이 나타나는 것을 표현한 것이다. 단어 repeat는 어두가 아닌 둘째 음절에서 대기음화 현상이 나타난다.

**12** 정답 ①

파열음을 조음위치 자질 [anterior]와 [coronal]로 표기하면, 양순음은 [+anterior, −coronal], 치경음은 [+anterior, +coronal], 연구개음은 [−anterior, −coronal]이다.

**13** 정답 ②

/i, u/ 모두 고모음에 속한다. 혀의 고저에 따른 분류는 /i, æ/ 등과 같은 사례가 필요하다.

**14** 정답 ①

형용사 + 명사의 수식어구에서는 명사에 제1강세가 있다.

**15** 정답 ③

① You can leave / when she says so.
② Her sister / who is a flight attendant / is coming to visit us.
④ I think / she is a lot more diligent / than he is.

**16** 정답 ②

have been의 경우 음소 /v/의 좌우가 유성음인 [æ, b]이므로 무성음화가 일어나지 않는다. 뒤에 무성음 [t]가 오거나 음소 /v/가 문장 끝에 올 경우 무성음화가 발생한다.

**17** 정답 ①

음소 /l/은 바로 뒤에 치간음 /θ/가 오면 조음점을 닮아가서 치음 설측음 이음으로 발음된다.

**18** 정답 ④

음소 /m/은 바로 뒤에 순치 마찰음 /f, v/가 오면 조음점을 닮아가서 순치 비음 이음으로 발음된다.

**19** 정답 ①

speak처럼 마찰음 + 파열음의 연속은 가능하나, pseak처럼 파열음 + 마찰음의 연속은 불가능하다.
② 어두에 연속하여 파열음 두 개가 나타나지 않는다.
③ 영어의 경우 24개의 자음 중에서 /ŋ/과 /ʒ/는 단어의 두음으로 올 수 없다.
④ 두음에 자음군이 3개까지 올 수 있다.

**20** 정답 ②

음소 /b/가 유성음 사이에 있을 때 충분한 유성음이음 [b]로 발음되고, 어두 또는 어말에 있거나 뒤에 무성음이 올 때 부분적으로 무성음화된 이음 [b̥]로 발음된다.

**21** 정답 ③

지속음([+continuant])은 마찰음, 접근음이고, 마찰음 /f, v, θ, ð, s, z, ʃ, ʒ, h/와 접근음 /j, w, l, r/에서 설정음(치간음부터 경구개음까지, [+coronal])을 고르면 /θ, ð, s, z, ʃ, ʒ, j, l, r/이 된다.

**22** 정답 ④

음절 말음이 없어도 되는 개(방)음절의 핵음이 가능한 것은 긴장모음 /i, e, u, o, ɔ, ɑ, ɒ/이다.

**23** 정답 ④

pool에는 긴장모음 /u/가 있다.
① put[ʊ]
② cookies[ʊ]
③ cushion[ʊ]

**24** 정답 ①

무성 파열음의 공통점은 잉여 자질을 포함하면 [+consonantal, −continuant, −delayed release, −voiced, −sonorant] 등으로 표현할 수 있다.

**25** 정답 ②

Don't의 말음 /t/ 탈락 후 /n/이 /b/의 영향으로 조음점이 닮아가서 [m]으로 변한다. 즉, 동화작용(assimilation)이 발생한다. ① 음위전환(metathesis), ③ 두음전환(spoonerism), ④ 어두음탈락(aphesis) 용어도 익혀 두어야 한다.

**26** 정답 ③

/d/가 /j/의 조음점을 닮아가고 제3의 소리 [dʒ]로 변화하는 상호동화 작용이다.

**27** 정답 ④

치경음 /z/가 뒤에 오는 경구개치경음 /ʃ/의 조음점을 닮아 경구개치경음 [ʒ]로 변화하였으므로 역행동화 작용이다.

**28** 정답 ①

한 억양단위에 둘 이상의 내용어가 있으면 맨 뒤의 내용어가 제1강세를 받는다.

**29** 정답 ②

① 미국 영어에서 탈락된다.
③ 설탄음화되어 유성음으로 발음된다.
④ 중복된 -mm-은 한 번만 발음한다.

**30** 정답 ④

모음은 모두 유성음이므로, 성대 진동에 의해 구분되지 않는다.

**31** 정답 ③

pretend와 같이 /t/가 강세 받은 음절의 두음인 경우 강한 대기음 이음으로 발음된다. 나머지는 탄설음화되어 유성음으로 변하는 경우이다.

**32** 정답 ①

② /p/는 비개방음이나 약한 대기음으로 발음된다.
③ /v/는 무성음 이음 [f]로 발음된다.
④ /t/는 비대기음으로 발음된다.

**33** 정답 ④

중간모음탈락(syncope)이라고도 불린다.

**34** 정답 ②

억양패턴이 부여되는, 적당한 수의 단어로 이루어진 묶음을 운율단위(억양단위, 호흡단위)라고 한다.

**35** 정답 ②

- 어두음탈락(aphesis) : about > 'bout
- 어중음탈락(syncope) : nursery > nurs'ry
- 어말음탈락(apocope) : love > /lʌv/

**36** 정답 ③

"그들이 줄을 넘고 있다."가 아니라 "그것은 줄넘기(용 기구)이다."의 뜻이므로 복합명사로 간주하여 제1강세 + 제3강세의 패턴이어야 한다.

**37** 정답 ①

[1] /t/ → /s/ : 마찰음화
[2] /ɪ/ → /y/ : 활음화
[3] /s + y/ → /ʃ/ : 구개음화(상호동화)

**38** 정답 ④

[1]은 모음 뒤 유무성음에 따라 모음의 길이가 변하는 장모음화를 가리키고, [2]는 강세 높은 모음과 강세 낮은 모음 사이에서의 설탄음화를 가리킨다.

**39** 정답 ③

구강 내 공기 흐름이 방해를 받으므로 자음이며, 그중 핵음이 될 수 있는 것은 성절자음이므로 비음과 유음을 말한다.

**40** 정답 ②

이화작용은 두 개의 유사한 연구개음(/k, g/)이 가까이 있을 때 이 중 하나를 탈락시켜 서로 다르게 만드는 말소리 변동이다. ③의 어중음탈락은 모음탈락의 한 종류이다.

✂ 절취선

# 독학학위제 2단계 전공기초과정인정시험 답안지(객관식)

컴퓨터용 사인펜만 사용

전공분야

성명

★ 수험생은 수험번호와 응시과목 코드번호를 표기(마킹)한 후 일치여부를 반드시 확인할 것.

수험번호

(1) 2 - | - | - | - |

(2)

과목코드

응시과목

| | 1 ① ② ③ ④ | 21 ① ② ③ ④ |
| 교시코드 | 2 ① ② ③ ④ | 22 ① ② ③ ④ |
| | 3 ① ② ③ ④ | 23 ① ② ③ ④ |
| | 4 ① ② ③ ④ | 24 ① ② ③ ④ |
| | 5 ① ② ③ ④ | 25 ① ② ③ ④ |
| | 6 ① ② ③ ④ | 26 ① ② ③ ④ |
| | 7 ① ② ③ ④ | 27 ① ② ③ ④ |
| | 8 ① ② ③ ④ | 28 ① ② ③ ④ |
| | 9 ① ② ③ ④ | 29 ① ② ③ ④ |
| | 10 ① ② ③ ④ | 30 ① ② ③ ④ |
| | 11 ① ② ③ ④ | 31 ① ② ③ ④ |
| | 12 ① ② ③ ④ | 32 ① ② ③ ④ |
| | 13 ① ② ③ ④ | 33 ① ② ③ ④ |
| | 14 ① ② ③ ④ | 34 ① ② ③ ④ |
| | 15 ① ② ③ ④ | 35 ① ② ③ ④ |
| | 16 ① ② ③ ④ | 36 ① ② ③ ④ |
| | 17 ① ② ③ ④ | 37 ① ② ③ ④ |
| | 18 ① ② ③ ④ | 38 ① ② ③ ④ |
| | 19 ① ② ③ ④ | 39 ① ② ③ ④ |
| | 20 ① ② ③ ④ | 40 ① ② ③ ④ |

교시코드 ① ② ③ ④

과목코드

응시과목

| | 1 ① ② ③ ④ | 21 ① ② ③ ④ |
| 교시코드 | 2 ① ② ③ ④ | 22 ① ② ③ ④ |
| | 3 ① ② ③ ④ | 23 ① ② ③ ④ |
| | 4 ① ② ③ ④ | 24 ① ② ③ ④ |
| | 5 ① ② ③ ④ | 25 ① ② ③ ④ |
| | 6 ① ② ③ ④ | 26 ① ② ③ ④ |
| | 7 ① ② ③ ④ | 27 ① ② ③ ④ |
| | 8 ① ② ③ ④ | 28 ① ② ③ ④ |
| | 9 ① ② ③ ④ | 29 ① ② ③ ④ |
| | 10 ① ② ③ ④ | 30 ① ② ③ ④ |
| | 11 ① ② ③ ④ | 31 ① ② ③ ④ |
| | 12 ① ② ③ ④ | 32 ① ② ③ ④ |
| | 13 ① ② ③ ④ | 33 ① ② ③ ④ |
| | 14 ① ② ③ ④ | 34 ① ② ③ ④ |
| | 15 ① ② ③ ④ | 35 ① ② ③ ④ |
| | 16 ① ② ③ ④ | 36 ① ② ③ ④ |
| | 17 ① ② ③ ④ | 37 ① ② ③ ④ |
| | 18 ① ② ③ ④ | 38 ① ② ③ ④ |
| | 19 ① ② ③ ④ | 39 ① ② ③ ④ |
| | 20 ① ② ③ ④ | 40 ① ② ③ ④ |

교시코드 ① ② ③ ④

※ 감독관 확인란

(인)

관 리 번 호
(연번)

(응시자수)

## 답안지 작성시 유의사항

1. 답안지는 반드시 컴퓨터용 사인펜을 사용하여 다음 [보기]와 같이 표기할 것.
   [보기] 잘된 표기: ●   잘못된 표기: ⊗ ⊙ ⊖ ◑ ◐ ○○

2. 수험번호 (1)에는 아라비아 숫자로 쓰고, (2)에는 "●"와 같이 표기할 것.

3. 과목코드는 뒷면 "과목코드번호"를 보고 해당과목의 코드번호를 찾아 표기하고,
   응시과목란에는 응시과목명을 한글로 기재할 것.

4. 교시코드는 문제지 전면 의 교시를 해당란에 "●"와 같이 표기할 것.

5. 한번 표기한 답은 긁거나 수정액 및 스티커 등 어떠한 방법으로도 고쳐서는
   아니되고, 고친 문항은 "0"점 처리함.

[이 답안지는 마킹연습용 모의답안지입니다.]

# 독학학위제 2단계 전공기초과정인정시험 답안지(객관식)

컴퓨터용 사인펜만 사용

★ 수험생은 수험번호와 응시과목 코드번호를 표기(마킹)한 후 일치여부를 반드시 확인할 것.

| 전공분야 | |
|---|---|
| 성명 | |

**수험번호**

```
(1)  2 │  ① ● ③ ④
(2)
```

| 응시과목 | | | | | | | | | | | | | | | | | | | |
|---|---|---|---|---|---|---|---|---|---|---|---|---|---|---|---|---|---|---|---|
| 1 | ① ② ③ ④ | 21 | ① ② ③ ④ |
| 2 | ① ② ③ ④ | 22 | ① ② ③ ④ |
| 3 | ① ② ③ ④ | 23 | ① ② ③ ④ |
| 4 | ① ② ③ ④ | 24 | ① ② ③ ④ |
| 5 | ① ② ③ ④ | 25 | ① ② ③ ④ |
| 6 | ① ② ③ ④ | 26 | ① ② ③ ④ |
| 7 | ① ② ③ ④ | 27 | ① ② ③ ④ |
| 8 | ① ② ③ ④ | 28 | ① ② ③ ④ |
| 9 | ① ② ③ ④ | 29 | ① ② ③ ④ |
| 10 | ① ② ③ ④ | 30 | ① ② ③ ④ |
| 11 | ① ② ③ ④ | 31 | ① ② ③ ④ |
| 12 | ① ② ③ ④ | 32 | ① ② ③ ④ |
| 13 | ① ② ③ ④ | 33 | ① ② ③ ④ |
| 14 | ① ② ③ ④ | 34 | ① ② ③ ④ |
| 15 | ① ② ③ ④ | 35 | ① ② ③ ④ |
| 16 | ① ② ③ ④ | 36 | ① ② ③ ④ |
| 17 | ① ② ③ ④ | 37 | ① ② ③ ④ |
| 18 | ① ② ③ ④ | 38 | ① ② ③ ④ |
| 19 | ① ② ③ ④ | 39 | ① ② ③ ④ |
| 20 | ① ② ③ ④ | 40 | ① ② ③ ④ |

과목코드 / 교시코드 ① ② ③ ④

## 답안지 작성시 유의사항

1. 답안지는 반드시 컴퓨터용 사인펜을 사용하여 다음 [보기]와 같이 표기할 것.
   [보기] 잘 된 표기: ●
   잘못된 표기: ⊘ ⊗ ⦿ ◑ ◐ ○

2. 수험번호 (1)에는 아라비아 숫자로 쓰고, (2)에는 "●"와 같이 표기할 것.
3. 과목코드는 "과목코드번호"를 보고 해당과목의 코드번호를 찾아 표기하고,
   응시과목란에는 응시과목명을 한글로 기재할 것.
4. 교시코드는 문제지 전면 의 교시를 해당란에 "●"와 같이 표기할 것.
5. 한번 표기한 답은 긁거나 수정액 및 스티커 등 어떠한 방법으로도 고쳐서는
   아니되고, 고친 문항은 "0"점 처리함.

※ 감독관 확인란

(인)

| 관 리 번 호 | (연번) | (응시자수) |
|---|---|---|

[이 답안지는 마킹연습용 모의답안지입니다.]

절취선

# 참고문헌

- 윤규철, 『시대에듀 독학사 영어영문학과 2 · 4단계 영어학개론』, 시대에듀, 2024.
- 윤규철, 『음성음운실험 및 분석을 위한 자료구축처리 방안과 통계활용』, 영남대학교 출판부, 2012.
- Peter Ladefoged & Keith Johnson, 『A Course in Phonetics 6th ed., 음성학강좌』, 장세은 · 김희경 · 김수정 · 윤규철 · 김성봉 옮김, 경문사, 2012.
- 오하이오 주립대학교 언어학과, 『Language Files 13th ed.』, Columbus: Ohio State University Press, 2022.
- Keith Johnson, 『Acoustic and Auditory Phonetics, 음향 및 청취 음성학의 이해』, 박한상 번역, 한빛문화, 2006.
- John Laver, 『Principles of Phonetics』, Cambridge University Press, 1994.
- Peter Ladefoged, 『Elements of Acoustic Phonetics』, University of Chicago Press, 1995.
- Ray Kent & Charles Read, 『Acoustic Analysis of Speech, 2nd ed.』, Wiley, 2001.

우리 인생의 가장 큰 영광은 결코 넘어지지 않는 데 있는 것이 아니라

넘어질 때마다 일어서는 데 있다.

– 넬슨 만델라 –

# 시대에듀 독학사 영어영문학과 2단계 영어음성학

| | |
|---|---|
| 초 판 발 행 | 2025년 01월 08일 (인쇄 2024년 08월 27일) |
| 발 행 인 | 박영일 |
| 책 임 편 집 | 이해욱 |
| 편 저 | 윤규철 |
| 편 집 진 행 | 송영진 · 양희정 |
| 표지디자인 | 박종우 |
| 편집디자인 | 신지연 · 고현준 |
| 발 행 처 | (주)시대고시기획 |
| 출 판 등 록 | 제10-1521호 |
| 주 소 | 서울시 마포구 큰우물로 75 [도화동 538 성지 B/D] 9F |
| 전 화 | 1600-3600 |
| 팩 스 | 02-701-8823 |
| 홈 페 이 지 | www.sdedu.co.kr |

| | |
|---|---|
| I S B N | 979-11-383-7448-4 (13740) |
| 정 가 | 22,000원 |

## 시대에듀 독학사
# 영어영문학과
*why*

## 왜? 독학사 영어영문학과인가?

4년제 영어영문학과 학위를 최소 시간과 비용으로 **단 1년 만에 초고속 취득 가능!**

**1** 현대인에게 필수 외국어라 할 수 있는 영어의 체계적인 학습에 적합

**2** 토익, 토플, 텝스, 지텔프, 플렉스 등 공무원/군무원 시험 대체검정능력시험 준비에 유리

**3** 일반 기업 및 외국계 기업, 교육계, 언론계, 출판계, 번역 · 통역, 관광 · 항공 등 다양한 분야로 취업 가능

## 영어영문학과 과정별 시험과목(2~4과정)

1~2과정 교양 및 전공기초과정은 객관식 40문제 구성
3~4과정 전공심화 및 학위취득과정은 객관식 24문제+**주관식 4문제** 구성

| 2과정(전공기초) | 3과정(전공심화) | 4과정(학위취득) |
|---|---|---|
| 영어학개론 | 영어발달사 (근간) | 영어학개론 (2과정 겸용) |
| 영문법 | 고급영문법 (근간) | 고급영어 (3과정 겸용) |
| 영어음성학 | 고급영어 (근간) | 영미문학개관 (2+3과정 겸용) |
| 중급영어 (근간) | 영어통사론 (근간) | 영미소설 (2+3과정 겸용) |
| 영국문학개관 (근간) | 20세기 영미소설 (근간) | |
| 19세기 영미소설 (근간) | 미국문학개관 (근간) | |

## 시대에듀 영어영문학과 학습 커리큘럼

기본이론부터 실전문제풀이 훈련까지!
시대에듀가 제시하는 각 과정별 최적화된 커리큘럼에 따라 학습해 보세요.

**STEP 01 기본이론** 핵심이론 분석으로 확실한 개념 이해

**STEP 02 문제풀이** 실전예상문제를 통해 실전문제에 적용

**STEP 03 모의고사** 최종모의고사로 실전 감각 키우기

# 독학사 영어영문학과 2~4과정 교재 시리즈

독학학위제 공식 평가영역을 100% 반영한 이론과 문제로 구성된 완벽한 최신 기본서 라인업!

START

**2과정**

▶ 전공 기본서 [전 6종]
- 영어학개론
- 영문법
- 영어음성학
- 중급영어 (근간)
- 영국문학개관 (근간)
- 19세기 영미소설 (근간)

**3과정**

▶ 전공 기본서 [전 6종]
- 영어발달사 (근간)
- 고급영문법 (근간)
- 고급영어 (근간)
- 영어통사론 (근간)
- 20세기 영미소설 (근간)
- 미국문학개관 (근간)

**4과정**

▶ 전공 기본서
- 영어학개론 (2과정 겸용)
- 고급영어 (3과정 겸용)
- 영미문학개관 (2+3과정 겸용)
- 영미소설 (2+3과정 겸용)

GOAL!

※ 표지 이미지 및 구성은 변경될 수 있습니다.

➕ **독학사 전문컨설턴트가 개인별 맞춤형 학습플랜을 제공해 드립니다.**

시대에듀 홈페이지 **www.sdedu.co.kr**   상담문의 **1600-3600**  평일 9~18시 · 토요일 · 공휴일 휴무

# 나는 이렇게 합격했다

당신의 합격 스토리를 들려주세요
추첨을 통해 선물을 드립니다

**베스트 리뷰**
갤럭시탭 / 버즈 2

**상/하반기 추천 리뷰**
상품권 / 스벅커피

**인터뷰 참여**
백화점 상품권

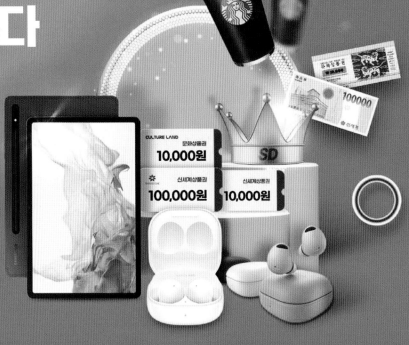

## 이벤트 참여방법

**합격수기**

시대에듀와 함께한
도서 or 강의 **선택**
> 나만의 합격 노하우
정성껏 **작성**
> 상반기/하반기
추첨을 통해 **선물 증정**

**인터뷰**

시대에듀와 함께한
강의 **선택**
> 합격증명서 or
자격증 사본 **첨부**,
간단한 **소개 작성**
> 인터뷰 완료 후
**백화점 상품권 증정**

### 이벤트 참여방법
다음 합격의 주인공은 바로 여러분입니다!

**QR코드 스캔하고** ▷ ▷ ▷ ▶
**이벤트 참여**하여 **푸짐한** 경품받자!

합격의 공식
**시대에듀**